Glocken-Schicksale

Klaus Schulte

Glocken-Schicksale

Denkmalwerte deutsche Glocken:
Verluste vor und nach 1945 –
Glocken im Ostteil Berlins

be.bra
wissenschaft verlag

Bibliografische Information der Deutschen Nationalbibliothek
Die Deutsche Nationalbibliothek verzeichnet diese Publikation
in der Deutschen Nationalbibliografie; detaillierte bibliografische
Daten sind im Internet über http://dnb.d-nb.de abrufbar.

Alle Rechte vorbehalten.
Dieses Werk, einschließlich aller seiner Teile, ist urheberrechtlich geschützt.
Jede Verwertung außerhalb der engen Grenzen des Urheberrechtsgesetzes ist
ohne Zustimmung des Verlages unzulässig und strafbar. Das gilt insbesondere
für Vervielfältigungen, Übersetzungen, Mikroverfilmungen, Verfilmungen
und die Einspeicherung und Verarbeitung auf DVDs, CD-ROMs, CDs, Videos,
in weiteren elektronischen Systemen sowie für Internet-Plattformen.

© be.bra wissenschaft verlag GmbH
Berlin-Brandenburg, 2019
KulturBrauerei Haus 2
Schönhauser Allee 37, 10435 Berlin
post@bebraverlag.de
Lektorat: Katrin Endres, Berlin
Umschlag: typegerecht, Berlin
Satzbild: Friedrich, Berlin
Schrift: Minion Pro 10/13pt
Gedruckt in Deutschland
ISBN 978-3-95410-219-8 (Buch)
ISBN 978-3-947686-19-3 (E-Book)

www.bebra-wissenschaft.de

Inhalt

Geleitwort des Landeskonservators 7
Vorwort 8

Teil 1
Zum Schicksal denkmalwerter deutscher Kirchenglocken:
Ablieferung ab 1940 – Vernichtung – Rückführung – Verluste nach 1945 11

Zur Einführung 13
Ablieferung und Vernichtung der Glocken im Zweiten Weltkrieg 16
Die Jahre nach 1945: Rückführung der Glocken 21
Verluste historischer Glocken in der Nachkriegszeit 25
Abgegangene sowie gefährdete Glocken aus Gussstahl und Ersatzwerkstoffen 34
Ausblick 45

Teil 2
Denkmalwerte Glocken in Berlin (Ost) – Ein Bestandsüberblick 47

Ziel und Zweck der Studie 49
Zu Geschichte, Gießerwerkstätten, Bedeutung und Funktion der Glocke(n) 51
   Geschichtliches 51
   Anmerkungen zur Bedeutung und Funktion der Glocke(n) 56
   Glockengießer(-Familien) und Gießereien in Brandenburg und Berlin 58
Berliner Kirchenglocken: Ablieferung ab 1940, Vernichtung, Rückführung,
Verluste nach 1945, Güsse aus Ersatzwerkstoffen 67
   Ablieferung und Vernichtung 67
   Verluste in Berlin 70
   Rückführung nach 1945 71
   Abgänge seit 1945 73
   Güsse aus Ersatzwerkstoffen 75
Denkmalwerte Glocken und Geläute im Ostteil Berlins 77
   Chronologischer Überblick – Glocken im Einzelnen 77
   Denkmalwerte Geläute 87
Verzeichnis der denkmalwerten Glocken in Berlin (Ost) 104

Anhang
   Abkürzungsverzeichnis 118
   Archivalien und gedruckte Quellen 119

Literatur und Tonträger in Auswahl 126
Abbildungsnachweis 134
Anmerkungen zu Teil 1 135
Anmerkungen zu Teil 2 143
Dank 160
Zum Autor 160

Geleitwort des Landeskonservators

Am Weltfriedenstag, den 21. September 2018, läuteten im Rahmen des Europäischen Kulturerbejahres gleichzeitig Hunderte von Glocken in 32 europäischen Ländern. Dieses starke Zeichen verweist über den eigentlichen Anlass hinaus auf die hohe kulturelle Bedeutung, die Glocken und Glockengeläut seit vielen Jahrhunderten im christlich geprägten Europa haben. Der Kunsthistoriker Dr. Klaus Schulte stellt in diesem Buch eine Vielzahl von denkmalwerten Glocken vor, zeigt aber auch auf, welch verheerende Wirkung die Barbarei des Zweiten Weltkriegs auf den wertvollen Glockenbestand hatte. In Umkehrung des Satzes »Schwerter zu Pflugscharen« wurden große Mengen an Glocken für die Waffenproduktion eingezogen.

Als Landesdenkmalamt, das für die Erfassung und Ausweisung von Kulturdenkmalen zuständig ist, sind wir mit einer sehr unübersichtlichen Lage konfrontiert. Im Denkmalschutzgesetz Berlin heißt es, dass zu einem Denkmal auch Zubehör und Ausstattung gehören, soweit sie mit diesem eine Einheit von Denkmalwert bilden. Viele denkmalgeschützte Kirchen sind im Krieg beschädigt oder teilzerstört worden oder haben ihre Glocken teilweise oder vollständig abgeben müssen. Daher ist es sehr schwierig, sich einen Überblick über den Bestand an denkmalwürdigen Glocken in Berlin zu verschaffen. Das Landesdenkmalamt ist bei der Vielzahl seiner Aufgaben, bei vielen seiner Inventarisationsprojekte auf Unterstützung von auswärtigen Forschern und Fachleuten angewiesen. 1987 hatte der West-Berliner Landeskonservator bereits für den Westteil der Stadt einen historischen Überblick und ein Glockeninventar von Klaus-Dieter Wille in einem Beiheft seiner Reihe »Die Bauwerke und Kunstdenkmäler von Berlin« veröffentlicht. Mit dem vorliegenden Band liegt nun auch eine Erfassung der denkmalwerten Glocken in Ost-Berlin vor.

Zu bestimmten Zeiten mischt sich der Glockenklang in die Geräuschkulisse der Großstadt. Er erinnert daran, dass es neben der Alltagshektik in diesem Leben auch noch andere Dimensionen gibt. Klaus Schulte öffnet eine Tür in die Glockenwelt. Wir müssen lernen, dass es auch dort Ignoranz, Gewalt und Zerstörung gab, aber auch noch bisher in der Öffentlichkeit unbekannte Schätze zu heben sind.

Im Namen des Landesdenkmalamtes Berlin danke ich Klaus Schulte für seine äußerst fachkundige und präzise Arbeit auf diesem Gebiet. Er hat eine Lücke geschlossen. Seine Arbeit ergänzt unsere Erfassung von denkmalwerten Kirchen, mit seinem Wissen können wir weiter arbeiten.

Dr. Christoph Rauhut
Landeskonservator und Direktor des Landesdenkmalamts Berlin

Vorwort

Eine Beschäftigung mit Glocken gilt nach wie vor als relativ seltenes Unterfangen. Das liegt möglicherweise daran, dass diese Klangkörper primär hörbar und erst in zweiter Hinsicht optisch wahrnehmbar sind – sei es durch eine Turmbesteigung oder als Objekte in Museen oder Ausstellungen.

Im Gegensatz zu plastischen Metallwerken wie Grabmälern und -platten, Taufsteinen respektive Bronze-Fünten oder liturgischen Geräten wie Kelchen, Weihrauchfässern etc. wurden Glockengüsse eher unter musikalischen und klanglichen Aspekten betrachtet und weniger unter bildnerischen und künstlerischen Gesichtspunkten. Davon ausgenommen sind lediglich das figürliche und das ornamentale Dekor, insbesondere die Glockenritzzeichnungen.

Zunächst ist zu definieren, was »denkmalwert« im Hinblick auf Glocken eigentlich bedeutet. Denkmalwert sind Objekte und Kunstwerke, die erhaltenswerte Zeugnisse einer vergangenen Epoche sind; dies trifft auch auf Glocken zu. Der Schutz derartiger Kulturdenkmale unterliegt bestimmten Kriterien, anders gesagt: Grundlage ist der (Denkmal-)Wert oder die Bedeutung des jeweiligen Objektes. Für Glocken sind dies vornehmlich der geschichtliche, der künstlerische, der technische und nicht zuletzt der musikalische Wert.

Glocken wurden und werden nicht selten als Lärmverursacher empfunden. Dabei übersieht man, dass sie keineswegs nur klingende Symbole christlicher Weltanschauung sind, sondern auch musikalisches Kulturgut. Bemerkenswert und erfreulich allerdings ist festzustellen, dass in den letzten Jahrzehnten die kulturelle Bedeutung der Glocke in zunehmendem Maße wieder außerhalb des kirchlichen Bereichs erkannt und gewürdigt wird. Über Jahrhunderte hinweg bis in die Gegenwart haben Glocken das christliche Leben namentlich im okzidentalen Europa geprägt und entscheidende Lebensereignisse mit ihrem Klang begleitet. Sie tun dies weitgehend noch bis in unsere Tage.

Zahlreiche literarische Zeugnisse wie Romane, Gedichte und Lieder haben sich mit Gestalt, Material, Klang und Bedeutung der Glocke befasst. Genannt seien hier beispielsweise Friedrich von Schillers berühmtes Gedicht »Das Lied von der Glocke« (1799) sowie Victor Hugos bedeutender historischer Roman »Notre-Dame de Paris« (1831), deutsch »Der Glöckner von Notre-Dame«.

Anregungen, die kaum beachtete Thematik zum Gegenstand einer Publikation zu machen, basieren auf bereits seit meiner Kindheit wahrgenommenen Glockenklängen sowie meinem von Jugend an gehegten Interesse an Glockengeläuten. Ich bin in unmittelbarer Nachbarschaft einer neugotischen und damals – typisch für fast alle

Sakralbauten dieser Epoche des Späthistorismus – als belanglos erachteten Kölner Vorstadtkirche, St. Matthias in Köln-Bayenthal, aufgewachsen. Ausgerechnet dieses bis auf den Turm und die Umfassungsmauern zerstörte, in der frühen Nachkriegszeit vereinfacht wiederaufgebaute Gotteshaus besitzt ein wohlklingendes vierstimmiges Geläut, gegossen im Jahre 1904. Wie ich erst viel später erfuhr, haben sämtliche Glocken glücklicherweise beide Weltkriege unversehrt überstanden. Sie bilden deshalb heute eines der seltenen und wohl klangschönsten Geläute des beginnenden 20. Jahrhunderts nicht nur in Köln; zudem sind sie eine Rarität im Œuvre der seinerzeit renommierten Glockengießerei F. Otto in (Bremen-)Hemelingen.

Die beiden in diesem Buch enthaltenen, kategorisch eigentlich grundverschiedenen Abhandlungen zum selben Thema sollten ursprünglich separat im Internet veröffentlicht werden. Bei einer Publikation in einem so flüchtigen Medium hätten diese Abhandlungen über Glocken jedoch sowohl ihren Kontext als auch ihren Zweck verfehlt. Eine historische Bestandsaufnahme, die nicht gedruckt greifbar ist, wäre als Dokument und Arbeitsinstrument wenig geeignet.

Durch einen glücklichen Umstand hat es sich ergeben, beide Beiträge nun in gedruckter Version im be.bra wissenschaft verlag zu vereinigen. Deshalb haben sich gewisse formale wie inhaltliche Überschneidungen und Doppelungen nicht immer vermeiden lassen.

Bei dem ersten Beitrag zum Schicksal denkmalwerter deutscher Kirchenglocken im und nach dem Zweiten Weltkrieg handelt es sich um ein Thema auf gesamtdeutscher, also nationaler Ebene. Er behandelt geschichtliche Aspekte des Schutzes und der konservatorischen Bewahrung von Glocken.

Der zweite Beitrag über die denkmalwerten Glocken im Ostteil Berlins dagegen ist regional begrenzt und steht in Bezug zur Gegenwart. Er liefert eine Bestandsübersicht und Dokumentation der erhaltenswerten Glocken im Osten der heutigen Bundeshauptstadt.

Gleich zu Beginn dieses Jahres erfuhr ich, dass 2018 zum Europäischen Jahr des Kulturerbes erklärt worden ist. Wie Professor Dr. Matthias Wemhoff, der Vorsitzende des Nationalen Programmbeirats für das Kulturerbejahr, in einem Gespräch im Deutschlandfunk Kultur am 3. Januar 2018 ausdrücklich betont hat, kommt im Kulturerbejahr 2018 der Denkmalgattung Glocken eine besondere Bedeutung zu: Glocken »verbinden wirklich Europa«, Europa ist also »ein einheitlicher Glockenraum«.

In diesem Kontext ist unbedingt auf den Begriff »Glocken-Europa« zu verweisen, den 1961 der österreichische Kulturhistoriker und Philosoph Friedrich Heer (1916–1983) geprägt hat. Letztendlich ist somit dieses Buch als ein Beitrag zum aktuellen Europäischen Kulturerbejahr zu verstehen.

Danken muss ich an erster Stelle Herrn Professor Dr. Christoph Schulte, Berlin/Potsdam. Ohne seine freundschaftliche Initiative wären meine beiden Texte nicht zum Druck befördert worden. Zu Dank verpflichtet bin ich auch Herrn Dr. Robert Zagolla vom be.bra wissenschaft verlag in Berlin für seine Bereitschaft, meine beiden Beiträge als Buch in das Verlagsprogramm aufzunehmen.

Dank für die freundliche Gewährung eines Druckkostenzuschusses zu meiner Publikation gebührt Herrn Generalvikar P. Manfred Kollig SSCC, Erzbischöfliches Ordinariat Berlin, desgleichen Herrn Dr. Markus Dröge, Bischof der Ev. Kirche Berlin-Brandenburg – Schlesische Oberlausitz und seiner Persönlichen Referentin, Pfarrerin Barbara Hustedt, sowie insbesondere Herrn Professor Dr. Wilhelm Ernst Winterhager, Philipps-Universität Marburg, für seine empfehlende Unterstützung.

Eine entscheidende finanzielle Subvention gewährte dankenswerterweise das Landesdenkmalamt Berlin. Mein besonderer Dank gilt an dieser Stelle Herrn Dr. Bernhard Kohlenbach; ohne seine Hilfsbereitschaft hätte dieses Buch wohl nicht erscheinen können.

Berlin, im Dezember 2018
Klaus Schulte

Teil 1
Zum Schicksal denkmalwerter deutscher Kirchenglocken: Ablieferung ab 1940 – Vernichtung – Rückführung – Verluste nach 1945

Trier, »Greiffenklauturm« des Domes und Liebfrauenkirche von Westen nach den Luftangriffen im Dezember 1944

Zur Einführung

Es gibt nur lückenhafte publizierte Forschungen zum Schicksal denkmalwerter deutscher Kirchenglocken im Zweiten Weltkrieg sowie in der Nachkriegszeit – weder über die Ablieferung der Glocken für Rüstungszwecke ab 1940 noch über deren Vernichtung in den Schmelzöfen oder durch Bombeneinwirkungen auf den Türmen noch über die Rückführung der verschonten Glocken in die Heimatgemeinden nach 1945; insbesondere fehlt eine übergreifende Dokumentation der zusätzlichen Verluste in der Nachkriegszeit. Auch die in Archiven gelagerten Dokumente haben bis heute noch keine sonderliche Beachtung gefunden. Diese Studie soll einen Beitrag dazu leisten, besagtes Defizit auszugleichen.

Bei sämtlichen betroffenen Glocken handelt es sich – wenn nicht anders vermerkt – um Bronzegüsse. Buntmetall diente schon seit eh und je als willkommenes Material für Rüstungszwecke. Stahlgussglocken mussten nicht abgeliefert werden.

Was die Literatur betrifft, gibt es einige ambitionierte Anfänge, die jedoch nie vollendet worden sind. Zuerst ist der *Deutsche Glockenatlas* zu nennen, begründet von Günther Grundmann, fortgeführt von Franz Dambeck, herausgegeben von Bernhard Bischoff und Tilmann Breuer. Verfasserin der Teilbände war von Anfang an die verdienstvolle Kunsthistorikerin Dr. Sigrid Thurm, die sowohl im Krieg bei der Erfassung der zum Einschmelzen für die Rüstungsindustrie bestimmten und in Hamburg gelagerten Glocken als auch unmittelbar nach dem Kriege beim Aufbau des Deutschen Glockenarchivs maßgeblich mitgewirkt hatte.[1] Bisher sind lediglich vier Bände des DGA im Deutschen Kunstverlag (DKV, München) erschienen. Es handelt sich ausschließlich um süddeutsche Regionen: Band 1 = Württemberg und Hohenzollern, DKV 1959;[2] Band 2 = Bayerisch-Schwaben, DKV 1967; Band 3 = Mittelfranken, DKV 1973; Band 4 = Baden (unter Mitwirkung von Frank T. Leusch), DKV 1985.

Als Grundlage des Werks war primär die »historisch-kunstgeschichtliche« Arbeit zu leisten.[3] Ferner wurde empfohlen, »zunächst den süddeutschen Raum zu erfassen, zumal die Bezüge nach Bayern hin, aus dem für den Raum Württemberg-Hohenzollern u.a. Gießer aus Augsburg, Kempten, Lindau, Memmingen, Nördlingen und Nürnberg gekommen sind, dominieren«.[4]

Auch die Reihe *Die deutschen Glockenlandschaften*, ebenfalls im Deutschen Kunstverlag erschienen und von Kurt Kramer[5] herausgegeben, jeweils eine Kompaktkassette mit zahlreichen Klangbeispielen sowie Textheft, kam über zwei Ausgaben nicht hinaus: (1.) Westfalen, bearbeitet von Claus Peter, DKV 1989; (2.) Baden – Hohenzollern, bearb. v. K. Kramer unter Mitarbeit von Rudi Kramer und Gerhard D. Wagner, DKV 1990.

1989 wird in der Zeitschrift *Das Münster* eine »neue Rubrik« eröffnet: Seitdem berichtet in jedem Jahrgang eine Reihe von Aufsätzen »in regelmäßigen Abständen aus der Arbeit des Beratungsausschusses für das Deutsche Glockenwesen« (BA) – von ihm wird später noch die Rede sein – »und damit über moderne Fragen der technischen, musikalisch-klanglichen und bildnerisch-künstlerischen Gestaltung von Glocken, über Glockendenkmalpflege und über die liturgische Nutzung sowie sakralhistorische Bedeutung der Glocke«.[6]

Erklärtes Ziel dieser Rubrik ist es, die von dem österreichischen Kulturhistoriker und Philosophen Friedrich Heer (1916–1983)[7] auf der Grundlage des von ihm geprägten Begriffs »Glocken-Europa« gestellten einschlägigen Fragen zu Kunst und religiösen Dingen »zu erörtern«, sie in der »interessierten Öffentlichkeit zur Sprache zu bringen und Antworten zu erarbeiten«.[8]

Den Begriff »Glocken-Europa« hat F. Heer 1961 im Kontext mit dem Schicksal vieler Glocken im Laufe der Zeit umschrieben: »Nun schweigen sie in vielen Räumen des Menschen, in unserem Europa. In den Städten werden sie übertönt und überlärmt durch andere Laute, erzeugt von Geräuschmaschinen anderer Art (...) Wohl klingen noch viele tausend Glocken in Stadt und Land. Wer aber etwa in Hamburg im grauen Winter 1945/46 Glocken, verschleppt von Kirchen aus vielerlei Landschaften, stehen sah (sie waren noch zum Einschmelzen für die Rüstungsindustrie bestimmt), konnte hier ein Symbol der geänderten Zeit sehen. Wir leben nicht mehr in Glocken-Europa: In einer weiten offenen Heimat des Menschen, in der sein ganzes Leben in Stadt, Land, Kloster, in Muße und Arbeit, durch den Glockenschlag das Richtmaß empfing.«[9]

Grundlegend für die gegenwärtige einschlägige Forschung ist das *Jahrbuch für Glockenkunde*, herausgegeben im Auftrag des Deutschen Glockenmuseums von (Dr.) Konrad Bund et alii, dessen erster Band die Jahrgänge 1/2 (Wetzlar 1989/1990) enthält.

Die Vernichtung von Glocken für die Waffenproduktion lässt sich schon lange Zeit zurückverfolgen, noch bevor Glockengießer mit dem Guss von Kanonen mehr Gewinne erzielen konnten als mit Glocken. »Mit der Entwicklung der Kanone beginnt die tragische Metamorphose der Glocke.«[10] Jedoch existierte ein Wechselverhältnis zwischen der »Verwandlung« von Glocken zu Kanonen, aber auch von Letzteren wiederum zu Glocken. Viele Gießer von Geschützen und Kanonen waren zugleich auch als Glockengießer tätig, namentlich der im ersten Drittel des 16. Jahrhunderts wirkende Nürnberger Gießer Sebald Beheim.[11]

Der früheste Hinweis auf eine Umwandlung von Glocken zu Instrumentarien bewaffneter Konflikte stammt aus der Zeit Kurfürst Friedrichs I. von Brandenburg (reg. 1417–1440):[12] Zwecks Finanzierung seiner Auseinandersetzungen mit dem märkischen Adel, zumeist Raubritter, ließ er aus den Glocken der Marienkirche zu Berlin »*püchsen*« machen; als »Büchsen« galten damals generell Handfeuerwaffen[13]. In seinem Testament vom 18. September 1440 verfügte der Kurfürst, sein Sohn Friedrich solle die Glocken dieser Kirche wieder ersetzen.[14]

Ein weiteres Beispiel war das Schicksal der Glocken des ehemaligen Klosters »Unser Lieben Frauen« in Magdeburg. 1546, im Schmalkaldischen Krieg ließ der altstädtische Magistrat »sämtliche Glocken« aus den Türmen der Klosterkirche holen, »wahrscheinlich um Büchsen daraus gießen zu lassen«. Die Glocken wurden vermutlich im späten 16. Jahrhundert erneuert.[15]

Eine abermalige Ablieferung des Geläuts von »Unser Lieben Frauen« erfolgte während des Dreißigjährigen Krieges. Im Frühjahr 1631 ließ der Administrator des Erzstifts Magdeburg, Christian Wilhelm, drei Glocken der Kirche »von etwa 24 Zentnern in das Gießhaus bringen zur Herstellung von Kanonen«; dazu kam es jedoch bis zur Zerstörung der Stadt nicht mehr. Somit gelangten diese Glocken in die Hände von Tillys Soldaten, die sie »in die Artillerie« schaffen ließen.[16]

Noch im selben Jahr sandte Tilly im Auftrag Kurfürst Maximilians von Bayern elf bei Magdeburg erbeutete Kanonen nach Köln zum Guss von Glocken für die dortige Jesuitenkirche St. Mariae Himmelfahrt.[17] Dies ist jedoch beispielhaft für die umgekehrte Prozedur des Glockengießens aus Kriegsmaterial.

Aus türkischen Kanonen, die bei der Belagerung von Wien 1683 erbeutet worden waren, ließ Kaiser Joseph I. im Jahre 1711 eine neue Riesenglocke für den dortigen Stephansdom gießen, die sogenannte Pummerin. Doch blieb es nicht bei diesem umgekehrten Fallbeispiel, wurde doch dieser gewaltige barocke Bronzeguss April 1945 infolge des Brandes im Hauptturm (»Hoher Turm« oder »Steffl«) vernichtet.[18]

1895 erfolgte in der Gießerei von Emil Ulrich zu Laucha an der Unstrut der Guss der »Drei-Kaiser-Glocke« für den Naumburger Dom.[19] Diese laut Angabe aus Beutegut des deutsch-französischen Krieges 1870/1871 geschaffene größte Domglocke wurde, wiederum zu Rüstungszwecken, im Ersten Weltkrieg eingeschmolzen.[20]

Auch ohne Krieg setzte sich die rücksichtslose Vernichtung historischer Glocken zu Beginn des 20. Jahrhunderts fort, sodass 1906 Cornelius Gurlitt klagte: »Mit erschreckender Raschheit verschwinden aus den Kirchen die alten Glocken.«[21]

So war 1886 im Dom zu Paderborn das bis dahin erhaltene sechsstimmige Geläut des Westturmes, von dem vier Glocken aus dem 13. Jahrhundert stammten, einem neuen Geläut geopfert worden.[22]

1897 wurde mit dem alten Geläut der Reinoldikirche in Dortmund »kurzer Prozeß gemacht« und dabei die große Reinoldusglocke von 1473 (Gewicht: ca. 4.000 kg) eingeschmolzen.[23]

1905 verlor die Aegidienkirche in Lübeck einen Teil ihrer alten Glocken. Zu diesem Zeitpunkt besaß St. Aegidien sechs »Läuteglocken«, drei kleine »Zeichenglocken« und eine Stundenglocke.[24] Im selben Jahr wurden vier Läuteglocken (Nr. 2, 4, 5 und 6) sowie die Stundenglocke eingeschmolzen, daraus zwei Uhrglocken und eine große Läuteglocke von M. & O. Ohlsson in Lübeck gegossen, sodass damals lediglich zwei alte Läuteglocken sowie zwei »Zeichenglocken« erhalten blieben.[25]

Die größten Zerstörungen von deutschen Glocken erfolgten jedoch in den beiden Weltkriegen der ersten Hälfte des 20. Jahrhunderts. Deren Ausmaße dürften den Vernichtungen der Glocken im Gefolge der französischen Revolution nach 1789 quantitativ durchaus vergleichbar sein. »Die Glockenpolitik der Jahre 1791 bis 1802 führte« einerseits »zu umfangreichen Zerstörungen von Glocken durch Einschmelzen oder Zerschlagen«, andererseits »auch zu vielen Glockentransfers« und -verteilungen.[26]

An dieser Stelle sei auf das Gedicht »Die Schwestern« von Christian Morgenstern hingewiesen. Der Dichter, geb. 1871, starb am 31. März 1914 – fünf Monate vor Beginn des Ersten Weltkrieges. Erst 1916 wurde (posthum) sein Gedicht aus dem Nachlass ediert.

Die Kanone sprach zur Glocke:
»Immer locke, immer locke!
Hast dein Reich, wo ich es habe,
hart am Leben, hart am Grabe.
Strebst umsonst, mein Reich zu schmälern,
bist du ehern, bin ich stählern.
Heute sind sie dein und beten,
morgen sind sie mein und – töten.
Klingt mein Ruf auch unwillkommen,
keiner fehlt von deinen Frommen.
Beste, statt uns zu verlästern,
laß uns einig sein wie Schwestern!«
Drauf der Glocke dumpfe Kehle:
»Ausgeburt der Teufelsseele,
wird mich erst der Rechte läuten,
wird es deinem Tod bedeuten.«[27]

1917, ein Jahr nach Veröffentlichung dieses Gedichts, erfolgten Beschlagnahme und Erfassung der Glocken zu Rüstungszwecken. Somit stellen Morgensterns Verse eine erstaunlich scharfsichtige Prognose des kommenden Unheils dar.

Ablieferung und Vernichtung der Glocken im Zweiten Weltkrieg

Unersetzliche und zudem bis dato die größten Verluste brachten den deutschen Glocken die beiden Weltkriege, der erste von 1914 bis 1918 und vor allem der Zweite Weltkrieg von 1939 bis 1945. Der »im allgemeinen noch ungehobene Schatz«, der auf den Türmen und in den Glockenstühlen »wohlbewahrt und von Kirchengemeinden und Denkmalpflegern liebevoll betreut war«, erlitt schmerzhafte Einbußen. Insbesondere im Zweiten Weltkrieg wurden Bronzeglocken »als willkommene Materialreserve für die Rüstungsindustrie von den Kirchtürmen geholt«.[28]

Äußerst aufschlussreich im Hinblick auf das »Schicksal der deutschen Kirchenglocken« ist eine vom ARG 1952 herausgegebene »Denkschrift über den Glockenverlust im Kriege und die Heimkehr der geretteten Kirchenglocken«.[29] Das Vorwort – und höchstwahrscheinlich auch den Text – verfasste der Vorsitzende des Ausschusses, der Theologe und Musikwissenschaftler D. Dr. Christian Reinhard (Christhard) Mahrenholz (1900–1980), der sowohl bei der Ablieferung der Glocken ab 1940 als auch bei der Rückführung der Glocken nach 1945 eine maßgebliche Rolle gespielt hat.[30] Dieser grundlegenden Schrift sind die folgenden Ausführungen wesentlich verpflichtet.[31]

Im Zweiten Weltkrieg knüpfte man bei der Einstufung der für die Abgabe bestimmten Glocken an das 1917 im Ersten Weltkrieg angewandte Verfahren. Damals teilte man die Glocken in drei Gruppen: »In Gruppe A waren die nach 1860 gegossenen Glocken eingestuft, soweit sie nicht wegen ihres besonderen Wertes« den Gruppen B und C zugeordnet wurden. »Die Glocken der Gruppe A waren zur Abgabe bestimmt. In die Gruppe B und C kamen alle vor 1860 gegossenen Glocken, wobei die Gruppe C die höhere und wertvollere Stufe darstellte. Die Glocken der Gruppe B und C waren von der Ablieferung zurückgestellt.«[32]

Bei der Ablieferung der Glocken im Jahre 1917 hatte sich das Reichs-Kriegsamt bemüht, »berechtigte Interessen nach Möglichkeit zu wahren und insbesondere Rücksicht auf die Erhaltung derjenigen Glocken zu nehmen, welchen ein wissenschaftlicher, historischer, musikalischer oder Kunstwert beizumessen ist«. Kunstsachverständige prüften die Glocken und ordneten sie in die genannten drei Gruppen ein: Glocken »ohne Kunstwert« (A), »mit mäßigem« (B) sowie »mit hohem Kunstwert« (C). Vorläufig rückten nur die Glocken der Gruppe A ins Blickfeld, während die der beiden anderen Gruppen »außer Betracht« blieben.[33]

Im Zweiten Weltkrieg dagegen stellte im Einvernehmen mit der Reichsstelle für Metalle der Konservator der Kunstdenkmäler im Reichsministerium für Wissenschaft, Erziehung und Volksbildung wesentlich schärfere Richtlinien auf.[34] Gemäß der Verordnung vom 15. März 1940 erfolgte die Beschlagnahme der Glocken auf der Grundlage von vier Kategorien: »A: sofort zur Verhüttung kommende, B: einstweilen im Sammellager zurückzustellende, (-) C: noch weiter im Sammellager zurückzustellende, (-) D: dauernd an Ort und Stelle zu erhaltende Glocken.«[35]

In der Praxis wurden der Gruppe A »fast alle Glocken aus der Zeit nach 1800« zugeordnet, außerdem »eine ganze Reihe von Glocken« des 16. bis 18. Jahrhunderts und sogar des Mittelalters. Damit sind »im letzten Kriege« 77 % aller abgelieferten Glocken in die Gruppe A eingestuft und vernichtet worden. 1917 betrug der Prozentsatz der abgelieferten A-Glocken jedoch »nur« 44 %, 56 % der Glocken blieben somit im Ersten Weltkrieg erhalten. Im Zweiten Weltkrieg dagegen waren dies, zuzüglich der Verluste durch Bombeneinwirkung »kaum mehr als 20 %!« Ein wesentlicher Unterschied zu den Maßnahmen des Ersten Weltkrieges bestand darin, dass die B- und C-Glocken seinerzeit in den Türmen verbleiben durften, während sie im letzten Krieg ausnahmslos, »ohne jede Rücksicht auf die kirchlichen Belange« abzuliefern waren.[36]

Die »Eingruppierung« der A-, B- und C-Glocken erfolgte »im Einvernehmen mit dem Provinzialkonservator nach den staatlicherseits gegebenen Richtlinien«, der Ausbau der Glocken ab Mai 1940 auf Kosten des Reiches. Nach besagten Richtlinien des Konservators der Kunstdenkmäler sollten die Glocken grundsätzlich »unzerlegt« herabgenommen werden.[37]

Die Glocken der Gruppe D sollten wegen ihres hohen historischen sowie künstlerischen Wertes dauerhaft erhalten bleiben. Zu diesem Zweck erstellte man ein »Verzeichnis der Bronzeglocken im Reich, deren dauernde Erhaltung wegen ihres hohen geschichtlichen oder künstlerischen Wertes befürwortet wird (Gruppe D)«.[38]

Schließlich erreichte man ein weiteres Zugeständnis: Jede Kirche durfte eine Läuteglocke behalten. Diese Konzession sowie die Erhaltung der D-Glocken stellten Maßnahmen dar, die »offensichtlich nur dazu dienten, den Glockenraub vor der Öffentlichkeit zu tarnen«. Aber selbst das Belassen dieser Läuteglocken erschwerte man staatlicherseits noch dadurch, dass als »Kirchengemeinden« im Sinne der Richtlinien lediglich Gemeinden mit eigener »Rechtspersönlichkeit« angesehen wurden. Alle rechtlich nicht selbständigen Kirchengemeinden hatten auch die letzte Läuteglocke abzuliefern.[39] Zuständig war die »Reichsstelle für Metalle«, die Hermann Göring als dem Beauftragten des Vierjahresplanes unterstand.[40] Göring wollte ursprünglich nur zwölf Glocken im gesamten Reich erhalten!

Angesichts der dargelegten Schwierigkeiten bei der Abgabe der Glocken ab 1940 konnte man prinzipiell nicht davon ausgehen, komplette Geläute vor der Verhüttung zu bewahren. Deshalb sollten als »besonders klangschön« geltende Geläute »vor ihrer Ablieferung auf Schallplatten aufgenommen werden«.[41] Erwähnt sei hier beispielhaft ein Schreiben des Ev. Konsistoriums der Mark Brandenburg, in dem zehn Geläute von Berliner Kirchen zu diesem Zweck empfohlen werden.[42]

Nach der Abnahme von den Türmen wurden die Glocken »gesammelt und durch die Kreishandwerkerschaften in ganzen Schiffsladungen und Güterzügen den Hüttenwerken zugeführt«. Aufgrund der »günstigen und damals noch ungestörten Verkehrsverbindungen erhielten die beiden Hüttenwerke in Hamburg den weitaus größten Teil« aller deutschen Glocken. Die anderen Kupferhütten in Oranienburg, Hettstedt und Ilsenburg (beide am Harz), Kall (Eifel) und Lünen (Westfalen) waren »an der Glockenvernichtung in geringerem Maße beteiligt«. Gemäß Anordnung verblieben die A-Glocken bei den Hüttenwerken, die B- und C-Glocken jedoch wurden gesondert eingelagert.[43]

Daraufhin stellte man in Hamburg die Reserveglocken im Freihafen auf dem damals unbenutzten Holzlager am Reiherstieg ab. Da dieser Platz allerdings nicht ausreiche, sah man sich gezwungen, »die Glocken zu ganzen Pyramiden aufeinander zu türmen«.[44] Die Folgen einer derartigen Maßnahme zeigte sich bei vielen Glocken schon gleich nach ihrer Rückkehr in die Heimatgemeinden: Durch den übermäßigen Druck der Glockenpyramiden im Glockenmantel waren oftmals feine Risse entstanden. Diese führten beim ersten Anläuten zu Sprüngen. Auch die zahlreichen Beschädigungen an deren Kronen seien »lediglich auf die unsachgemäße Lagerung« im Kriege zurückzuführen.

Wenn es trotzdem gelang, einschlägige Vernichtungsaktionen abzuschwächen, so geschah das dank Unterstützung durch die Denkmalpflege. An erster Stelle ist hier Ministerialrat Dr. Robert Hiecke zu nennen, der Konservator der Kunstdenkmäler für das Reich.[45] Dr. Hiecke hat »aus den ihm befohlenen Richtlinien der Reichsstelle für Metalle das Beste herausgeholt, was herauszuholen war«. Der Staat erkannte die von ihm ausgearbeiteten, »im wesentlichen auf den ›Denkmalschutz‹ abgestellten Grundsätze schon deshalb an, weil die Kunstpflege und die Erhaltung des geschichtlich wertvollen Gutes« auf der Linie des »Dritten Reiches lag. Die kirchlichen Interessen waren hierbei völlig unbeachtlich.«[46]

Als Göring am 15. März 1940 das Gesetz zur Beschlagnahme aller Glocken erlassen hatte, griff sofort die Denkmalpflege unter Dr. Hiecke ein, um wenigstens die wertvollsten Glocken zu retten.[47]

Im weiteren Verlauf des Krieges sorgte Hiecke dafür, dass für die Arbeiten zur Inventarisation der Bau- und Kunstdenkmäler weiterhin Geldmittel bewilligt wurden. Wie er im Juni 1944 schreibt, »können die Kosten der einen wichtigen Teil der Inventarisation bildenden archivalischen Erfassung der zur Einschmelzung bestimmten historischen und künstlerisch wertvollen Bronzeglocken, die sich größtenteils in zwei Hamburger Lagern[48] befinden, nur aus jenen bewilligten Mitteln gedeckt werden. Es ist noch eine erhebliche Zahl solcher Glocken in dieser Weise zu bearbeiten.«[49]

Im Oktober 1944 teilte Hiecke den Denkmalpflegern in Sachen »Metallerfassung« Folgendes mit: »Die Glocken der Gruppen B und C werden keinesfalls mehr in diesem Jahr in Anspruch genommen werden. Es kann auch weiterhin für längere Zeit auf Ihre Erhaltung gerechnet werden.«[50]

An dieser Stelle sei erwähnt, dass ein teilweise sogar offener Widerstand insbesondere seitens kirchlicher Kreise gegen die kriegsbezogenen »Glockenaktionen« existierte. Dieser Widerstand erstreckte sich nicht nur auf das Gebiet des damaligen Großdeutschen Reiches, sondern auch auf die besetzten Nachbarländer. Ein aufschlussreiches Zeugnis hierfür ist ein Bericht der Rüstungs-Kontor GmbH, Außenstelle Brüssel, vom April 1943.

Einer vertraulichen Mitteilung zufolge war der dortige deutsche Militärbefehlshaber »plötzlich persönlich nach Berlin gefahren, um evtl. die ganze Glockenaktion in

Belgien zu verhindern«. Dieser »steht hier in dem Ruf, streng katholisch zu sein und stets Verbindung mit dem Erzbischof von Mecheln zu halten«. In »unserem Aktenvermerk Nr. 14« sei bereits zum Ausdruck gebracht, dass der Erzbischof gegen die »Glockenaktion« eingestellt und »die gesamte Geistlichkeit« ihre Mitwirkung verweigert habe. Zweifellos gehe die Initiative, den Ausbau der Glocken zu verhindern, vom Erzbischof aus. »Normalerweise« hätte man mit deren Ausbau schon begonnen, wenn »die Angelegenheit nicht in letzter Minute vom Militärbefehlshaber abgestoppt worden wäre«.[51]

Offenbar traute man sich seitens der Verantwortlichen in der deutschen Besatzung nicht, den Widerstand zu brechen. Dies geht aus der Bitte am Schluss des Berichts hervor, besagte Mitteilung »unter allen Umständen streng vertraulich zu betrachten«.[52]

Zu den Verlusten der in den Türmen verbliebenen Glocken der Gruppe D

Nur durch intensive Bemühungen der zuständigen Denkmalschutzbehörden im Deutschen Reich gelang es, den Kirchen wenigstens die bedeutendsten Glocken zu erhalten. Allerdings war damals kaum vorhersehbar gewesen, dass eine Reihe von ihnen im weiteren Verlauf des Krieges bei der Zerstörung der Türme herabstürzte.[53] Da diese Glocken und Geläute aufgrund ihres hohen Denkmalwertes in die D-Gruppe eingestuft waren, müssen wir sie heute als besonders tragische Verluste beklagen.

Beispielhaft erwähnt seien an erster Stelle die beiden bereits während des britischen Luftangriffs auf Lübeck am 29. März 1942 (in der Nacht zum Sonntag Palmarum) beim Brand der Türme teilweise geschmolzenen und abgestürzten historischen Lübecker Geläute des Domes (vier Glocken im Nordturm und zwei im Dachreiter, 14./15. und 18. Jahrhundert)[54] sowie das der *Marienkirche* (bis 1942 zehn Glocken im Südturm, 14. bis 18. Jahrhundert; sieben Schlagglocken im Dachreiter, Anfang 16. Jahrhundert).[55] Die Reste der größten, sogenannten Pulsglocke von 1669 und der 1508 von Hinrich van Kampen gegossenen »Sonntagsglocke« liegen am Absturzort in der südlichen Turmhalle. (Abb. 1) Diese »herabgestürzten, verbogenen, geborstenen und geschmolzenen Glocken wirken als Gedächtnis von Bombenkrieg und Feuersturm in gewisser Weise« eindringlich, veranschaulichen sie doch »etwas von der furchtbaren Dynamik der Zerstörung selbst und von der Hitze des Infernos«.[56]

Vernichtet wurden außerdem das mittelalterliche Geläut des Domes zu Minden (13./14. Jahrhundert),[57] die acht gotischen Glocken von St. Sebald in Nürnberg (14./15. Jahrhundert)[58] sowie vier Glocken der Marienkirche in Frankfurt/Oder (13./14. u. 16. Jahrhundert),[59] ferner das berühmte Glockenspiel mit 37 Glocken nebst vierstimmigen Geläut der barocken Parochialkirche zu Berlin (Glockenspiel: 1717 von Jan Albert de Grave in Amsterdam; vom Geläut goss Johann Jacobi drei Glocken, eine 1703 und zwei 1705, die vierte Glocke ohne Inschrift stammte von 1714).[60]

Abb. 1 | Lübeck, St. Marien, Süderturmhalle: beim Turmbrand 1942 abgestürzte und geschmolzene Glocken; Aufnahme 2006

Obwohl die Glocken auf dem Reservelager (in Hamburg) während des Krieges vor der Verhüttung verschont geblieben waren, traten infolge mehrfacher Bombenangriffe auf das Lager in den letzten Wochen vor Kriegsende »auch unter den B- und C-Glocken noch unwiederbringliche Verluste« ein. Einer genauen Untersuchung auf Grund von Unterlagen aus der Kriegszeit zufolge sind rund 500 alte Glocken auf dem Reservelager den Fliegerangriffen zum Opfer gefallen.[61]

Die Jahre nach 1945: Rückführung der Glocken

Die Bemühungen um die Rückführung der rund 14.000 Glocken »aus deutschem Eigentum« in den ersten Nachkriegsjahren gestalteten sich schwierig. Sie befanden sich in den Sammellagern von Hamburg, Hettstedt, Ilsenburg, Lünen und Oranienburg, der »weitaus überwiegende« Teil in Hamburg (Abb. 2). Die Militärregierung hatte diese Glocken, die vor der Vernichtung bewahrt geblieben waren, »zusammen mit allen aus den zerschlagenen Glocken noch stammenden Glockenscherben« beschlagnahmt.[62]

Infolge der bereits geschilderten unsachgemäßen Maßnahmen namentlich im Hamburger Sammellager, die abgestellten Reserveglocken aus Platzmangel zu ganzen Pyramiden aufeinander zu türmen, stellte man bei vielen Glocken nach ihrer Rückkehr in die Heimatgemeinden fest, dass sie unbrauchbar waren.

Deshalb sollte es nach dem Kriege die erste Handlung der verantwortlichen Stellen werden, die Glocken »auseinander zu stellen und sachgemäß einzulagern«. Allein in Hamburg benötigte man hierfür 13 Lagerplätze und mit ihnen umfangreiche Schutz- und Bewachungsmaßnahmen, die später noch Sorgen im Hinblick auf Diebstahl und damit verbundenen weiteren Beschädigungen bereiteten.[63]

Zu einem unentbehrlichen Instrument für die Rückführung der verschont gebliebenen Glocken ab 1945 wurde das *Deutsche Glockenarchiv*. Es war in den Sammellagern des Zweiten Weltkrieges aus Karteikarten mit Beschreibungen, aus Fotos und Abgüssen der Glockenzier entstanden. Bereits Anfang 1944 hatte Dr. Ernst Sauermann – damals Provinzialkonservator von Schleswig-Holstein – »Vorschläge über die Errichtung eines deutschen Glockenarchivs« in Verbindung mit einer Glockengießerwerkstatt in Lübeck unterbreitet.[64]

Nach Kriegsende 1945 wurde das Deutsche Glockenarchiv zunächst in Hamburg in Kooperation des ehemaligen Ausschusses für die Rückführung der Kirchenglocken und der »Regierung der Freien und Hansestadt Hamburg« aufgebaut.[65] Schließlich erfolgte 1965 auf Grund einer Vereinbarung zwischen dem Kultussenator in Hamburg, der katholischen und der evangelischen Kirche die Überführung nach Nürnberg in das Germanische Nationalmuseum, Archiv für bildende Kunst.[66] Die dortige Betreuung übernahm zunächst Konservator Dr. Ludwig Veit.[67]

Eine ebenso große wie schwierige Aufgabe bereitete bereits unmittelbar nach Kriegsende, noch vor der Rückführung der Glocken in die Heimatkirchengemeinden die Entschlüsselung der auf Tausenden von Glocken aufgemalten Leitzahlen; diese enthielten die Angaben von Gau, Kirchenkreis, Kirchengemeinde und Qualitätsstufe. Diese »Entschlüsselung« konnte nur aufgrund der sogenannten Kreishandwerkerlisten vor sich gehen, von denen lediglich ein einziges Exemplar beim damaligen Provinzialkonservator von Schleswig-Holstein erhalten war.[68]

Wie Provinzialkonservator Sauermann im August 1945 an die obersten Behörden der deutschen evangelischen Landeskirchen u. a. schrieb, begrüße es die Denkmalpflege mit Freude, dass die Glocken der B- und C-Gruppen größtenteils erhalten geblieben seien; sie werde sich gerne daran beteiligen, dass diese wieder entschlüsselt und in ihre Heimat zurückgeführt werden, soweit dies auf Grund der vorhandenen Unterlagen ermittelbar sei. Sauermann wies aber in diesem Zusammenhange darauf hin, dass die Rückführung der deutschen Glocken voraussichtlich erst im Jahre 1946 anlaufen könne.[69]

Zur Lösung der einschlägigen Aufgaben wurde unter der Leitung von Christhard Mahrenholz der bereits erwähnte Ausschuß für die Rückführung der Glocken e. V. gegründet. Dem ARG gehörten außer Mahrenholz als Vorsitzendem Persönlichkeiten aus den Kirchen der beiden großer Konfessionen sowie weiteren einschlägigen

Abb. 2 | Glockenfriedhof in Hamburg; Aufnahme um 1947

öffentlichen Institutionen an. Genannt seien an dieser Stelle nur der erwähnte Provinzialkonservator Sauermann, ferner Direktor Haarmann und Reichsbahnrat Dr. Severin. Durch Hinzuziehen der beiden letztgenannten war die Mithilfe der Binnenschifffahrt und der Eisenbahn für die Durchführung der Transporte gesichert. Die praktische Arbeit bei der Rückführung der Glocken in ihre Heimatgemeinden wurde der Transportkommission des ARG übertragen, deren Leitung Dr. Severin übernahm.[70]

Zunächst erfolgte die Freigabe der Glocken aus der britischen und der US-amerikanischen Besatzungszone zur Rückführung in ihre Heimatgemeinden. Notwendig war zunächst, »die organisatorischen Voraussetzungen für eine geordnete Glockenrückführung zu schaffen«. In erster Linie mussten die Glocken »einwandfrei entschlüsselt werden. Sodann war für die Beschaffung des seinerzeit knappen Transportraumes zu sorgen.«[71] Die Genehmigung zur Rückgabe der Glocken aus der französischen Zone erfolgte im Herbst 1947, die Erweiterung auf die russische Zone im Februar 1948.[72]

Als eine seiner letzten Handlungen hatte der Aliierte Kontrollrat vor seinem Auseinandergehen (1948) den Beschluss gefasst, die Glocken in allen vier Besatzungszonen Deutschlands an die jeweiligen Gemeinden zurück zu liefern und diese Aufgaben »einem von den Kirchen selbst gebildeten Ausschuß zu übertragen«. Der ARG wurde nun in eine kirchliche Institution umgewandelt. Für das Gebiet der späteren DDR trat die »Transportkommission Ost« hinzu; ihr gehörten der katholische Weihbischof Wiencken und der evangelische Oberkonsistorialrat Heyer, beide aus Berlin, sowie der Glockengießer Dipl.-Ing. Franz Schilling an. Besonders Schilling erwarb sich als »Kustos der Glocken« große Verdienste um deren Rückführung. Vor allem ihm war die gute Zusammenarbeit des ARG mit den maßgebenden Stellen der Militärregierung zu verdanken. Im Jahre 1949 nahm er wieder seinen Beruf als Glockengießer wahr.[73]

Auf dem Gebiet der Sowjetischen Besatzungszone (SBZ) existierten nach Kriegsende drei »kleinere« Glockenlager: Oranienburg mit rund 300 Glocken, ein weiteres Lager bei Ilsenburg am Harz mit etwa 600 sowie ein drittes bei Hettstedt mit ca. 400 Glocken. Die in Oranienburg lagernden Glocken stammten aus Mitteldeutschland. Der Gefahr, dass sie der Industrie zur Verwertung übergeben werden könnten, kam Schilling zuvor und ließ sie nach Apolda auf den Hof seiner Gießerei bringen.[74]

Bereits 1947 kamen diese Glocken in ihre Heimatgemeinden in Thüringen, Sachsen, Mecklenburg und Brandenburg zurück. Ebenso unproblematisch erfolgte die gleichzeitige Rückführung der Glocken aus Ilsenburg. Ganz anders waren die Verhältnisse in Hettstedt, da die dort gelagerten Glocken aus dem Rheinland stammten; das bedeutete seinerzeit, dass die Zonengrenze überquert werden musste.[75]

Große Probleme bereitete auch die Finanzierung der Glockenrückführung von Hamburg nach Mitteldeutschland. Die politischen Gegensätze zwischen Ost und

West hatten sich inzwischen so verschärft, dass jede Geldüberweisung über die Zonengrenze schier unmöglich geworden war. Schließlich wurde doch ein Austausch der Glocken vollzogen: Im Sommer 1950 konnten die 1.100 Glocken aus Hamburg und diejenigen aus Hettstedt endlich in ihre Heimatgemeinden diesseits und jenseits der Zonengrenze gelangen.[76]

Bis 1953 erfolgte die vollständige Räumung alle Glockenlager. Der Ausschuss, den Mahrenholz noch bis 1973 leitete, blieb jedoch bestehen.[77] Der ARG bearbeitete Anfragen nach dem Verbleib verloren gegangener Glocken und übernahm die treuhänderische Verwaltung der an sogenannte Patengemeinden in den westlichen Besatzungszonen ausgeliehenen Glocken. Angesichts der »kriegszerstörten Infrastruktur und der mangelhaften Transportgelegenheiten« stellte die »rasche und vollständige Rückführung« der Glocken in die Kirchengemeinden »eine logistische Meisterleistung« dar.[78]

Verluste historischer Glocken in der Nachkriegszeit

Im Folgenden soll besonders an die Verluste denkmalwerter deutscher Glocken in der Nachkriegszeit erinnert werden. Was der Zweite Weltkrieg an Glocken verschont hatte, fiel nicht selten der Erneuerungs- oder Modernisierungswelle zu Opfer. Nicht nur in den 1950er Jahren, sondern auch in den 1960er Jahren der wirtschaftlichen Prosperität wurden im alten Bundesgebiet ohne jede Notlage oder technischen Zwang Kirchenglocken eingeschmolzen.

So waren z. B. in Westfalen in besagtem Zeitraum über 30 Glocken aus der Zeit vom 13. Jahrhundert bis um 1800 davon betroffen; »mindestens ebenso viele« wurden damals »durch Klangkorrekturen als Musikdenkmäler zerstört«. Kaum zu zählen seien die meist lediglich wegen Vergrößerung der Geläute (oder auch ohne eine solche) beseitigten denkmalwerten Holzglockenstühle.[79]

Diese Maßnahmen geschahen seitens der Kirchenvorstände, Gemeindekirchenräte, Presbyterien etc. und nicht selten mit Billigung oder gar Anordnung kirchlicher Behörden – vergleichbar den Demolierungen zahlreicher historistischer Kircheninterieurs der Kaiserzeit in den späten Fünfziger und den Sechziger Jahren.

Bereits unter dem 15. Februar 1948 teilte Mahrenholz den deutschen Kirchenleitungen u. a. Folgendes mit: »Leider liegen mehrere Fälle vor, die zeigen, daß die Kirchengemeinden entgegen der von ihnen eingegangenen Verpflichtung, die zurückgeführten Glocken ohne Genehmigung einem Glockengießer zum Umguß zugeleitet haben!«[80]

Drei Jahre später nahm Mahrenholz die »Besorgnis« um die Erhaltung der vom letzten Krieg verschonten alten Glocken zum Anlass, die obersten deutschen Kirchenbehörden – laut Schreiben vom 9. Juli 1951 – abermals um den »Schutz des alten Kulturgutes vor leichtfertiger Zerstörung« zu bitten. In den letzten Monaten sei es

Abb. 3 | Trier, Dom: sogenannter Greiffenklauturm von Südosten nach dem Luftangriff im August 1944

Abb. 4 | Trier, Dom: Ansicht von Südwesten nach dem Angriff im August 1944

mehrfach vorgekommen, dass »völlig brauchbare alte Glocken entgegen dem ausdrücklichen Einspruch der Denkmalpflege und ohne Kenntnis der Kirchenbehörden nur deshalb zerschlagen und eingeschmolzen« wurden, weil sie sich »in eine neue Geläutedisposition nicht recht einfügen wollten« oder man bei der Beschaffung neuer Geläute »aus billigem Ersatzmaterial« die alten Bronzeglocken »in Zahlung gab«. In einem Falle sei »eine klanglich besonders gute Glocke sogar dem Schrotthandel angeboten worden«. Lediglich die Einsicht des Altwarenhändlers, der angefragt hatte, ob die Veräußerung einer so schönen alten Glocke als Schrott denn überhaupt rechtens sei, hat die Glocke vor der Vernichtung bewahrt.[81]

Die Beispiele lassen sich fortsetzen: Bereits im Jahr zuvor, 1950 war in Hattingen (Ruhr) eine spätmittelalterliche Glocke von 1461[82] der ev.-luth. Stadtpfarrkirche (ehemals St. Georg) »zerschlagen und eingeschmolzen« worden.[83]

Besonders tragisch ist der Kriegs- und Nachkriegsverlust des historischen Geläuts im Südwestturm des *Trierer Domes*, dem sogenannten Greiffenklauturm (Abb. 3–6). Es hing bis 1944 in der Glockenstube des unter dem namengebenden Fürsterzbischof im Jahre 1515 dem romanischen Turm aufgesetzten spätgotischen Geschosses und bestand aus dem vierstimmigen großen Hauptgeläut sowie zwei kleineren Glocken.

Zwei Glocken des Hauptgeläuts (III und IV) stammten von 1516 und somit noch aus der Bauzeit des Glockengeschosses. Die beiden größten waren Neugüsse lothringischer Wandergießer aus dem Jahre 1628 (unter Verwendung des Materials der Vorgängerin von 1515): die sogenannte Große Helena, im Volksmund »Bertes« genannt (unterer Durchmesser 2,36 m; Gewicht ca. 8.100 kg) sowie die »Große Maternusglocke« (Abb. 5–6). Die beiden kleinen Glocken (V und VI) wurden 1553 und um 1500 gegossen.[84]

Im Zuge der Glockenerfassung lieferte man 1942 die Glocken V und VI an die Reichsstelle für Metalle mit dem Merkmal der Gruppe C ab. Auch die vier großen Glocken sollten zunächst in die C-Gruppe eingestuft und abgeliefert werden. Erst nachträglich gelangten sie wegen ihres hohen Denkmalwertes in die Gruppe D und entgingen so der Aktion.

Bei dem ersten großen Luftangriff auf Trier am 14. August 1944 brannte ausgerechnet der »Greiffenklauturm« des ansonsten weitgehend verschont gebliebenen Domes aus (Abb. 3–4). Der Turm konnte nicht mehr rechtzeitig gelöscht werden. Die Glocken stürzten ab, »blieben auf dem untersten Gewölbe liegen und wurden dabei vernichtet« (Abb. 5–6), das Uhrwerk und der Glockenstuhl »ebenfalls mit in die Tiefe gerissen«.[85] Als »Ironie der Geschichte« ist festzustellen: Wäre es bei der Einstufung in die Gruppe C geblieben, hätten die vier Glocken abgeliefert werden müssen und wären, was damals niemand ahnen konnte, nicht eingeschmolzen worden.[86]

Abb. 5 | Trier, Dom: Die große Glocke »Helena« nach ihrem Absturz; Aufnahme 1944

Abb. 6 | Trier, Dom: Der Rest der Maternusglocke wird in den Dom abgelassen; Aufnahme 1944

Die beiden abgelieferten und nach 1945 unversehrt vom Hamburger Glockenfriedhof zurückgekehrten Domglocken V und VI dagegen schmolz man erst 1951 zugunsten eines neuen Geläutes ein.[87]

Ein Kernproblem stellte die Frage betreffend Ergänzung alter Glocken oder deren Ersatz durch Neugüsse dar. Dieses Problem war bereits nach den Glockenverlusten des Ersten Weltkrieges aktuell. So sah sich unter dem 3. April 1922 der zuständige Preußische Minister für Wissenschaft, Kunst und Volksbildung zu folgender, bemerkenswerter Instruktion an die Bezirksregierungen veranlasst: »Mehrfach ist die Beobachtung gemacht worden, daß Gemeinden, die sich ein ganz neues Geläut beschaffen wollen, leicht geneigt sind, die ihnen noch verbliebenen Bronzeglocken an einen Giesser zu veräußern. Abgesehen von konservatorischen Bedenken, sowie davon, daß hierdurch mittelbar zu einer Verteuerung der Wiederbeschaffung von Glocken beigetragen wird, besteht auch die Gefahr der Übervorteilung der Gemeinden und einer Schädigung der Baupflichtigen. Einem solchen Bestreben ist daher um so mehr entgegenzutreten, als selbst bei Beschaffung von Gussstahlglocken durchaus die Möglichkeit besteht, neue Glocken den noch vorhandenen Bronzeglocken anzupassen.«[88] Insbesondere die letzte Aussage hat auch nach dem Zweiten Weltkrieg bei der Neuanschaffung von Glocken sowohl aus Bronze als auch aus Gussstahl nichts von ihrer Aktualität eingebüßt.

Die Abgänge historischer Glocken nach dem letzten Weltkrieg waren ein gewichtiges Thema auf dem *Deutschen Glockentag* 1956 in Nürnberg. In einem Referat über »Geläutergänzung zu alten Glocken« berichtet Baurat H. Rolli (Heidelberg) u. a., dass »die Einbeziehung alter Glocken mit ihrer für unser heutiges Empfinden oft fremdartigen und eigenwilligen Klangkonstruktion in neue Geläutezusammenhänge« meistens große Schwierigkeiten bereite. Wenn diese dann »leider« allzu oft gelöst würden, indem man die alten Glocken »einfach einschmolz«, so dürfe man nicht nur den Gießern den Vorwurf machen, die »eben den für sie leichtesten Weg wählten«. Vielmehr sei zu beklagen, dass sich »die Sachverständigen bislang wohl zu wenig dieser Frage angenommen haben«.

Während die Denkmalpfleger »zäh um die Erhaltung jedes alten Stückes« kämpften, seien »die Sachverständigen« nach wie vor vielfach bereit, alles, was »in das derzeit gültige Klangschema« nicht hineinpasse, als »ungekonnt und wertlos« abzutun. »Dabei sind uns in den wiederentdeckten und verfeinerten Methoden der Klangkorrektur die Mittel in die Hand gegeben, nicht nur zu korrigieren, sondern auch zu verfälschen, indem wir alte Glocken solange mit der Schleifmaschine traktieren, bis sie in Schlagtonhöhe oder Innenharmonie eben in unseren Plan passen.«[89]

Dies ist laut Rolli »dann im Grunde dasselbe wie die im 19. Jahrhundert an alten Bauten mit großer Selbstzufriedenheit und Fortschrittsgläubigkeit gepflegte ›Purifizierung‹, deren Ergebnisse wir heute so bitter beklagen, weil sie dem Kunstwerk Leben und Seele geraubt haben«.

Der Denkfehler bei einem derartigen Vorgehen liege wohl darin, dass »wir unser zeitgebundenes ästhetisches Ideal verabsolutieren und die gestellte Aufgabe dadurch erleichtern«, das Alte »in unser neues Modell« zu pressen.

Nach Ansicht des Referenten könne man sich auf dem »glockenmusikalischen Randgebiet« ohne weiteres die Grundsätze moderner Denkmalpflege, insbesondere der Architektur zu eigen machen. Es gelte nämlich, dass »das Alte, sofern es Niveau und Qualität hat, möglichst unberührt bleiben soll und sich das Neue eigenständig, aber mit taktvoller Rücksichtnahme« einfügen solle.[90]

Allgemeingültige Thesen für die Geläute-Ergänzung zu alten Glocken aufzustellen, scheine schwer zu sein. Rolli appelliert an die Verpflichtung des Sachverständigen, in jedem einzelnen Fall Rechenschaft abzulegen vor der »Verantwortung gegenüber den Leistungen der Vergangenheit wie der Zukunft«.[91]

Das Korreferat auf dem Deutschen Glockentag 1956 in Nürnberg hielt Hauptkonservator Dr. F. Dambeck zum Thema: »Schutz der Glocke als Klanginstrument – Forderungen der Denkmalpflege«. Er hebt zunächst hervor, dass der »Hauptteil« der historischen Glocken »über die Fährnisse des letzten Krieges« hinübergebracht werden konnte. Des Weiteren führt Dambeck u. a. aus, dass auch nach dem Krieg noch beträchtliche Verluste zu beklagen sind. »In den letzten zehn Jahren« (1946–1956) wurde der Bestand weiterhin empfindlich gemindert, »vor allem durch die häufige

Sprungbildung« infolge des dargelegten Auftürmens in den Glockenlagern. Ein großer Teil der gesprungenen Glocken konnte zwar wieder befriedigend instandgesetzt werden, ein anderer Teil aber erlitt so schwere Beschädigungen insbesondere dadurch, dass die Schäden nicht sofort behoben wurden und folglich ein Einschmelzen unumgänglich war.[92]

Ein weiterer empfindlicher Verlust trat laut Dambeck dadurch ein, dass Glocken, die einem geplanten Geläute klanglich schwer einzuordnen waren, »kurzerhand ohne jede Genehmigung der staatlichen und kirchlichen Aufsichtsbehörde umgegossen wurden«. Das Wort »Umguss« sei zur »euphemistischen Ausdrucksweise für die vollständige Zerstörung der historischen Glocke« geworden. An dieser Stelle sei bemerkt, dass auch in der jüngeren Literatur dieser irreführende Terminus mitunter immer noch gebräuchlich ist. »Umguss« bedeutet stets Neuguss, wenn auch aus dem alten Glockenmaterial.

Wohl der größte Verlust entstehe, so Dambeck weiter, »dem historischen Glockengut jedoch auf eine Weise, die in der Öffentlichkeit nicht in Erscheinung« trete, nämlich durch das »Ausschleifen« von Glocken »zu dem Zweck, die Innenharmonie der Glocke zu ändern, um einen entsprechenden Anschluss an eine geplante Disposition zu finden«. Diese Unsitte habe in den letzten Jahren weit um sich gegriffen.

Nachstimmungen komplett erhaltener alter Geläute »im Sinne einer Reinstimmung nach heutigen Maßstäben« lehnt der Referent seitens der Denkmalpflege als Purifizierung ab. In einem alten Geläute »können unter Umständen auch verzerrte Schlagtonintervalle musikalisch tragbar, ja reizvoll sein, besonders dann, wenn der Klangaufbau der einzelnen Glocken entsprechend unexakt ist, sodass die Schlagtöne nicht mehr mit der Eindeutigkeit und Klarheit wie bei neuen Glocken in Erscheinung treten«.[93]

Namens der Denkmalpflege fordert Dambeck: »Eine historische Glocke darf überhaupt nicht klanglich verändert, also nicht ausgeschliffen werden.« Falls es absolut unmöglich sei, eine Disposition zu finden, in die sich die vorhandene Glocke einbauen lasse, denke man besser an einen Verkauf der Glocke statt sie zu verändern. Die Denkmalämter stellten sich grundsätzlich nicht gegen einen Verkauf der Glocke an eine andere Kirchengemeinde, wenn diese sie wieder zum Läuten verwende; natürlich sei jedoch zu wünschen, dass »Kunstwerke« an dem Ort erhalten bleiben, für den sie geschaffen sind.[94]

Eine Entscheidung über einschlägige Ausnahmen darf »niemals ein Einzelner fällen«, weder der Gießer noch der Glockenexperte; gegebenenfalls müsse die Sache »vor einem Gericht ausgetragen werden«.[95]

Besondere Beachtung verdient die folgende Aussage des Referenten zum *elektrischen* Läuten der Glocken. »Sachkundige« hätten bereits behauptet, »zehn Jahre maschinengeläutet« bedeute einen größeren Verschleiß der Glocke als »hunderte Jahre handläuten« (sic!). Wenn es nicht gelänge, bezeichnete Mängel der Läutemaschinen abzustellen, so bedeute dies eine »tödliche Bedrohung von Teilen der Technik für das historische Glockengut«.[96]

Ungeachtet aller einschlägigen Warnungen und Plädoyers sind im Laufe der 1950er und 1960er Jahre weiterhin historische Glocken ohne große Not abgegangen. Nach den »verheerenden flächendeckenden Glockenverlusten des 20. Jahrhunderts« haben, wie der bereits erwähnte Glockenexperte Konrad Bund charakterisiert hat, »nach 1945 meist ortsfremde, an eher abstrakten musikalischen Normen orientierte Sachverständige unter dem Druck der Notwendigkeit, so schnell wie möglich über 60.000 vernichtete Glocken zu ersetzen« und sowohl den »beraubten« als auch »vielen neu errichteten Kirchen neue Geläute zu verschaffen, in der Regel unter Verzicht auf Anbindung an die ihnen meist gar nicht bekannten, auch durch die beiden Glockenablieferungen und die personellen Umbrüche des Zweiten Weltkrieges abgerissenen lokalen Traditionen nach allgemeingültig verstandenen Regeln musikalische Dispositionen erstellt«, wobei »sehr oft der teilweise erhaltene bedeutende Altbestand keine Rolle« spielte. Letzteren opferte man vielmehr in zahlreichen Fällen »bedenkenlos« dem Verlangen nach »Totalerneuerung« – und dies, »obwohl eine schonende Ergänzung problemlos möglich und auch weit billiger gewesen wäre«.[97]

Die *Egidienkirche* in Nürnberg etwa verlor im Zweiten Weltkrieg drei in den beiden Türmen verbliebene barocke Glocken der seinerzeit bedeutenden Gießerfamilie Heroldt. Dagegen wurde die 1713 von Johann Balthasar Heroldt gegossene, noch 1956 »im Schutt stehende« große Glocke erst 1958 eingeschmolzen.[98]

An dieser Stelle soll nicht unerwähnt bleiben, dass sich beim ebenfalls 1958 erfolgten Neuguss der im Zweiten Weltkrieg abgelieferten großen Marienglocke des Aachener Münsters – die Vorgängerinnen stammten von 1659 und 1881 – der damals führende Glockensachverständige im Rheinland, Musikdirektor Jakob Schaeben, für den Erhalt der sieben vom Krieg verschonten barocken Denkmalglocken von 1659 eingesetzt hat. Diese waren nämlich durch die zeitübliche Erneuerungswelle ernsthaft gefährdet.[99]

Als »besonders tragische Beispiele« für besagte, vermeidbare Nachkriegsverluste seien die folgenden Geläute angeführt. Aus der Zeit des Spätbarock stammte das fünfstimmige Geläut des *Hildesheimer Domes*, gegossen 1765 »vom Churmainzer Stückgießer« Johann Martin Roth.[100] Bis auf die größte Glocke (1875 um-, will heißen: neugegossen, 1942 vernichtet) waren die vier übrigen Glocken nach 1945 erhalten; mit Ausnahme der zweitgrößten Glocke wurden sie 1960 eingeschmolzen.[101]

Ein eklatantes Beispiel für die Ignoranz gegenüber künstlerischen Zeugnissen auch des 19. Jahrhunderts in der Nachkriegszeit ist das Schicksal der Glocken des *Freiburger Münsters*. Von dem 1842 gegossenen, 1843 um zwei kleinere Glocken ergänzten und nunmehr zehnstimmigen Geläut des badischen Gießers Carl Rosenlächer waren die vier großen Glocken von der Denkmalpflege sowohl im Ersten als sogar auch im Zweiten Weltkrieg aufgrund der klanglichen sowie künstlerischen

Qualitäten als schützenswert eingestuft worden, um somit ein Geläut des 19. Jahrhunderts beispielhaft der Nachwelt zu überliefern.[102] Trotzdem wurden sie erst 1959 zu Gunsten neuer Glocken eingeschmolzen – wegen angeblich fehlender »musikalischer Qualität«.[103] Anlass war ein Beschluss des Metropolitankapitels, das dem einschlägigen Urteil des damaligen Diözesan-Glockensachverständigen H. Rolli gefolgt war.[104] Das neue 15-stimmige, klanglich zweifellos qualitätsvolle Geläut schuf der renommierte Gießer Friedrich Wilhelm Schilling in Heidelberg. Vornehmlich ihm soll es zu verdanken sein, dass damals wenigstens die bedeutende Hosanna-Glocke von 1258 erhalten blieb.[105]

Die *Marktkirche* in Wiesbaden erhielt 1861/62 ein fünfstimmiges Geläut von der Gießerei Hamm (Frankenthal). Nach 1945 waren die vier kleineren Glocken erhalten, 1962 wurden sie bis auf die kleinste Glocke eingeschmolzen und neugegossen.[106]

Die *Protestations-Gedächtniskirche* in Speyer besaß ursprünglich ein fünfstimmiges, von der Gießerei Schilling in Apolda gegossenes Geläut. Laut Bericht des Pfarrers und Glockensachverständigen Theo Fehn hatte diese Firma bereits 1900 die große »Kaiserglocke« geliefert, die vier übrigen Glocken (»Gustav-Adolf-«, »Luther-«, »Bayern-«, »Arbeiter-Glocke«) wurden 1903 »festlich eingeholt«. Zum Probeläuten im selben Jahr berichtete der »Prüfungs-Ausschuß«, aus gleichsam interdisziplinären regionalen Persönlichkeiten, u. a.: »Das Geläute ist wundervoll gelungen. (Die »Kaiserglocke«) f° klingt sehr ernst und unnahbar majestätisch; (die »Gustav-Adolf-Glocke«) as° ist wohl am meisten gelungen; (die »Lutherglocke«) b° hat einen schönen klaren Ton; (die »Bayernglocke«) c' ist ein hellklingender, feierlicher Ton; (die »Arbeiterglocke«) es' ist etwas zu tief, aber im Zusammenhalt mit as° wird es(') in die Höhe getrieben und daher ist dieser Umstand nicht störend. Die Wahl der Töne ist sehr glücklich, weil sie eine Kombination von Harmonie und Melodie zulässt (…) Daher ist (…) dem Glockengießer Glück zu wünschen zu diesem so wohlgelungenen Werke.«[107]

Besondere Aufmerksamkeit verdient das Schicksal dieses Geläutes. Im Ersten Weltkrieg blieben alle Glocken verschont, da es sich um Stiftungen handelte. Der Zweite Weltkrieg dagegen war rigoroser, denn »allen gegenteiligen Bemühungen zum Trotz wurden die vier größeren Glocken 1942 demontiert und in das Hamburger Sammellager geschafft mit dem einzigen Zugeständnis«, sie in die Gruppe C einzustufen. Wie sich erst nach Kriegsende herausstellte, wurde die große »Kaiserglocke« in Hamburg jedoch »stillschweigend« der Gruppe A zugewiesen und folglich »vernichtet«; nur die drei mittleren Glocken (as°-b°-c') »kehrten 1948 wieder zurück in den Turm«.[108]

Des Weiteren berichtet Fehn, das Geläut sei ohne die »Kaiserglocke« nur noch ein Torso gewesen, hatte doch diese sowohl »das Geläute abgerundet« als auch »fühlbare klangliche Mängel des übrigen Kompendiums gnädig verhüllt«. So wurde »schon sehr früh der starke Wunsch« nach einer neuen f°-Glocke laut. Man begann zunächst mit einer »Sammelaktion freiwilliger Spenden«. 1957 schließlich konnte mit »Vorarbeiten« begonnen werden: »Das erste war eine klanganalytische Aufnahme des vorhandenen Restgeläutes«, zu der namhafte Experten herangezogen wurden. »Das Prüfungsergebnis, gestützt auf Erfahrungen, Erkenntnisse und physikalische Prüfungsmethoden, die 1903 noch nicht zur Verfügung gestanden hatten, war leider negativ: Die 4 Glocken zeigten in Tonaufbau, Schlagtonstimmung und Klangentfaltung (…) so schwerwiegende Mängel, daß eine neue f°-Glocke heutiger Qualität diese nicht mehr gnädig verdeckt, sondern als klangqualitatives Gegenstück dazu erst recht enthüllt hätte.«[109]

Nach Konsultationen in mehreren Sitzungen entschlossen sich Ausschuss und Verwaltungsrat des Bauvereins »nach reiflicher Überlegung« zum Neuguss des gesamten Geläuts. »Die eingehenden Spenden erwiesen zunehmendes Interesse für das Geläute (…) Nicht zuletzt aber war der Weg frei für eine neue Geläute-Disposition, welche (…) zum visuellen Eindruck des Turmes in besserem Verhältnis stehen würde als das bisher der Fall war. Man konnte nun (…) das vordem reichlich dumpfe und schwerfällige Geläute ersetzen durch ein klanglich transparenteres mit einer größeren Spannweite (…)« und statt fünf künftig acht Glocken.[110]

Der »weitere Verwaltungsrat« beschloss 1957, das gesamte Geläut neu gießen zu lassen und im folgenden Jahr, den Auftrag dazu der Karlsruher Glockengießerei – damals noch Gebr. Bachert – zu erteilen.[111] Die alten Glocken wurden somit eingeschmolzen.[112]

Auch auf dem Gebiet der ehemaligen DDR sind Verluste zu beklagen. So wurden erst 1963 zwei historische Glocken der Hansestadt Wismar eingeschmolzen: Die 1670 gegossene, einzige erhalten gebliebene Glocke der 1945 zerstörten Georgenkirche[113] gelangte zur Verhüttung auf den Hamburger Glockenfriedhof und kehrte nach Kriegsende zurück; eine weitere, kleine Glocke von 1501 stammte aus der ehemaligen Dominikanerkirche (»Schwarzes Kloster«).[114] Beide Glocken opferte man dem Guss einer neuen Glocke, die für die Wismarer Nikolaikirche als Ersatz abgelieferter Glocken bestimmt wurde.[115]

Die neue Glocke ist ein zweifellos qualitätsvolles Werk der Gießerei Schilling, Apolda. Die Vernichtung der beiden alten Glocken wiegt allerdings besonders schwer, zumal die Nikolaikirche (im Gegensatz zur bis auf den Turm zerstörten und 1959 gesprengten Marienkirche) einen Teil ihrer historischen Glocken im letzten Krieg abliefern musste.

Aus aktuellem Anlass muss an dieser Stelle insbesondere auf die gegenwärtigen Gefahren durch Glockendiebstähle in Deutschland hingewiesen werden. So ist im Februar-Heft 2013 des *Magazins für Denkmalkultur in Deutschland* MONUMENTE ein Artikel der *Ostsee-Zeitung* aus Rostock vom 17./18. November 2012 abgedruckt, der von einem dreisten, »bundesweit für Schlagzeilen« sorgenden Glockendiebstahl in Mecklenburg-Vorpommern berichtet: In Groß Ridsenow (Landkreis Rostock) wurde eine 600 Jahre alte Bronzeglocke aus dem freistehenden Glockenstuhl gestohlen. Drei Wochen später fand man das Material bei einem Schrotthändler; dieser hatte – anders als der erwähnte Schrotthändler 1951! – die Glocke »zersägt«.[116]

Es handelt sich hier, so erfahren wir weiter, keineswegs um einen Einzelfall: »Innerhalb weniger Monate« sind »bundesweit mehrere Glocken von Friedhöfen und Kirchtürmen verschwunden«, z. B. in Drübeck (Sachsen-Anhalt), ferner in Niedersachsen, in NRW sowie in mehreren Orten Sachsens (etwa im Vogtland und im Erzgebirge).

Beachtung verdient außerdem ein Beitrag in der Neuen Zürcher Zeitung vom 5. März 2013. Der Autor berichtet unter anderem auch über einen weiteren Glockendiebstahl in Mecklenburg: Ende 2012 sei in der Gemeinde Laage eine über 500 Jahre alte Bronzeglocke in der Friedhofskapelle »abgeschraubt und per LKW abtransportiert worden. Für die 600 kg schwere Bronzeglocke erhielten die vier Diebe mutmaßlich 1.060 Euro vom Schrotthändler. Der historische Wert belief sich hingegen auf mehr als 20.000 Euro.«[117]

Abgegangene sowie gefährdete Glocken aus Gussstahl und Ersatzwerkstoffen

Mit der Industrialisierung, vereinzelt jedoch auch schon früher, gab es immer wieder Versuche, statt aus der althergebrachten Zinnbronze Glocken aus anderen Materialien und Legierungen herzustellen. Ein Durchbruch hierzu gelang Mitte des 19. Jahrhunderts dem Metallurgen Jacob Mayer (1813–1875). Mayer, der 1842 in Bochum mit dem Kaufmann Eduard Kühne die »Gußstahlfabrik Mayer & Kühne« gegründet hatte, erfand spätestens 1851 das sogenannte Stahlformgußverfahren; mit dessen Hilfe konnten insbesondere Glocken in Serie produziert werden. 1854 erfolgte die Umwandlung dieser Firma in den »Bochumer Verein für Bergbau und Gußstahlfabrikation«.[118] Aus demselben Jahr stammt auch Mayers erste Gussstahlglocke (München, Deutsches Museum).[119] In der Folgezeit als »Bochumer Verein« (BV) bekannt geworden, hat dieser zahlreiche Stahlglocken gegossen – insbesondere für Kirchen, ferner für öffentliche Gebäude zunächst im Deutschen Kaiserreich und später auch weltweit.

1857 sandte der BV, gleichsam als Empfehlung und Werbung, an den Evangelischen Oberkirchenrat in Berlin (EOK) eine »Denkschrift« über seine Glocken: »Gußstahl-Glocken des Bochumer Vereins für Bergbau- und Gußstahlfabrikation zu Bochum in Westfalen«.[120] Erwähnung verdient an dieser Stelle, dass ebenfalls 1857 die Friedrichskirche in Nowawes, heute Potsdam-Babelsberg, vom Bochumer Verein ihr dreistimmiges Geläut erhielt.[121] Dieses ist damit eines der frühesten erhaltenen und noch funktionsfähigen Stahlgussgeläute überhaupt.

Ursprünglich stellte Stahl als Gussmaterial für Glocken eine zeitgemäße Innovation dar.[122] Von Bronze-Ersatz war damals noch keineswegs die Rede. Was gleichsam aus purer Neugier und aus Forschungsdrang begonnen hatte, erhielt nach Ablieferung und Vernichtung unzähliger Glocken in den beiden Weltkriegen des 20. Jahrhunderts weiteren Auftrieb. Infolge der Verluste von Bronzeglocken und -geläuten während der beiden Weltkriege sahen sich ab 1918 viele Kirchengemeinden veranlasst, bei der Neubeschaffung ihrer Glocken darauf zu achten, dass das Gussmaterial für Kriegszwecke geeignet war. Ausschlaggebend für eine solche Entscheidung seitens mancher Verantwortlichen dürfte jedoch auch die Möglichkeit gewesen sein, zum gleichen Preis erheblich größere Glocken anzuschaffen.[123] Somit trat die Frage zum Gussmaterial für Kirchenglocken nach 1918 in den Vordergrund. Sie sollte nach 1945, wie später noch darzulegen ist, erneut aufgerollt werden.

Kurz vor Ende des Ersten Weltkrieges unternahm der Kirchenmusikdirektor Johannes Biehle in einem Anfang Mai 1918 in Halle (Saale) gehaltenen Vortrag eine »vergleichende Bewertung der Glocken aus Bronze und Guss-Stahl«.[124] Bei den Stahlglocken beschränkte sich Biehle auf diejenigen aus dem Bochumer Verein vom »Typus der extrem übermäßigen Rippe«; derartige Glocken seien mit besonderer Sorgfalt zu Geläuten zusammenzustellen. Er gelangte zu dem Resultat, dass in der höheren Tonlage die Bronze gegenüber Stahl vorzuziehen, in der mittleren beide gleichwertig seien, in der Tiefe Stahl überlegen sei.[125]

Zwei Jahre später, im Februar 1920 berieten einschlägige Vertreter aus Reichsbehörden sowie kirchlichen Institutionen im Berliner Reichstagsgebäude über die »Wiederherstellung der Kirchenglocken«.[126] Was die Prüfung der Stahlglockenfrage betrifft, sei diese zweifellos eine besonders ernst zu nehmende Aufgabe bei dem Mangel an Bronzematerial. Dabei müsse aber »völlig unparteiisch« vorgegangen werden.[127]

Einem Schreiben des Reichswirtschaftsministeriums an den Reichsschatzminister vom 12. Mai 1920 (im selben Jahr also) zufolge ist die Stahlglockenfrage von »größter wirtschaftlicher Bedeutung« insofern, als die Verwendung eines so wertvollen Materials wie Kupfer, das so gut wie ausschließlich aus dem Ausland eingeführt werden müsse, im Inland nach Möglichkeit zu beschränken sei.[128]

Sehr aufschlussreich ist ein wiederum im Jahre 1920 von einem Pfarrer der Diözese Münster verfasster Bericht, der dem Bischöflichen Generalvikariat Münster zugegangen war.[129] Wie der Priester unter anderem mitteilte, sei die Anschaffung neuer Kirchenglocken aufgrund der »enormen Preisforderungen der Glockengießer eine unmögliche Sache geworden«. Diese verlangten pro Kilogramm 40 Reichsmark. Folglich würde das neue vierstimmige Bronzegeläut (Schlagtöne: h⁰-d'-e'-fis') mit einem Gesamtgewicht von 7.185 kg 287.400 R(eichs)M(ark) kosten.[130] Die Preise würden von den Gießern »zu solcher Höhe gesteigert nicht allein wegen des teuren Metalles und der hohen Arbeitslöhne«, sondern auch aus ungebührlicher Gewinnsucht.

Dagegen liefere der Bochumer Verein dieselben Glocken für 52.000 RM, wobei er sich »gewiss einen entsprechenden Gewinn gesichert« habe. Die Arbeitsstunden seien erheblich höher als beim Bronzeguss, weil die Stahlglocken nach dem Guss mühsam »geputzt« werden müssten. Somit bestehe die »merkwürdige Tatsache«, dass die Gießer allein für die große Glocke 48.000 RM berechneten, während der BV fast für denselben Preis das ganze Geläut liefere. Es wäre sehr bedauerlich, wenn sich die Kirchenvorstände wegen der »enormen« Preise für Bronzeglocken zur Anschaffung von Stahlglocken entschließen müssten.[131]

An dieser Stelle verdient auch eine Notiz aus Meißen aus dem Jahre 1929 Beachtung. Der Autor konstatiert, unter den Glocken des »neuen« Jahrhunderts seien »als charakteristisches Zeugnis der Gegenwart« auch Stahlgeläute aus den Bochumer Werken, die »an Klangschönheit vor allem in der Tiefe den früher durchgängig üblichen Bronzeglocken nichts nachgeben«.[132]

Wie bereits angedeutet, trat als Konsequenz der zahlreichen Verluste von Bronzeglocken und -geläuten während der beiden Weltkriege insbesondere nach 1945 die Frage zum Gussmaterial erneut in den Vordergrund. Auch die Gießer von Bronzeglocken sahen sich veranlasst, nach Alternativen zu suchen oder zu experimentieren, welche anderen zinnfreien Legierungen der herkömmlichen Glockenbronze am nächsten kämen. Detailliert darauf einzugehen würde an dieser Stelle zu weit führen;[133] erwähnt sei an dieser Stelle lediglich die nach 1945 von Albert Junker (1884–1952) in Brilon ab 1946 entwickelte sogenannte Briloner Sonderbronze.[134]

Im Januar 1946 berichtet ein Vertreter des Ev.-luth. Landeskirchenamtes Hannover den Landessuperintendenten und Superintendenten betreffend die Beschaffung von Glocken, seine Dienststelle erhalte in »steigendem Maße seitens der Kirchengemeinden Anfragen um Auskunft und Beratung bei der Neubeschaffung von Glocken«. In Frage komme als Material für den Glockenguss Bronze, Stahl und Eisen. Völlige Übereinstimmung bestehe in Fachkreisen darüber, dass Bronze als Gussmaterial klanglich immer noch unübertroffen dastehe. Dies mache sich besonders bei kleineren Glocken bemerkbar, welche, wenn sie aus Stahl oder Eisen gegossen sind, »leicht einen scharfen, grellen Klang annehmen«. Die Rostgefahr bei Stahlglocken sei nicht übermäßig groß.[135]

Besonders aufschlussreich ist folgende Passage: »Seitdem der Bochumer Verein im Jahre 1938 zu der Fabrikation von Glocken mit reiner Innenharmonie und klarer Unteroktave übergegangen ist, ist ein sehr wesentlicher Teil der früher gegen Stahlglocken geltend gemachten klanglichen Bedenken weggefallen.« Glocken aus Gusseisen jedoch bedürften »einer sorgfältigen Pflege« sowie »dauernden Beobachtung des Anstriches«, da beträchtliche Rostgefahr bestehe.

Zur Kostenfrage heißt es u. a., auch wenn Stahl- und Gusseisenglocken scheinbar »wesentlich billiger« seien als Bronzeglocken, so müsse demgegenüber beachtet werden, dass Bronzeglocken sowohl an Gewicht als auch an beanspruchtem Raum etwa um ein Drittel bis ein Viertel kleiner seien als Glocken aus Stahl oder Eisen in gleicher Tonhöhe.

Besonderes Interesse verdient die Empfehlung, man möge etwa gute Holzglockenstühle »nicht ohne zwingende Not« durch eiserne Glockenstühle ersetzen. Ferner sei eine Zusammenstellung von Bronzeglocken mit Stahl- oder Eisenglocken in *einem* Geläut klanglich einigermaßen vertretbar, wenn die Bronzeglocken die »höheren Glocken darstellen«. Auch dann aber bedürfe es einer sehr genauen klanglichen Analyse der vorhandenen Glocken, um zu erreichen, dass »die neugegossenen Glocken zu den alten passen«.[136] Diese Aussagen von 1946 (!) haben bis zur Gegenwart nichts von ihrer Aktualität verloren.

Im Jahre 1952 erfolgte eine »seit langem erwartete« Stellungnahme des bereits erwähnten Beratungsausschusses für das deutsche Glockenwesen zu Stahlgussglocken. Der BA befasst sich lediglich mit den Glocken des Bochumer Vereins als den am weitesten verbreiteten Stahlglocken.[137]

Hauptaspekte der Expertise sind der Klangaufbau und die Klangentfaltung der Bochumer Stahlglocke. Auch bei dieser sei hinsichtlich des Klangaufbaus »die Lage der Teiltöne von der Unteroktav bis zur Oberoktav in der Regel durchaus exakt«, woraus sich die »vielfach günstige Begutachtung der Stahlglocken seitens mancher Sachverständigen« erkläre. Dagegen träten auch bei dem neuesten Stand der Bochumer Stahlglocken »fast regelmäßig mehr oder weniger störende harmoniefremde Töne auf«.[138]

Der wesentliche Fehler der Klangentfaltung bei der Bochumer Glocke sei offensichtlich materialgebunden. Bei der guten Bronzeglocke strahle der Klang »förmlich vom Klöppelschlag aus und entwickelt sich anschwellend, um dann zwischen den Klöppelschlägen kaum merklich abzusinken«. Bei der Stahlglocke dagegen werde beim Klöppelschlag unvermittelt ein Maximum an Klangstärke erreicht, die sehr rasch absacke: »Der Klöppel schreckt förmlich den Klang auf, wobei meist ein raues Nebengeräusch vernehmbar ist.« Die »Teiltöne« erscheinen auch bei der gegenwärtigen Stahlglocke »in ihrer Lautstärke im Verhältnis untereinander und zum Schlagton nicht ausgewogen.« Bei voluminöser Unteroktav fehle der Mittellage »das ausreichende dynamische Gewicht«. Der Klang der Stahlglocke wirke in Relation zum »lebendigen Klang der Bronze dumpf und matt«. Außerdem fehle dieser sogar in tiefen Lagen der »leuchtende Glanz« der Bronzeglocke.[139]

Beachtung verdient in diesem Zusammenhang ein Hinweis des BA aus dem Jahr 1961, demzufolge Stahlglocken sowohl im Bereich der evang. Landeskirche Württembergs als auch in den kath. Diözesen München-Freising, Rottenburg, Freiburg, Limburg und Essen »verboten« seien. Der BA warnt jedoch ausdrücklich vor strikten Verboten.[140]

Von Anfang an umstritten waren Glocken aus Gussstahl sowie aus Ersatzwerkstoffen.[141] Als nachteilig erachtet man das weniger dauerhafte Gussmaterial, ferner

Abb. 7 | Berlin-Mitte, ehemalige Gnadenkirche: Gussstahl-Glocken, 1893; Aufnahme vor 1901

haben Stahlglocken mit annähernd gleicher Tonhöhe ein schwereres Gewicht als solche aus Bronze. Andererseits ist Gussstahl für Glocken preisgünstiger als Bronze. Insbesondere aber mussten Stahlglocken im Kriegsfall nicht zur Verhüttung abgeliefert werden.

Durchaus exemplarisch für die Vernichtung auch von Stahlgussglocken in der frühen Nachkriegszeit sind zwei Fallbeispiele aus Berlin.

Die ehemalige *St.-Georgen-Kirche* (Bezirk Mitte, nahe dem Alexanderplatz; erbaut 1894–1898 von Johannes Otzen) besaß die größten Stahlglocken der deutschen Hauptstadt. Das gewaltige Dreiergeläut wurde 1897 vom Bochumer Verein gegossen (Schlagtöne: e°-g°-a°) und hatte ein Gesamtgewicht von 18.436 kg.[142] Es überstand die Zerstörung der Kirche 1945 und wurde noch vor der am 18. Juni 1950 vollzogenen Sprengung ihres stadtbildprägenden, 105 m hohen Turmes auf dem »Trägerlager Zentralviehhof (VHZ Schrott Berlin O)« deponiert.[143]

Die größte der drei Glocken fiel der Verschrottung zum Opfer. Laut Bericht von Pfarrer Moll namens des Gemeindekirchenrates (GKR) zu St. Georgen aus dem Jahre 1953 hat der Berliner Vertreter der Apoldaer Glockengießerei Schilling, die vom GKR beauftragt worden war, die drei Glocken an eine andere Kirchengemeinde zwecks Wiederverwendung zu verkaufen, dem GKR unter dem 18. Februar 1952 mitgeteilt, dass die größte Glocke (2,79 m unterer Durchmesser; 9.353 kg Gewicht) nicht mehr existiere. Auf »Nachforschung« des GKR habe man zugegeben, sie sei von der erwähnten VHZ verschrottet worden. Zuvor »hätte aber der Kirchengemeinde St. Georgen ein Verschrottungsprotokoll zugestellt werden müssen, gegen das wir in einer festgesetzten Frist hätten Einspruch erheben können«. Dies habe man »seitens des Magistrats resp. seitens der ausführenden Stelle« versäumt, sodass der GKR auch keine Einspruchsmöglichkeit hatte und »von dem Geschehen der Verschrottung einfach überrascht worden« sei.[144]

Abb. 8 | Berlin, ehemalige Gnadenkirche: Blick in die Ruine mit den abgestürzten Glocken; Aufnahme 1953

Auch die Begründung der Verschrottung, die Glocke habe einen Riss aufgewiesen, hätte in einem Lokaltermin »auf die Tatsächlichkeit hin geprüft werden können. Wir wissen, dass der Vertreter der Firma Schilling, Herr Heyl, bei seinen wiederholten Besuchen des Glockenlagers niemals einen Riss entdeckt hat (…).« Es sei der Kirchengemeinde nicht zuzumuten, ohne eine Entschädigung den Verlust ihrer Glocke zu tragen; sie erwarte »aufgrund dieses entscheidenden Verschuldens seitens der Stelle, die die Verschrottung angeordnet und der Gemeinde keine Möglichkeit der Nachprüfung gelassen hat, dass Herr Minister eine Entschädigungssumme« veranlasse.[145] Seitdem fehlt von dieser Glocke jede Spur; offenbar wurde sie also verschrottet.[146]

Von dem ebenfalls dreistimmigen Stahlgussgeläut der – 1945 zerstörten – ev. *Gnadenkirche* im Invalidenpark, Bezirk Mitte (1890–1894) blieb lediglich die mittlere Glocke unversehrt, die sogenannte Auguste-Viktoria-Glocke. Die Glocken wurden Ende 1892 vom Bochumer Verein gegossen und im folgenden Jahr auf der Weltausstellung in Chicago gezeigt, wo sie »durch ihre schönen, vollen Töne allgemeinen Beifall« fanden (Abb. 7). 1894 schließlich gelangten sie in die Gnadenkirche.[147] Bis zu deren Zerstörung im Zweiten Weltkrieg versahen sie dort ihren Dienst.

Ein Foto von 1953 zeigt auf dem Boden des Inneren der Kirchenruine die abgestürzten und zerborstenen Glocken (Abb. 8). Bei der 1967 erfolgten Sprengung der

Gnadenkirche sollte neben diesen auch die allein unversehrte »Auguste-Viktoria-Glocke« sogar mit Einverständnis des Gemeindekirchenrats verschrottet werden und kam auf einen Schrottplatz in Berlin-Weißensee. Dort entdeckte der Pfarrer von Malchow die Glocke, erwarb sie als »privater Käufer« und verwahrte sie auf seinem Grundstück. 1979 nach Stadtilm in Thüringen versetzt, nahm er die Glocke dorthin mit. Zur Jahreswende 1989/1990 kaufte die Kirchengemeinde Wattenscheid-Leithe (NRW) ihm die Glocke ab, ließ sie restaurieren und »stellte sie wieder in den Dienst«. Im Februar 2011 schließlich sandte die Gemeinde die »Auguste-Viktoria-Glocke« nach Berlin zurück. Diese befindet sich seitdem auf dem ehemaligen Invalidenfriedhof im Bezirk Mitte – unweit des einstigen Standorts der Gnadenkirche.[148]

Wie bereits erwähnt unterlagen Stahlgussglocken im Kriegsfall nicht der Ablieferung zur Waffenproduktion. Letztgenannter Aspekt war in der Frühzeit nach dem Zweiten Weltkrieg gewiss ausschlaggebend für die häufige Beschaffung von Stahlglocken seitens der Kirchengemeinden.

Bis in die frühen 1950er Jahre »beherrschte vorwiegend die damals zumeist noch« mit schweren Klang-, will heißen: Konstruktionsfehlern »behaftete Gußstahlglocke den Markt. Daneben versuchten« zur Zeit der Währungsreform (um 1948) »einige Gießer ihr Heil mit zinnfreien Kupfer-Silizium-Zink-Legierungen, die sie mit irreführenden Phantasiebezeichnungen ›Sonderbronze‹, ›Superbronze‹ oder ›Euphon‹ belegten. Erst seit etwa 1950 kamen auch unsere traditionsverhafteten Bronzeglockengießer wieder zum Zuge.«[149]

Aufgrund der wirtschaftlichen Prosperität im »alten« Bundesgebiet gewann etwa ab Beginn der 1960er Jahre Bronze als Gussmaterial für Kirchenglocken zunehmend die Oberhand. Entsprechend schwand das Interesse an Gussstahl, bis letztendlich im Jahre 1970 der Bochumer Verein seine Abteilung für Glockenguss schloss.

Als Folge dieses wirtschaftlichen Booms ließen seit etwa 1970 Kirchengemeinden der Alt-Bundesländer zunächst vereinzelt und dann kontinuierlich ihre stählernen Geläute durch Bronzeglocken ersetzen. Derartige Aktionen sowie entsprechende Absichten halten noch bis in die Gegenwart an.

Zur Denkmalwürdigkeit von Glocken aus Gussstahl wie auch aus Ersatzwerkstoffen sei vornehmlich auf zwei Beiträge im Jahrbuch für Glockenkunde hingewiesen. Den ersten Aufsatz verfasste Heinz-Walter Schmitz zur letzten Jahrhundert-/Jahrtausendwende unter dem Titel: »Der Kampf um die Stahlglocke«.[150] Der Autor (von 1976 bis 2000 Domkantor in Passau und dann bis 2009 Leiter des Referats Kirchenmusik im Bischöflichen Amt der Diözese Passau) schreibt auf ebenso prägnante wie aufschlussreiche Weise, dass der Denkmalwert für Stahlgussglocken in der Regel immer noch nicht akzeptiert sei, ja der »Kampf um die Stahlglocke« bis zur Gegenwart andauere.

Des Weiteren führt Schmitz u. a. aus: »Die Entscheidung von Kirchengemeinden, Stahlglocken anzuschaffen, kann nur als intelligente, weil folgerichtige Reaktion auf die Glockenrequisitionen der beiden Weltkriege des 20. Jahrhunderts gewertet werden. Kirchenälteste und Pfarrer, die innerhalb von 25 Jahren zwei Bronzeglocken-Abnahmen erlebt hatten und damit der entschädigungslosen Konfiszierung der früheren Spendenleistungen ihrer Gemeinden zusehen mußten, konnten vernünftigerweise nur den Stahlglocken bei der dritten Beschaffung eines Geläutes innerhalb einer Generation den Vorzug geben.«[151]

Statt nachdrücklich zu fordern, das Problem der früheren Stahlglocken, nämlich »die zweifellos ungeordneten Partialtöne, in einem klar definierten Sinne zu ordnen«, d. h. die Rippe zu verbessern, »entfachte man« laut Schmitz »eine Diskussion über die Vorzüge oder Nachteile des für Glocken zu verwendenden Materials«.

Kritik übt der Autor in diesem Zusammenhang am damaligen Beratungsausschuss für das deutsche Glockenwesen. Der BA habe sich in einer »Reinheitsdebatte« verfangen, in welcher »kalkulierte Insinuationen« emotionsgeprägte Entscheidungen suggerieren sollten. Ferner habe er seinerzeit nicht erkannt, dass sich der Bochumer Verein »in einer ingenieurmäßig-wissenschaftlichen Art und Weise ausdauernd bemühte, über Versuche zu verbesserten Rippenkonstruktionen zu kommen«. Besagte Erkenntnisse, auch die »läutetechnischer« Art und den Klöppel betreffenden, seien dem Glockenwesen aufgrund der »Borniertheit« des damaligen BA verloren gegangen. Der BV habe seine Glockengussabteilung just zu jenem Zeitpunkt geschlossen, als »all diese Versuche zu immer besser werdenden Gußstahlglocken geführt« hätten.

Schmitz konstatiert gleichsam resignierend: »Diese ideologische Verengung allein auf die Bronzeglocke, die sich den Klang einer Glocke aus Stahl nicht vorstellen konnte und wollte und die Stahlglocke bis zu ihrer Ausrottung bekämpfte, wirkt bis auf den heutigen Tag nach: wer heute Stahlglocken, die aufgrund ihrer Unreproduzierbarkeit eigentlich höchsten Denkmalwert hätten, erhalten will, muß sich rechtfertigen.«[152]

Aufmerksamkeit verdient in diesem Zusammenhang eine Stellungnahme von 1985 zum Klang des Stahlgeläuts der St.-Marien-Kirche in Köln-Nippes, gegossen 1883 vom Bochumer Verein. Nach den geltenden »Limburger Richtlinien« (1951/1986)[153] könne, so der Glockenexperte Gerhard Hoffs, das – gekröpft aufgehängte – Geläut »kaum« als klanglich befriedigend bezeichnet werden. Da es als »das älteste Gussstahlgeläute der Erzdiözese Köln« jedoch einen hohen historischen Wert besitze, »sollte dies gebührend bedacht werden«.

Diese Würdigung einschränkend und gleichsam rechtfertigend mutet allerdings Hoffs' Passage an, der zufolge »auf lange Sicht« die Kirchengemeinde das Recht habe, ein Glockengeläute zu besitzen, das den Anforderungen der »Limburger Richtlinien« gerecht werde.[154] Offizielle Normen haben hier offenbar Priorität vor denkmalpflegerischen und nicht zuletzt auch ökonomischen Kriterien.

Ebenfalls grundlegend und besonders aktuell zur Frage des Denkmalwerts von Glocken aus Gussstahl resp. Ersatzwerkstoffen ist der ein gutes Jahrzehnt nach Schmitz' Beitrag verfasste Aufsatz des Theologen und Glockensachverständigen

Jan Hendrik Stens.[155] Laut Stens ist die Qualität von Glocken aus Ersatzwerkstoffen »extrem unterschiedlich, wie es allerdings auch qualitativ extrem unterschiedliche Bronzeglocken« gebe. Ferner wies er darauf hin, dass inzwischen zahlreiche Glocken und Geläute aus Stahl oder einer Sonderlegierung wieder von den Kirchtürmen verschwunden seien: »in vielen Fällen sicherlich berechtigt, ist doch durch die Anschaffung überdimensionierter Glocken (und das sind Stahlglocken recht häufig; K. S.) so manche Bausubstanz nicht unerheblich geschädigt worden oder der Altbestand von historischen Instrumenten z. B. durch unsensible Hinzufügung kanonen-schlagartig klingender Stahlglocken nur inadäquat ›ergänzt‹ worden«.[156]

Ferner hat sich laut Stens »das Glockenwesen in zwei Lager von Befürwortern und erbitterten Gegnern von Ersatzstoffglocken gespalten«. Während man einerseits »blind jedes noch so schlechte Stahl- oder Eisengeläut mit überschwänglichem Lob« bedachte, galt andererseits ein Geläut schon deshalb bereits als »minderwertig, weil es eben nicht in der hergebrachten Zinnbronze gegossen« wurde. »Ein Streifzug durch die Abnahmegutachten vor allem der Zeit nach dem Zweiten Weltkrieg ist eine Lehrstunde über z. T. in kunstvoller Prosa zu Papier gebrachte Ideologie, die nicht selten kaum dem entspricht, was vom Turm eigentlich zu hören ist.«[157]

Inzwischen sieht der Autor »die Gräben nicht mehr allzu tief«, hätten doch viele Fachleute inzwischen erkannt, dass es »neben qualitätsvollen Ersatzstoffglocken auch schlechte Instrumente aus Bronze« geben könne. Von besonderer Aktualität allerdings ist Stens' sehr treffende Aussage, dass vielleicht mancher auch bereits »der ›genormten Armut‹ bestimmter Glockenlandschaften überdrüssig« sei, stellen deren Geläute doch das Resultat »des subjektiven Geschmacks und der Vorliebe für bestimmte Gießer und Dispositionen« dar.[158]

Zur gegenwärtigen Situation konstatiert Stens: »Auch wenn verstärkt eine Wertschätzung oder zumindest mehr differenzierte Betrachtung hinsichtlich von Glocken aus Stahl, Eisen und Ersatzlegierungen zu beobachten ist, so gibt es jedoch immer noch vereinzelte Fälle, in denen qualitativ gute Ensemble aus diesen Materialien unversehens ausgetauscht und durch mehr oder weniger brav klingende und kaum einen Akzent setzende neue Bronzegeläute ersetzt worden sind. Auch gibt es nach wie vor gewisse Tabuthemen wie z. B. den Erhaltungswert von Sekundschlagton- oder Eisengeläuten.«[159]

Bei besagten Sekundschlagton-Glocken handelt es sich um Güsse in der vom Bochumer Verein entwickelten sogenannten Sekundschlagtonrippe, will heißen: Der Haupt- und der Nebenschlagton der Glocke sind nahezu gleich stark hörbar und damit für manches Ohr gewöhnungsbedürftig. Hier zeigt sich Stens zufolge die Erfahrung, dass »die Denkweise in der Bewertung von Glocken und Geläuten durch Glockensachverständige und andere campanologische Fachleute im gemeinen Volk nicht immer nachvollzogen wird«, wo allerdings »immer noch manche festgefahrenen Denkstrukturen« zu dominieren scheinen.

In diesem Kontext stellt der Autor die Frage, nach welchen Kriterien »bei den Überlegungen zum Erhalt oder Austausch solcher Geläute vorzugehen« ist. Hinsichtlich des Denkmalwerts für ein Geläut aus Ersatzwerkstoffen schlägt er drei Kriterien vor: den klanglich-musikalischen, den dokumentarischen und den ideellen Wert.[160]

Des Weiteren führt Stens etliche Beispiele einschlägiger Geläute von guter und überzeugender Klangqualität an, deren Zuordnungen sich aber durchaus überschneiden könnten. Zunächst erwähnt er stählerne Geläute des Bochumer Vereins, beispielsweise die jeweils fünfstimmigen Geläute von St. Dionysius in Krefeld (gegossen 1946) und der Hl.-Geist-Kirche in Münster (1947), ferner die jeweils sechsstimmigen Geläute gleicher Schlagtonfolge der Dome zu Paderborn (1951) und Osnabrück (1954).[161]

Im Hinblick auf den dokumentarischen Aspekt besitzen laut Stens die sieben Glocken der Stiftskirche in Neustadt an der Weinstraße (1949) »als größtes Gußstahlgeläut der Welt unstreitig Denkmalwert«. In gleicher Weise gelte dies für sechs bereits 1927 von Schilling & Lattermann in Apolda gegossenen Eisenhartgussglocken der Lutherkirche in Erfurt als »das größte erhaltene Geläut aus diesem Material«.[162]

Beispielhaft für die vielen Ersatzlegierungen nennt der Autor aus der bereits erwähnten Briloner Sonderbronze von der Gießerei Junker in Brilon gegossene Geläute, etwa diejenigen von St. Magnus in Niedermarsberg (1947), St. Pankratius in Warstein (1948), St. Marien in Schwelm (1953) und nicht zuletzt die sieben Glocken von St. Margaretha in Wadersloh (1947) als größtes Sonderbronzegeläut Westfalens.[163]

Schließlich gelangt Stens zu folgendem Resultat: »Einen allgemeingültigen Katalog hinsichtlich der Kriterien zur Erhaltungswürdigkeit von Glocken und Geläuten aus Ersatzwerkstoffen gibt es nicht. Vieles ist subjektiv bedingt und liegt im Ermessen des verantwortlichen Sachverständigen oder wird durch örtliche Gegebenheiten determiniert. Man wird hier im Einzelfall entscheiden müssen, und auch dies ist und bleibt immer diskussionswürdig. Dennoch ist es wünschenswert, wenn an Stelle einer reflexhaften Geringschätzung oder Verachtung mit dem Ziel eines möglichst baldigen Austauschs auch der Frage nachgegangen wird, ob es (…) einen Grund geben könnte, Einzelglocken oder auch ganze Ensembles aus Stahl, Eisen, Euphon oder Sonderbronze zu erhalten.«[164]

Ein Beispiel für den immer noch, wenn auch vereinzelt vorkommenden Ersatz von Gussstahlglocken durch Bronzegüsse findet sich in Berlin: Erst 2011 wurde das dreistimmige, durchaus noch funktionsfähige stählerne Geläut aus der Bauzeit der kath. St.-Martinus-Kirche in Berlin-Kaulsdorf (1929) auf Veranlassung der zuständigen Abteilung im Erzbischöflichen Ordinariat durch neue Bronzegüsse ersetzt.[165]

Es ist wiederholt betont worden, dass Bronzeglocken vom Material her sowie aufgrund ihres hohen Alters fraglos beständiger und außerdem erheblich weniger schwer sind als solche aus Gussstahl oder Ersatzwerkstoffen. Folglich lässt es sich nicht immer vermeiden, Stahlglocken durch Bronzegüsse zu ersetzen. Offenbar dient allerdings gelegentlich bei noch funktionsgerechten, namentlich stählernen Glocken insbesondere Rost als Vorwand, um ein vermeintlich missliebiges Geläut durch Bronzegüsse zu ersetzen – und dies offensichtlich ungeachtet der aktuellen finanziellen Lage der Kirchengemeinden. An dieser Stelle sei auf das gängige Vorurteil hingewiesen, Bronze- und Stahlglocken passten nicht zusammen, das sich offenbar bis heute immer noch gehalten hat.[166]

Nach wie vor dominiert der schlechte Ruf von Stahlgussglocken hinsichtlich Qualität und Erhaltungsfähigkeit. So schreibt 1982 H. Wolff: »Ein Irrweg war der Rückgriff auf billigere Metalle, auf Eisen. Stahlglocken singen nicht. Ihr Anschlag ist bellend und kurzatmig. Man ersetzt sie nach und nach durch Bronzegüsse.«[167]

Sogar noch 2014 ist zu lesen, dass Stahlglocken »bis heute als minderwertiger Ersatz für Bronzeglocken angesehen« würden, da sie laut weitverbreiteter Meinung »nach spätestens 100 Jahren reißen beziehungsweise brechen. Diese 100-Jahre-Regel gilt aber ausschließlich für gusseiserne Glocken, die tatsächlich häufig reißen. Bis heute ist dagegen keine Stahlgussglocke durch einen Bruchschaden auffällig geworden«.[168]

Dass die dargelegte »negative« Tendenz aber auch in umgekehrter Richtung verlaufen kann, zeigt jüngst ein Beispiel aus der Badischen Landeskirche. Die evangelische Auferstehungskirche in Karlsruhe-Rüppurr, erbaut 1906 bis 1908 nach Plänen von Rudolf Burckhardt und finanziert durch den großherzoglich-badischen Hof, verlor ihr ursprüngliches Bronzegeläut im Ersten Weltkrieg zugunsten der Produktion von Waffen. 1922 wurde ein vom Bochumer Verein gegossenes Stahlgeläut angeschafft.[169] Nach nunmehr 92 Jahren, 2014 also, beabsichtigte die Kirchengemeinde dessen Ersatz durch ein neues Geläut aus Bronze. Den Klang der vier Glocken empfand man als »zu laut und unschön«, sie »galten aufgrund ihrs Alters und Materials als abgängig«.[170]

Obwohl das Stahlgussgeläut nicht einmal der Bauzeit der Kirche entstammt, hat die Denkmalpflege dessen Erhaltung als »ein zeitgeschichtliches Dokument« gefordert. Dies ermöglichten nur »neue wissenschaftliche Untersuchungen der Werkstoffeigenschaften des Stahls und Messungen der Läutebedingungen vor Ort«. Das Team ausgewiesener Fachleute[171] gelangte zu dem Resultat, dass der allgemein verbreitete schlechte Ruf »völlig unbegründet ist«, ferner »ein optimiertes Läuten die Beanspruchung der Glocken verringern und den Klang sogar noch verbessern kann«.

Auf der Grundlage dieser aktuellen Untersuchungsergebnisse können die Stahlgussglocken der Kirche erhalten werden.[172] Die Kirchengemeinde hat inzwischen deren Erhaltung »akzeptiert, wird den bauzeitlichen Stahlglockenstuhl erhalten und hofft auf eine klangliche Verbesserung mithilfe« der »geschilderten Untersuchungen«.[173]

Insbesondere im Kontext dieser grundlegenden Ausführungen sind die oben dargelegten Standpunkte von H.-W. Schmitz sowie von J. H. Stens nach wie vor von aktueller Bedeutung und Brisanz. Gewiss sind eben Bronzeglocken vom Material her und aufgrund ihres hohen Alters fraglos beständiger als Glocken aus Gussstahl, Gusseisen oder Ersatzlegierungen. Nichtsdestoweniger verdienen diese aber, als Zeugnisse ihrer Zeit bewertet und entsprechend gewürdigt zu werden.

Ausblick

Trotz aller Verluste an historischen Glocken in Deutschland sowohl in der Kriegs- als auch in der Nachkriegszeit ist es doch als durchaus glücklicher Umstand zu werten, dass weit mehr historische Glocken als erwartet die Kriegswirren unversehrt überstanden haben. Darunter finden sich auch etliche (nahezu) komplett erhaltene Geläute, z. B. neben dem bereits erwähnten des Aachener Münsters insbesondere das spätmittelalterliche Geläute des Domes zu Braunschweig (Anfang 16. Jahrhundert): Die drei größten Glocken goss Gerhard(us)/Geert van Wou, der Meister der berühmten »Gloriosa« des Erfurter Domes (1497), sechs weitere dessen Schüler Henrik van Campen.

Sowohl für Bronzeglocken als auch für Stahlgussglocken des fortgeschrittenen 19. und des 20. Jahrhunderts gilt, diese Leistungen als Zeugnisse ihrer Zeit zu respektieren und dementsprechend einzuordnen – ungeachtet des qualitativen sowie klanglichen Unterschiedes sowohl zwischen Bronzeglocken untereinander als auch zwischen diesen und solchen aus Gussstahl.

Auf der Basis des Fallbeispiels Karlsruhe-Rüppurr kann man auch generell feststellen: Stahlgussglocken, die nach einem zu Kriegszwecken abgelieferten Bronzegeläut beschafft wurden, sind – speziell in Rüppurr – »ein Dokument für die Auswirkungen des Ersten Weltkriegs«, zugleich »ein Dokument für die Entwicklung des Gussstahls, den technischen Fortschritt und die Industrialisierung im 19. Jahrhundert«. Insoweit »stellen Stahlglocken keinen minderwertigen Ersatz für Bronzeglocken dar. Sie sind ohne Zweifel ein im denkmalpflegerischen Sinne schützenswertes und eigenständiges Kulturgut neben Bronzeglocken.«[174] Die dargelegten Kriterien für den Denkmalwert von Stahlgussglocken müssen, mutatis mutandis, auch für Glocken aus Gusseisen gelten.

An dieser Stelle ist noch auf eine weitere, nicht unerhebliche Gefährdung von Glocken hinzuweisen: auf die Gefahr durch vielfach erfolgtes unsachgemäßes Läuten. So räumte auf einer Tagung über »Glocke und Kirchenbau« 1967 in Köln der erwähnte Glockensachverständige J. Schaeben in einem Referat zum Thema »Glockenmusik oder Glockenlärm« ein, dass die »mancherorts auftretenden Widerstände gegen das Glockenläuten« nicht unbegründet seien. Eine Ursache hierfür sieht er einerseits in »offenen Läutestuben« – gegen die sich der mehrfach erwähnte BA »seit Jahren auch mit Erfolg« wende –, andererseits in der falschen Intonation der Glocken. Vielfach zerrten die Läutemaschinen die Glocken zu einem zu hohen Anschlag: Der kurze und harte Anschlag des Klöppels erzeuge so die klirrenden Obertöne. Schaeben verweist auf die bestehende Möglichkeit, die Läutemaschine entsprechend zu regulieren. Eine weitere Besserung sei gegebenenfalls durch die Verwendung weicheren Metalls für den Klöppel zu erreichen. In dieser Richtung solle man weitere Versuche anstellen und auswerten.[175]

Betreffend des in der Gegenwart leider immer noch festzustellenden sorglosen Umgangs mit älteren Glocken erscheint an dieser Stelle ein Exkurs in die Hauptstadt unseres westlichen Nachbarlandes geboten. Im Oktober 2011 wurde bekannt, dass anlässlich der 850-Jahrfeier der Grundsteinlegung zur Kathedrale Notre-Dame de Paris (1163) im Zuge der Restaurierung bis zum Jahre 2013 deren bisheriges, nach der Französischen Revolution nur unvollständig ergänztes Geläut – in Anlehnung an den Zustand vor 1789 – auf insgesamt zehn Glocken erweitert werden sollte.

Nur die größte Glocke »Emanuel« im Südturm, 1685 aus dem Material einer mittelalterlichen Vorgängerin neu gegossen, hat die Revolution überdauert; der »Grand Bourdon« bleibt die Klanggrundlage auch für das neue Geläut. Dagegen sollten die vier 1856 gegossenen Glocken im Nordturm »eingeschmolzen (!) und durch gleichklingende Glocken ersetzt werden«. Dies wurde begründet mit der »schlechteren Qualität des verwendeten Metalls, der schlechten akustischen Qualität und der mangelnden klanglichen Abstimmung dieser Glocken aufeinander«. Besonders befremdet, dass »die zuständige (obere; K. S.) Denkmalbehörde dem Einschmelzen zugestimmt hat«.[176]

Sollte diese Absicht realisiert werden, »so wäre dies ein ungeheurer Frevel gegen die jetzigen denkmalwürdigen Glocken«. Als unbestritten gilt jedoch, dass »die Geläuergänzung von 1856 in keiner Weise dieser bedeutenden Kathedrale gerecht wird und eine Aufstockung des Geläutes den zahlreichen liturgischen Feierlichkeiten in dieser Kirche nur gerecht wird. Dennoch dürften die Glocken nicht einfach eingeschmolzen werden. Vielmehr sollten sie in einer anderen Kirche weiterläuten oder zumindest einen ehrenvollen Platz an Notre-Dame erhalten.« Es bleibe zu hoffen, dass »in diesem Punkt die letzte Entscheidung noch nicht gefallen« sei.[177]

Am 20. Februar 2011 wurden die vier Glocken des Nordturms ausgebaut, um Platz für das neue Geläut zu schaffen.[178] August und September 2012 wurden neun neue Glocken gegossen und am 2. Februar 2013 durch den Erzbischof von Paris geweiht.[179]

Um die historischen Glocken vor dem Einschmelzen zu bewahren, erfolgte am 8. November 2012 ihre Beschlagnahme per Gerichtsbeschluss auf der Grundlage eines Gesetzes vom 18. Juli 2008 zum Schutz des kulturellen Erbes.[180] Eine Vernichtung der Glocken ist damit abgewendet, doch werden sie wohl nie wieder läuten. Seit Februar 2014 sind sie innerhalb der Umzäunung im Außenbereich des Chores der Kathedrale zur Rue du Cloître Notre Dame hin aufgestellt.[181]

Teil 2
Denkmalwerte Glocken in Berlin (Ost) – Ein Bestandsüberblick

Mit Aufnahmen aus dem Landesdenkmalamt Berlin

Berlin-Mitte: »Die Reformierte Parochial-Kirche, deren Thurm und Glockenspiel Anno 1715 fertig worden.« Historische Aufnahme (Repr.)

Ziel und Zweck der Studie

Am Beginn eines Beitrags zur Glockenkunde der Mark Brandenburg aus dem Jahre 1916 konstatiert Rudolf Schmidt, die Forschung habe sich »bisher mit märkischen Glockengießern und ihren Erzeugnissen wenig beschäftigt«.[1] Eine Publikation über die Berliner Marienkirche im Spiegel ihrer Kunstwerke von 1975 behandelt selbstverständlich die bedeutende barocke Wagner-Orgel, erwähnt aber das gegenwärtige, aus Glocken des 15. bis 18. Jahrhunderts bestehende historische Geläut erstaunlicherweise mit keinem Wort.[2]

Noch 1987 ist zu lesen: »Erfassen und Darstellen von Glocken ist ein ungemein spröder Stoff. Die Gründe sind vielfältig: Glocken unterliegen nur geringen formalen Veränderungen, so daß sie den Kunstfreund wie Kunstgeschichtler nur am Rande interessieren, Herkunft und Entstehung lassen sich selten aufklären, ihr Bestand wurde durch Turmbrände und besonders durch die Beschlagnahmen während der beiden Weltkriege ungewöhnlich stark dezimiert.«[3]

Eine Geschichte sowie Inventarisation der Glocken in und aus kirchlichen und öffentlichen Gebäuden im Ostteil der Bundeshauptstadt existiert noch nicht. Dagegen sind sämtliche sakralen wie profanen Glocken im Westteil Berlins in einer Arbeit von Klaus-Dieter Wille publiziert, die anlässlich der 750-Jahrfeier Berlins 1987 unter dem Titel »Die Glocken von Berlin (West) – Geschichte und Inventar« in der Reihe »Die Bauwerke und Kunstdenkmäler von Berlin« erschienen ist.[4]

Bei dem Autor und seinen beiden Mitarbeitern Lothar Fender und Heinz Kroll handelt es sich laut Geleitwort des damaligen West-Berliner Landeskonservators um »begeisterte Laien« (Chemotechniker, Graugussformer sowie Elektrotechniker). Diese haben versucht, den gesamten Glockenbestand nahezu vollständig zu erfassen – ungeachtet des Denkmalwerts, allerdings ausdrücklich »ohne Hilfe und Unterstützung der Kirchenbehörden«.[5] Zu erwähnen ist an dieser Stelle die Rezension eines führenden Glockensachverständigen, Dr. Konrad Bund. Anbetrachts seines äußerst kritischen Standpunkts erscheint es jedoch angebracht, an dieser Stelle auf eine detaillierte Wiedergabe zu verzichten.[6]

Ein Jahr zuvor, 1986 war ein Buch unter dem Titel »Alte Kirchen in Berlin« mit Text von Matthias Hoffmann-Tauschwitz und Aufnahmen von Harry C. Suchland erschienen. Es liefert einen Überblick über die »ältesten Kirchen im Westteil der Stadt«. Auch die denkmalwerten Glocken einzelner Kirchen sind erwähnt und teilweise abgebildet.[7]

Über die Berliner Carillons existieren generell wie im Einzelnen etliche Publikationen, auf die deshalb in dieser Abhandlung nicht näher eingegangen werden soll.

Erwähnt sei hier lediglich die grundlegende Arbeit von Jeffrey Bossin.[8] Der Carilloneur und einschlägige Sachverständige stellt auch die Glockenspiele im Ostteil der Stadt, sämtlich in Berlins historischer Mitte befindlich, anschaulich dar: das 1944 untergegangene Glockenspiel der Parochialkirche, das bedeutendste Berlins überhaupt,[9] außerdem die von dem VEB Glockengießerei Apolda (Peter und Margarete Schilling) geschaffenen, im Berliner Jubiläumsjahr 1987 eingeweihten Carillons der Französischen Kirche auf dem Gendarmenmarkt (»Französischer Dom«)[10] und der Nikolaikirche.[11] Die jüngste und zugleich bedeutendste Glockengussleistung in Berlin ist die Rekonstruktion des Carillons der Parochialkirche, eingeweiht am 23. Oktober 2016.[12]

Wie eingangs erwähnt ist der Bestand der Glocken im Ostteil Berlins noch unerforscht. Um diese Forschungslücke auszugleichen, ist eine Abhandlung über die Glocken im Ostteil des wieder vereinigten Berlins ebenso wünschenswert wie notwendig. In einem ersten Schritt sollen die bereits als denkmalwert erfassten Glocken aufgelistet, in einem zweiten Schritt bearbeitet und katalogisiert werden. Diese Glocken hängen in der Regel in denkmalgeschützten Kirchen sowie auf Kirch- resp. Friedhöfen; exzeptionell stammen einige aus dem öffentlichen Profanbau, nämlich dem abgegangenen Alt-Berliner Rathaus und dem heutigen »Roten Rathaus«.

Eine kleine, aber beachtliche Sammlung Alt-Berliner Glocken besitzt das Märkische Museum. Sie lagern gegenwärtig im Depot der Stiftung Stadtmuseum Berlin und sind der Öffentlichkeit nicht zugänglich.[13]

Ziel und Zweck dieses Arbeitsvorhabens sind, Interesse für ein marginales Sachgebiet zu wecken und damit auch eine Forschungslücke zu schließen. Das Projekt soll zunächst als wissenschaftliche Arbeitsgrundlage für die Denkmalfachbehörden in Berlin dienen. Als weitere Zielgruppe kämen interessierte Bürger in Betracht.

Grundlagen für diese Studie sind umfangreiche Literatur-, Bild-, Ton- und Archivrecherchen. Diese sind daran orientiert, eine möglichst übersichtliche Palette von Einzelobjekten der Materie zu erfassen. Aufgrund der umfangreichen allgemeinen Quellenlage wird es aber nicht möglich sein, jeden Einzelfall einer tiefgründigen Recherche zu unterwerfen.

Die thematische Problematik des Arbeitsvorhabens ist in den interdisziplinären Sparten in all ihren Facetten begründet, gleichsam in Theorie und Praxis. Ersteren sind die Wissenschaften zuzurechnen wie Theologie, Musikwissenschaften, Kunst- und Kulturgeschichte; mit den »praktischen« Kriterien befassen sich sowohl Kirchenmusiker und (Musik-)Lehrer als auch Architekten, Bauingenieure, Akustiker und nicht zuletzt die Glockengießer/innen sowie etwa Zimmermeister für den Glockenstuhl.[14]

Eine allgemeine Geschichte der Glocke existiert noch nicht. Eine thematische Eingrenzung der Glocke als Gattung stellt quasi die conditio sine qua non dar. Hier ist zwischen zwei Kriterien zu unterscheiden, dem formalen und dem inhaltlichen Kriterium. Ersteres enthält Aussagen zu Form, Guss und Gusstechnik der Glocken, das zweite Kriterium dagegen zu musikalischen und klanglichen sowie kultur-, kunst- und religionsgeschichtlichen Aspekten.

Zu Geschichte, Gießerwerkstätten, Bedeutung und Funktion der Glocke(n)

Geschichtliches

Zur Geschichte, Guss, Beschaffenheit, Bedeutung und Funktion der Glocke generell in all ihren Facetten existiert eine beachtliche Anzahl von Beiträgen. Grundlage bildet die Entwicklung zur Turmglocke insbesondere im okzidentalen Europa und damit auch in Deutschland.[15] Auf dieser Genese basiert folglich die Geschichte der Berliner Glocken. Zunächst soll an dieser Stelle eine kurze Definition des Begriffs erfolgen. So versteht man unter einer Glocke ein »metallenes Schlaginstrument von kelchartiger Form, bei dem das Anschlagen mit Hammer oder Klöppel einen kräftigen, hallenden Ton erzeugt« (Friedrich Kalb),[16] ferner ein »aus Metall gefertigtes, kelchförmiges Gefäß mit schall-abstrahlender Fläche« (Margarete Schilling).[17] Hans-Georg Eichler schließlich definiert die Glocke als »ein hohles, meist metallenes Gefäß in der Form eines nach unten ausschwingenden Kegels, dessen Fläche nach Anschlagen von innen oder außen Schall abstrahlt. Der Klang ist abhängig von Art und Zusammensetzung des Materials sowie von der Form der Glocke. Auch ihre Wandstärke spielt eine Rolle, denn bei gleichem Durchmesser klingt eine dünnwandige Glocke tiefer als eine dickwandige, aber die Tragweite des Tons ist geringer.«[18] Seit dem frühen Mittelalter ist die Glocke »im Gebrauch der christlichen Kirche« und »ruft zum Gottesdienst und Gebet«.[19]

Voraussetzung für die Wertschätzung der Glocken ist die Kenntnis ihrer Geschichte. Der Schriftsteller Reinhold Schneider (1903–1958) schreibt in einer Betrachtung über das Berliner Schloss aus dem Jahre 1936: »Die Glocken der Vergangenheit läuten nur dem Wissenden«.[20] Denn, so der Theologe Jürgen Boeckh, nur »der Wissende ist davor bewahrt, die Möglichkeiten des Menschen zu überschätzen und mit Endgültigem in der Geschichte zu rechnen. Die in unserem Land und in unserer Stadt sichtbaren Gotteshäuser, gerade auch mit ihren Türmen und Glocken, sind eine Mahnung, Menschen und Dinge sub specie aeternitatis – im Licht der Ewigkeit – zu sehen. Aber auch dort, wo als Nebenerscheinungen kriegerischer Auseinandersetzungen oder aus dem bewußten Streben heraus, die Spuren der Vergangenheit auszulöschen, die Kirchen mit ihren Türmen dem Auge entschwunden und die Glocken verklungen« sind, gilt das Wort Reinhold Schneiders: »Geschichte in ihrem ganzen Ausmaß ist wirkende Gegenwart«.[21]

Die Anfänge der Glocke liegen im Dunkel, vermutlich aber im ostasiatischen Raum.[22] Nach Europa gelangte sie wahrscheinlich durch die aus Vorderasien über Italien sowie über die Britischen Inseln – England, Schottland und Irland – eingewanderten Kelten, die den Erzguss meisterhaft beherrschten.[23] In kirchlichem Gebrauch ist sie spätestens seit Caesarius von Arles (470–552): Unter »signum tangere« war seinerzeit das Glockenläuten zu verstehen. Schriften des Gregor von Tours (gest. 592) belegen, dass sich die Bezeichnung »signum« oder »signum ecclesiae« für das Glockenläuten im Laufe des 6. Jahrhunderts n. Chr. durchgesetzt hat.[24]

In Europa gingen die aus Eisenblech geschmiedeten und genieteten Glocken denjenigen aus Bronze voraus. Eine der frühesten Glocken in Europa und wohl die älteste Glocke Deutschlands ist der sogenannte Saufang, lange Zeit im Kölnischen Stadtmuseum und gegenwärtig im Schnütgen-Museum Köln präsentiert. Die kleine, aus drei geschmiedeten Eisenplatten zusammengenietete Glocke stammt der Überlieferung nach höchstwahrscheinlich aus St. Cäcilien in Köln (der heutigen Stätte dieses Museums für sakrale Kunst). Die jüngere Forschung datiert sie in das 9. Jahrhundert.[25]

Im frühen 11. Jahrhundert begann die allgemeine Verbreitung gegossener Bronzeglocken für den kirchlichen Gebrauch.[26] Jahrhunderte lang galt Bronze als das einzige Gussmaterial für Glocken. Vor allem die klösterlichen Niederlassungen des Benediktinerordens pflegten die Kunst des Glockengusses und vererbten die Gießertraditionen weiter. Seit dem 8. Jahrhundert trifft man auf die »ersten schriftlichen Aufzeichnungen über die Konstruktion der Profile, über die Maße, die Speise und den Guß der Glocken«.[27]

Auch wenn sich in der Mark Brandenburg und in Berlin kein Beispiel einer Glocke aus der Zeit vor 1200 findet, verdient an dieser Stelle doch eine bedeutsame Quelle für den Glockenguss des 11./12. Jahrhunderts unbedingt Erwähnung. Sie ist von dem Benediktiner Theophilus Presbyter[28] überliefert: Im dritten Buch seiner »Schedula diversarum artium« (LXXXIV. De campanis fundendis) hat dieser im ersten Viertel des 12. Jahrhunderts wirkende Mönch dem Glockenguss das umfangreichste Kapitel gewidmet.[29] Nach ihm ist auch der Glockentypus seiner Zeit benannt, die »Theophilusglocke«.[30] Charakteristisch für derartige Glocken ist die sogenannte Bienenkorb-Form: Von der leicht kugelförmig ausgebildeten Haube der Glocke verläuft die fast zylindrisch geformte Flanke geradlinig sowie leicht geschweift zum unteren Rand (Schlagring), der geringfügig nach außen ausgebuchtet ist.[31]

Die Glocken aus der Zeit vor 1200 wurden nach dem Verfahren des sogenannten verlorenen Gusses hergestellt – dem gleichen Prinzip also, das Theophilus »bei kleineren Gegenständen« als sogenanntes Wachsausschmelzverfahren mehrfach beschreibt.[32] Die einzelnen Etappen der Herstellung einer Glocke hat Theophilus eingehend geschildert: Materialien, Kernform, Gussform, Schmelzen, Gießmethoden, Nacharbeit, Aufhängen etc.[33]

Im Laufe des 12. Jahrhunderts erhielt die Glocke »eine mehr konische Form«; diese entwickelte man mit der Zeit zur sogenannten Spitzhutform, eher bekannt als »Zuckerhut«.[34] Die Zuckerhut-Glocke wurde nunmehr nach dem sogenannten Mantelabhebeverfahren gefertigt: »Über dem Tonkern wird die eigentliche Glocke zunächst ebenfalls aus Ton geformt, darüber die Mantelform gestaltet. Nach dem Abheben des Glockenmodells hat man eine zweiteilige Form aus Kern und Mantel mit dem der Glocke entsprechenden Hohlraum zur Verfügung. Dieses Verfahren wird prinzipiell in gleicher Weise noch heute angewendet.«[35]

Die Gestalt der europäischen und folglich auch der deutschen Glocke hat gleichsam drei entstehungsgeschichtliche Grundformen. Die seit dem 11. Jahrhundert geläufige Bienenkorb-Form wandelte man ab dem fortgeschrittenen 12. und im 13. Jahrhundert zur Zuckerhut-Form. Im 14. und 15. Jahrhundert schließlich bildete sich mit der sogenannten gotischen Rippe die bis heute übliche Glockenform heraus.[36] So wurden Glocken also zuerst in den Schmieden und Gießereien der Klöster von Mönchen gefertigt, die auch die Technologie des Gusses von großen Turmglocken entwickelten. Im 13. Jahrhundert traten schließlich die ersten gewerbsmäßig tätigen Glockengießer auf.[37]

Die frühesten Beispiele mittelalterlicher Glocken auf dem Gebiet des heutigen Landes Berlin sind dem 13. Jahrhundert zugeschrieben worden, vornehmlich wohl aufgrund ihrer schlanken Gestalt der Zuckerhutform. Die höchstwahrscheinlich älteste Glocke Berlins hängt im Turm der Dorfkirche zu Buckow im Westteil der Stadt, datiert in die Zeit um 1250.[38] Weitere dem 13. Jahrhundert zugerechnete Berliner Glocken hat man – wie noch festzustellen sein wird – alternativ dem folgenden Jahrhundert zugeschrieben.

Aus dem 14. Jahrhundert stammen die ersten *datierten* Glocken in der Mark Brandenburg, in der Regel jedoch ohne Namen eines Gießers. Letzterer ist vor 1500 nur ausnahmsweise überliefert. Die früheste datierte Berliner Glocke besitzt wiederum die Dorfkirche in Buckow. Laut Inschrift wurde die Glocke im Jahre 1322 gegossen, der Gießername fehlt.[39] An weiteren datierten, wiederum anonymen märkischen Glocken des 14. Jahrhunderts seien beispielhaft genannt die große Stundenglocke der Katharinenkirche in Brandenburg/Havel von 1345[40] sowie die 1371 gegossene große »Osanna« von St. Marien in Frankfurt/Oder, 1945 beim Brand der Kirche vernichtet.[41]

Die Blütezeit des Glockengusses insbesondere im alten »Heiligen Römischen Reich Deutscher Nation« war das 15. und 16. Jahrhundert. Von den in der Kurmark zwischen 1400 und etwa 1540 gegossenen Glocken ist noch eine recht beachtliche Zahl erhalten geblieben.[42] Erwähnt seien hier unter den Berliner Glocken die 1426 gegossene sogenannte Katharinenglocke aus der Nikolaikirche im Bezirk Mitte, ferner die Glocken der Dorfkirchen in Weißensee von 1474 (abgegangen), Mahlsdorf von 1488, Kaulsdorf von 1518, die beiden 1513 und 1520 gegossenen Glocken in Heinersdorf sowie die 1532 gegossene sogenannte Osterburgische Glocke des Berliner Domes. Bei allen genannten, datierten Glocken ist der Name des Gießers nicht überliefert.

Wie bereits angedeutet treten die frühesten namentlich bekannten Glockengießer in der Mark Brandenburg zuerst im späten 13. und im 14. Jahrhundert nur äußerst selten und ebenso exzeptionell auch im 15. Jahrhundert auf. Auf lediglich zwei Glocken weist die Inschrift den Gießernamen auf, jedoch nicht das Gussjahr.[43]

Die beiden zeitlichen Grenzen der Epoche von etwa 1540 bis gegen 1650 bilden einerseits die Einführung der Reformation in der Mark Brandenburg am 1. November 1539 in der St.-Nicolai-Kirche zu Spandau, andererseits das Ende des Dreißigjährigen Krieges nach dem Westfälischen Frieden 1648. Etwa seit Mitte des 16. Jahrhunderts sind in der Kurmark die namentlich überlieferten Glockengießer zunehmend häufiger nachweisbar.[44] Dagegen haben »Alt-Berlin und Kölln an der Spree« vor 1650 in der »Kunst des Glockengusses und überhaupt im Bereiche des Metallgusses« keine Bedeutung besessen, wie dies in der »Blütezeit« des Spätmittelalters namentlich bei den Städten Nürnberg, Straßburg oder Zürich der Fall gewesen war.[45]

Von den Berliner Glocken der Zeit vor dem Dreißigjährigen Krieg seien exemplarisch genannt die der Dorfkirche in Stralau von 1545 und auf dem Friedhof der Laurentius-Gemeinde in Köpenick von 1561, außerdem die 1583 gegossene Glocke aus dem ehemaligen Alt-Berliner Rathaus (heute im Märkischen Museum).

Erst gegen Mitte des 17. Jahrhunderts, also kurz nach dem Ende des Dreißigjährigen Krieges setzte in der Phase des Barock – um 1650 bis Ende des 18. Jahrhunderts – die Bedeutung Berlins als Stadt des Glockengusses ein.[46] Die einzelnen Gießer resp. Gießerwerkstätten und die von ihnen gegossenen Glocken sind dem folgenden Abschnitt vorbehalten. Erwähnt sei an dieser Stelle lediglich einer der führenden und bekanntesten Berliner Gießer, Johann Jacobi (1661–1726). Er goss insbesondere das von Andreas Schlüter (um 1660–1714) entworfene, berühmte Reiterdenkmal des »Großen Kurfürsten« Friedrich Wilhelm von Brandenburg sowie neben Kanonen und Prunksärgen – namentlich für den ersten Preußenkönig Friedrich I. und seine Gemahlin Sophie Charlotte in der Berliner Domgruft – auch zahlreiche Glocken.[47]

Beispielhaft hervorzuheben ist an dieser Stelle eine im Jahre 1705, gleichzeitig mit dem Reiterstandbild, für die alte Berliner Domkirche neugegossene große Glocke. Nach wechselvollem Schicksal hängt sie seit Anfang 1951 im Turm von St. Marien in Berlin-Mitte.[48]

Mit der Industrialisierung im Deutschland des 19. Jahrhunderts wuchsen die Städte derart rasch, dass der Bau vieler und oft großer neuer Kirchen erforderlich wurde; für diese benötigte man folglich auch entsprechende Geläute. Damals kamen auch Landgemeinden und Dörfer mit selbstständigen Bauern zu beachtlichen Vermögen. »Zahlreiche Dorfkirchen konnten erneuert, um- und ausgebaut werden, womit sich auch häufig die Zahl der Glocken erhöhte oder völlig neue Geläute angeschafft wurden.«[49]

Seit dem 19. Jahrhundert, vereinzelt aber auch schon früher gab es in dieser Phase des technischen Fortschritts immer wieder Versuche, Glocken statt aus der althergebrachten Zinnbronze auch aus anderen Materialien und Legierungen herzustellen. Vornehmlich verwendete man hierfür Gusseisen, vor allem aber Gussstahl. Vor Allem letzterer findet ab der zweiten Jahrhunderthälfte weite Verbreitung. Ein Durchbruch gelang, wie noch eingehend zu berichten sein wird, Jacob Mayer. Der Metallurge erfand um die Jahrhundertmitte das sogenannte Stahlformgußverfahren, das eine Serienproduktion von Glocken ermöglichte. In dem 1854 von ihm gegründeten »Bochumer Verein für Bergbau und Gußstahlfabrikation« goss er im selben Jahr die erste Stahlglocke.[50]

Ursprünglich stellte Stahl als Gussmaterial für Glocken eine zeitgemäße Innovation dar. Von Ersatz für Bronze war ursprünglich noch keineswegs die Rede. Was gleichsam aus purer Neugier und aus Forschungsdrang begonnen hatte, erhielt erst nach Ablieferung und Vernichtung unzähliger Glocken in den beiden Weltkriegen des 20. Jahrhunderts weiteren Auftrieb.[51]

Auch im 20. Jahrhundert erfolgte der Guss von Glocken sowohl aus Bronze als auch aus Stahl, wobei man überwiegend wohl dieses Gussmaterial verwendete. Hinzu kommt, dass die meisten Bronzeglocken in beiden Weltkriegen abgeliefert werden mussten. Deshalb sind die wenigen erhalten gebliebenen Glocken der Jahre zwischen 1900 bis 1917 heute von besonderem Denkmalwert.

Im ersten Jahrzehnt des vorigen Jahrhunderts stieß übrigens das Bestreben, mehrere Glocken zu einem harmonischen Geläut zu vereinen, erneut auf Resonanz. Es findet sich erstmals seit dem späten 15. Jahrhundert bei dem berühmten Glockengießer Gerhard Wou aus der altniederländischen Stadt Campen. Wou ist nicht zuletzt auch deshalb höchst bemerkenswert, weil er die Töne der Glocken »im voraus bestimmte« und vermutlich der erste nachweisbare Gießer war, welcher »mehrere Glocken bewußt zu einem harmonischen Geläut zusammenzufügen verstand«.[52]

Besonderes Interesse verdient an dieser Stelle ein Akten-Vermerk des Evangelischen Oberkirchenrats vom Jahre 1912. Demzufolge wird in einem Zeitungsartikel berichtet, dass bei einer Visite Kaiser Wilhelms II. in der Stadt Zürich dessen Aufmerksamkeit auf »den eindrucksvollen Zusammenklang ihrer zahlreichen Kirchengeläute« gelenkt worden sei. Die »reiche und harmonische Klangwirkung« der Zürcher Geläute beruhe »nicht auf dem Wohllaut einzelner hervorragend schöner oder großer Glocken«, sondern auf dem seit Jahrzehnten »planmäßig durchgeführten Zusammenstimmen aller Geläute«. Das »schöne und seltsame Ergebnis« verdanke man also nicht »besonders großen Aufwendungen«, sondern »der sachverständigen und rechtzeitigen Ueberlegung bei Beschaffung neuer Glocken«.

Recht aufschlussreich gibt der anonyme Autor des Artikels der Hoffnung Ausdruck, dass »vermutlich« auch in Deutschland »bei Beschaffung neuer Kirchenglocken auf benachbarte Geläute Rücksicht genommen« werde. »Allgemein und grundsätzlich« geschehe dies aber »bisher wohl kaum, trotzdem man in der Mehrzahl der Fälle eine Eingliederung in bestehende Verhältnisse zweifellos« empfehle und »Mehrkosten damit nicht verbunden sind.«[53]

Den ersten beträchtlichen Verlust brachte den deutschen Glocken der Erste Weltkrieg von 1914 bis 1918, dem bekanntlich zahlreiche Bronzeglocken zum Opfer fielen. Nicht zuletzt angesichts dieser unersetzlichen Glockenverluste erfolgte seitdem besonders häufig bei dem Anschaffen von Ersatzglocken deren Guss aus Stahl, zumal dieses Material preiswerter war als Bronze. Gleichwohl strebte man im Falle finanzieller Ressourcen nach Möglichkeit danach, in besonderen Fällen bevorzugt Bronzeglocken anzuschaffen.

Als wohl bedeutendstes Meisterwerk der Glockengusskunst des 20. Jahrhunderts gilt die Nachfolgerin der erwähnten »Kaiserglocke« des Kölner Domes, die 1923 von Heinrich Ulrich in Apolda gegossene berühmte Petersglocke. Im Volksmund »Dicker Pitter« genannt, ist sie die größte schwingend geläutete Glocke der Welt (Schlagton: c°).[54]

Infolge der Verluste von Bronzeglocken und -geläuten während der beiden Weltkriege sahen sich sowohl nach 1918 als auch ab 1945 viele Kirchengemeinden veranlasst, bei der Neubeschaffung ihrer Glocken darauf zu achten, dass das Gussmaterial für Kriegszwecke geeignet war. Ausschlaggebend für eine solche Entscheidung seitens mancher Verantwortlichen dürfte jedoch auch die Möglichkeit gewesen sein, zum gleichen Preis erheblich größere Glocken anzuschaffen.

Anbetrachts der weiteren, noch schwerwiegenderen Glockenverluste im Zweiten Weltkrieg eröffnete sich nach 1945 die Chance zu einer Rückbesinnung auf die Werte auch der stählernen Glocken. Diese wuchs, als im Zuge der wirtschaftlichen Prosperität etwa ab den 1960er Jahren der Bedarf nach Anschaffung von Bronzeglocken deutlich anstieg.[55]

Anmerkungen zur Bedeutung und Funktion der Glocke(n)

Im Laufe der Jahrhunderte verbreitete sich die Glocke über ganz Europa in all seinen regionalen Facetten. Die Vielfalt der Gattung Glocke manifestiert sich in dem Begriff »Glockeneuropa«, der von dem österreichischen Kulturhistoriker und Philosophen Friedrich Heer (1916–1983) stammt.[56] Diesen Begriff hat Heer 1961 im Kontext mit dem Schicksal vieler Glocken im Laufe der Zeit umschrieben: »Nun schweigen sie in vielen Räumen des Menschen, in unserem Europa. In den Städten werden sie übertönt und überlärmt durch andere Laute, erzeugt von Geräuschmaschinen anderer

Art (…) Wohl klingen noch viele tausend Glocken in Stadt und Land. Wer aber etwa in Hamburg im grauen Winter 1945/46 Glocken, verschleppt von Kirchen aus vielerlei Landschaften, stehen sah (sie waren noch zum Einschmelzen für die Rüstungsindustrie bestimmt), konnte hier ein Symbol der geänderten Zeit sehen. Wir leben nicht mehr in Glocken-Europa: In einer weiten offenen Heimat des Menschen, in der sein ganzes Leben in Stadt, Land, Kloster, in Muße und Arbeit, durch den Glockenschlag das Richtmaß empfing. (…) Ein seltsames wundersames Ding ist die Abendländische Glocke: In ihr ist eingeschmolzen ein archaisches Erbe, eine spezifisch christliches Element und dann das Hoch-Rationale und Hoch-Politische, das zum Wesen Alteuropas gehört. Untrennbar im Guß verschmolzen (…)«.[57]

Es gibt unterschiedliche Arten der Aufhängung von Glocken. Die gleichsam »vertikalen« Glockenstühle waren ursprünglich ausschließlich aus Holz hergestellt. Seit dem späten 19. Jahrhundert erfolgte die zunehmende Anwendung auch von Stahl oder Eisen. Ebenso bestanden die »horizontalen« Joche regulär aus Holz. Diese wurden vornehmlich im 20. Jahrhundert zusehends durch eiserne oder stählerne Joche verdrängt.

Man unterscheidet, von der Unterseite betrachtet, zwischen geraden und gekröpften Jochen. Die geraden Joche bestanden ursprünglich ausschließlich aus Holz. Seit dem späten 19. Jahrhundert kamen stählerne Joche hinzu. Dagegen bestehen die gekröpften Joche überwiegend aus Stahl; bei den älteren Holzjochen sind sie selten.

Das gekröpfte Aufhängen insbesondere der Bronze-Glocken an Stahljochen wurde des Öfteren Gegenstand der Kritik. In einem Bericht des Beratungsausschusses für das deutsche Glockenwesen von 1961 heißt es unter anderem: »Normalerweise sollte stets das gerade Joch gewählt werden.«[58] Anfang 1962 lehnt derselbe Ausschuss in einem einschlägigen Beschluss das »tiefgekröpfte« Aufhängen der Glocken »nach wie vor grundsätzlich ab«. Wenn diese Art und Weise wegen der Statik des Glockenturmes unvermeidlich sei, dann solle sie »mit aller Vorsicht« angewendet werden.[59]

Was ihre Funktion betrifft, diente die Glocke im profanen wie im kultischen Gebrauch zunächst als »Signalinstrument«. Später dagegen betrachtete man im kirchlichen Bereich das Glockenläuten bis ins 17. Jahrhundert hinein als liturgischen Dienst.

Das Läuten als die geläufigste Funktion der Kirchenglocken hat laut Christhard Mahrenholz »den Sinn, die christliche Gemeinde zur gottesdienstlichen Versammlung (einschließlich der kirchlichen Handlungen) oder zum Gebet zu rufen«.[60] Die hierzu vollzogene Glockenweihe hat in der katholischen Kirche »einen geradezu sakramentalen Charakter erhalten«.[61] In den evangelischen Kirchen geht der Weihe in der Regel die Feier der »Glockeneinholung« voraus. Einzelheiten der Feier und der nachfolgenden »Glockenweih-Gottesdienste« sind in der Agende geregelt.[62]

An das althergebrachte sogenannte Angelus-Läuten in katholischen Kirchen, das bis zur Gegenwart in der Regel dreimal am Tage erfolgt, knüpft das evangelische Gebetsläuten an. So erwähnt eine Notiz aus dem Jahre 1843 die »Verfügung der Königlichen Regierung zu Potsdam« vom 18. März 1842, der zufolge »auf dem Lande des Morgens, Mittags und Abends die Betglocke geläutet werden soll«.[63] Auch in den Großstädten ist dieser Brauch bis heute noch weitgehend bewahrt.

Zum Einläuten der Sonn- und Feiertage etwa empfiehlt das Konsistorium der Mark Brandenburg in einem Schreiben von 1914 den Superintendenten, auf die Gemeindekirchenräte »Ihrer Diöcese dahin einzuwirken«, dass in allen Kirchengemeinden »die Sonn- und Feiertage um 7 Uhr Abends eingeläutet werden«.[64]

Von alters her »versahen Glöckner in liturgischer Gewandung ihren Dienst«. Zu einer Auflösung dieses Amtes kam es in den Wirren des Dreißigjährigen Krieges. Christoph Albrecht unterscheidet drei Arten des Glockenläutens: »1. voller beidseitiger Anschlag der Glocke (das ›normale‹ Läuten), 2. das Halbzugsläuten, das man in ländlichen Gemeinden noch des öfteren beim Totengeläut vorfindet, 3. das ›Beiern‹, bei dem mit dem Klöppel oder mit einem Hammer die nichtschwingende Glocke angeschlagen wird.« Diese Läuteart verwendet man noch verbreitet beim Vaterunser: »entweder drei Schläge oder sieben Schläge zu den einzelnen Bitten des Vaterunsers«.

Mit den üblichen Läuteanlagen lässt sich nur das volle Läuten ausführen. Eine »Läutemaschine hat den Vorteil einer beachtlichen Einsparung an Arbeitsaufwand, aber gleichzeitig läßt sie die liturgischen Möglichkeiten des Geläuts verkümmern«. Die russischen, in der Regel eigentlich alle orthodoxen Kirchen »kennen nur das Beiern; die Glocken hängen in einem unbeweglichen Joch«.[65]

In einem Geläut hat zunächst jede Glocke »als Einzelglocke ihre bestimmte Funktion (Tauf-, Trau-, Bet-, Vaterunser-, Sterbeglocke, auch Sturm- und Feuerglocke)«.[66] Gleichsam das Pendant zur evangelischen »Vaterunser«-Glocke ist im römisch-katholischen Bereich die »Wandlungs-« oder »Mess«-Glocke. Das »volle Geläut sollte den Sonntagen oder (bei mehr als drei Glocken) den Feiertagen vorbehalten« bleiben.[67] Die Voraussetzung für ein »rechtes Verständnis der Glocken und ihres Dienstes« ist für Albrecht eine »gedruckte Läuteordnung«.[68]

Glockengießer(-Familien) und Gießereien in Brandenburg und Berlin

Die Stück- und Glockengießer generell und folglich auch in der Mark Brandenburg und in Berlin waren oft gleichzeitig Handwerker und Künstler.[69] Viele Glockengießer arbeiteten zugleich auch als Gießer von Geschützen und Kanonen. Spätestens seit dem ausgehenden Mittelalter existierte gleichsam ein Wechselverhältnis zwischen der »Verwandlung« von Glocken zu Kanonen, aber auch umgekehrt von letzteren wiederum zu Glocken.[70]

Die Nennung des Meisternamens auf Glocken – wie auch auf Geschützrohren – setzte sich erst mit der Zeit durch. Seit dem 8. Jahrhundert kam in den Werkstätten der Klöster der Brauch auf, die lateinische Bezeichnung »Magister« zu verwenden.

Ein großer Teil der mittelalterlichen Glocken ist jedoch nicht bezeichnet oder enthält lediglich ein Gießerzeichen, welches wenigstens die Unterscheidung der Produkte eines Meisters von denen anderer ermöglicht. Den Gebrauch des Gießerzeichens, »zuletzt gemeinsam mit dem Meisternamen«, gab man spätestens bis zum Beginn des Dreißigjährigen Krieges auf.[71]

Aus dem Mittelalter ist also auch für das Territorium der Mark Brandenburg anfangs äußerst selten der Name eines Glockengießers, für das Gebiet des heutigen Berlin kein einziger überliefert. Die mittelalterlichen Glockeninschriften weisen nur exzeptionell einen Gießernamen auf. Es war generell nicht üblich, die »Gußstücke mit Namen und Wohnort des Meisters zu kennzeichnen«.[72] Auf zwei märkischen Glocken der Frühzeit, also des 13./14. Jahrhunderts, weist die Inschrift den Namen ihres Gießers auf, dagegen nicht das Gussjahr.[73]

Die zur Zeit der Gotik entstandenen Glocken in der Mark Brandenburg stammen nicht von einheimischen Gießern. Im 13. Jahrhundert ging der ursprünglich in den Klöstern von Mönchen vollzogene Glockenguss in Laienhände über.[74] So entstand etwa im Kontext mit der aufblühenden Stadtkultur für mehrere Jahrhunderte ein »Wandergewerbe« mit Familientradition. Da der Transport der schweren Glocken »äußerst schwierig war, zudem die Auftraggeber den Verbrauch des wertvollen Materials gern unter Kontrolle hatten«, goss man die Glocken an den Orten, für die sie bestimmt waren. Die Glockengießer »hoben am Bestellungsort ihre Gießgrube aus« und »bauten« über der Glockenform einen Ofen, den man nach dem Guss wieder abriss.[75]

Die Blütezeit des Glockengusses im »Heiligen Römischen Reich Deutscher Nation« waren bekanntlich die Jahre zwischen 1400 und etwa 1550. Selbst nach zwei überaus verlustreichen Weltkriegen gilt durchaus immer noch die folgende Aussage: »Deutschland ist das Land Europas, das noch die meisten mittelalterlichen Glocken besitzt. Zugleich ist es auch das einzige Land, das eine größere Anzahl geritzter Glocken aufweist.«[76] Hier sei wenigstens am Rande ein »bisher fast unbeachtetes Kapitel in der Geschichte der deutschen Graphik« erwähnt, das der »Glockenritzungen«. Diese graphische Technik war »nur in Deutschland, ja, nur in bestimmten deutschen Landschaften üblich« und wurde »nur während weniger Jahrhunderte angewendet«.[77]

Im 15. Jahrhundert vermehren sich auch in der Kurmark die Namen der Gießer auf ihren Produkten. Beispiele hierfür sind die 1423 von Henricus Ülemynk für Falkenrehde gegossene Glocke (heute in der Stiftung Stadtmuseum Berlin magaziniert)[78] sowie die 1456 von »meister henigk« (Henning) aus Peine gegossene Glocke der Gotthardtkirche in Brandenburg/Havel.[79]

Eine der bedeutendsten erhaltenen Glocken in der Kurmark aus besagter Blütezeit des Glockengusses ist die sogenannte Wilsnacker Glocke von 1471 (Abb. 4), die bis 1924/25 im Berliner Dom hing und seit 1929 in der Kirchenhalle des Märkischen Museums steht.[80] Ihr Gießer ist wiederum unbekannt. Namensgemäß stammt sie aus der ehemaligen Stiftskirche St. Nicolai und Wallfahrtskirche zum Heiligen Blut im heutigen Bad Wilsnack und gelangte schließlich 1552 nach Berlin.[81]

An dieser Stelle verdient der wohl bedeutendste Glockengießer seiner Zeit Erwähnung, Gerhard(us)/Geert Wou (gest. 1527)[82]. Seit 1480 im niederländischen Campen nachweisbar, ist deshalb wiederholt die Schreibweise *Wou van Campen* oder *de campis* gebräuchlich.[83] Gerhard Wou van Campen war wie bereits erwähnt wohl der erste nachweisbare Gießer, der es verstand, mehrere Glocken bewusst zu einem harmonischen Geläut zu vereinigen.[84] Wous' berühmteste Gießerleistung ist die »Maria Gloriosa« des Domes zu Erfurt, 1497 auf dem Platz zwischen Dom und St. Severi gegossen. Diese wohl bedeutendste Glocke des Mittelalters markiert den Höhepunkt mittelalterlicher Glockengießkunst.[85]

Zuvor hatte Wou van Campen im Jahre 1490 mehrere Glocken in der Altmark gegossen. Allein in Stendal sind noch drei bedeutende Güsse dieses Meisters erhalten: Zwei Glocken besitzt die Marienkirche (die große »Maria« und die sogenannte Faule Anna) sowie eine weitere, ebenfalls beachtlich große Glocke die Petrikirche.[86] In der heutigen Region Berlin-Brandenburg existiert kein einziges Werk mehr von Wou. Seine wiederum 1490 für Neuruppin gegossene, 110 Zentner schwere Glocke war angeblich in die Berliner Domkirche gelangt.[87] Sie ist »nicht mehr vorhanden«.[88]

Insbesondere Frankfurt an der Oder ist als ein Ort des Glockengusses angesehen worden. 1253 mit Stadtrechten versehen, war »Vrancenforde« – der Name war seit diesem Jahr üblich – bald ein »weithin bekannter Handelsplatz, dessen Bedeutung durch seine günstige Lage am Kreuzungspunkt wichtiger Straßen und die Nähe der schiffbaren Oder begründet worden war«. Unter den zahlreichen Handwerkern einer derart bedeutenden Stadt waren auch Glockengießer oder »Rot- und Gelbgießer«, die den Glockenguss »mit ausübten«.[89] So kann man »fast mit Sicherheit« eine Reihe von Glocken des 15. und 16. Jahrhunderts Frankfurter Gießern zuschreiben.[90] Jedoch kamen die Glockengießer, die bis etwa Mitte des 16. Jahrhunderts in der Mark Brandenburg wirkten, nicht nur aus der Oderstadt Frankfurt.

Interesse verdient übrigens an dieser Stelle, dass die im Mittelalter gegossenen Bronzetaufen und Glocken »gewöhnlich aus der gleichen Werkstatt« stammen dürften – ähnlich wie später in der Barockzeit, wo beispielsweise in der Werkstatt des Johann Jacobi zu Berlin neben Glocken auch Schlüters bereits erwähntes Reiterdenkmal des Großen Kurfürsten gegossen wurde.[91]

Von Interesse ist hier noch ein anderer Aspekt: In den Städten waren so gut wie nie genügend Glockengießer ansässig, um eine eigene Zunft bilden zu können. Deshalb »schlossen sie sich anderen Zünften an, vorwiegend den Rotgießern«. Vom Glockenguss allein konnte also die Familie der Meister in den meisten Fällen nicht ernährt werden.[92]

Die beiden zeitlichen Grenzen der Epoche von etwa 1540 bis gegen 1650 bilden einerseits die Einführung der Reformation in der Mark Brandenburg im Jahre 1539,

Abb. 1 | Nikolaikirche: ehemalige untere Uhrglocke, 1557; Aufnahme 1946

andererseits das Ende des Dreißigjährigen Krieges nach dem Westfälischen Frieden 1648. »Die Gießer beherrschten oft mehrere Handwerke zugleich und übten sie auch nebeneinander aus. Besonders häufig finden wir die Zusammenstellung Rot-, Stück- und Glockenguß.«[93]

Etwa seit Mitte des 16. Jahrhunderts treten in der Kurmark die namentlich überlieferten Glockengießer zunehmend häufiger auf.[94] So waren zwischen 1500 und 1572 die Brüder Andreas II und Merten Moldenhauer (Moldenhavver, Moldenhever, Moldenhewr, Muldenhewer) als Glockengießer in Brandenburg/Havel tätig.[95] Andreas II Moldenhauer goss laut Inschrift 1561 eine Glocke, die gegenwärtig auf dem 1811 angelegten Friedhof der Stadtkirchengemeinde St. Laurentius zu Köpenick in einem freistehenden Glockenstuhl hängt.[96] Woher diese Glocke ursprünglich stammt, ist bisher ungeklärt.[97] Der Lothringer Wandergießer Andreas Kepfel (Keppfel, Köpfel), tätig von 1534/36 bis 1548,[98] goss im Jahre 1545 für die Dorfkirche in Stralau eine noch erhaltene Glocke.[99]

Nachdem der kunstsinnige Markgraf Johann »im Jahre 1536 Küstrin zu seiner Residenz erhoben hatte, ließ er den Stuttgarter Glockengießer« Michael Kessler (Kesler) »dorthin berufen und das sogenannte ›alte Gießhaus‹ errichten«.[100] Kesler goss 1552 und 1572 auch zwei Glocken für die Dorfkirche zu Berlin-Malchow.[101] 1945 wurden sie mitsamt der Kirche vernichtet.[102]

Ein weiterer Lothringer Wandergießer war Nickel Dietrich (Dieterich, Ditrich, Ditterich, Dittrich), tätig zwischen 1552 und 1559 in Spandau.[103] Er goss 1557 die einstige »untere« (große) Uhrglocke der Nikolaikirche in Berlin-Mitte (Abb. 1). 1946 existierte sie noch, ihr weiteres Schicksal ist ungeklärt.

Die Bedeutung von »Alt-Berlin und Kölln an der Spree« als Stadt des Glockengusses setzte erst um die Mitte des 17. Jahrhunderts ein, also kurz nach dem Ende des Dreißigjährigen Krieges.[104] Damit begann um 1650 auch im Glockenguss die Phase der Barockzeit, die bis Ende des 18. Jahrhunderts dauerte.

Ein Glockengießer des Frühbarock ist Jacob Neuwert (auch Neuwart, Neubert).[105] Er goss im Jahre 1657 eine Glocke für die Berliner Marienkirche, eine weitere von 1660 verblieb der Dorfkirche in Alt-Marzahn (Abb. 9).

Ein Zeitgenosse von Neuwert war der in Küstrin tätige Dietrich Kesler II. 1651 goss er für die »Bergkirche« St. Andreas in Crossen/Oder (Krosno Odrzańskie) eine Glocke.[106] Diese hängt heute im Turm der Sophienkirche in der einstigen »Spandauer Vorstadt«.[107]

Die Glockengießerfamilie Heintze war zwischen 1619 und 1778 in Perleberg, Spandau und Berlin tätig. Martin Heintze I war ein Sohn von Christian Heintze, Ratsgießer in Spandau (1619–1651). Dort führte er gemeinsam mit seinem Bruder Johann bis 1673 das Geschäft seines Vaters fort, dann ging er als Kurfürstlicher Stückgießer nach Berlin. Hier goss er auch Glocken, und zwar zwischen 1665 und 1692.[108] 1680 goss er eine Glocke für die – 1945 zerstörte und später beseitigte – Dorotheenstädtische Kirche; gegenwärtig befindet sie sich in der Friedrichswerderschen Kirche.[109] 1697 erhielt Heintze den ehrenvollen Auftrag, das Denkmal des »Großen Kurfürsten« zu gießen. Aus Altersgründen verzichtete er jedoch darauf, ein Jahr später verstarb er.[110] Stattdessen wurde dieser bedeutende Auftrag an den Gießer Johann Jacobi vergeben.

Eine bedeutende »Gießstätte« bekam die Residenzstadt Berlin eigentlich erst zur Zeit des letzten brandenburgisch-preußischen Kurfürsten und ersten preußischen

Königs Friedrich III./.I.[111] Zu den führenden Berliner Gießern seiner Zeit zählt Johann Jacobi.[112] Wie erwähnt ist er insbesondere durch seine Zusammenarbeit mit Andreas Schlüter bekannt, dessen berühmtes Reiterdenkmal des Großen Kurfürsten er gegossen hat.[113] Eine 1705 von Jacobi für die alte Domkirche gegossene Glocke läutet heute in St. Marien.[114] 1712 goss er für die Sophienkirche eine Glocke, die gegenwärtig im Magazin der Stiftung Stadtmuseum Berlin gelagert ist.[115]

Jacobi war auch der Gießer des für den Schlüterschen Münzturm vorgesehenen Glockenspiels. Nach dem Einsturz des Münzturmes schenkte es König Friedrich Wilhelm I. der *Parochialkirche* in der Klosterstraße, wo es in dem 1713/14 errichteten Turm am 1. Januar 1715 erstmals erklang (s. Abb. S. 48). Dieses 37-stimmige Glockenspiel ließ jedoch der König »der schlechten Klangwirkung wegen einschmelzen« und durch ein neues, 1717 von Jan Albert de Greve (Graave, Grave)[116] in Amsterdam gefertigtes Geläut ersetzen, das bis zur Vernichtung 1944 bestand.[117] Vier Glocken des ersten Carillons von Jacobi waren offenbar erhalten geblieben, sie wurden später als »Läuteglocken« im zweiten massiven Turmgeschoss untergebracht.[118] Der 1717 gelieferte berühmte Carillon, ein Wahrzeichen Alt-Berlins, bestand ebenfalls aus 37 Glocken.[119] Von ihm sind nach Kriegszerstörung der Kirche und dem Brand des Turmes am 24. Mai 1944 lediglich zwei Glocken erhalten.[120]

Johann Jacob Schultz (Schultze, Schulz) wirkte zwischen 1679 und 1716 als Glockengießer in Berlin.[121] Eine 1709 von ihm gegossene Glocke hängt im Turm der Dorfkirche zu Schmöckwitz (Abb. 10).[122]

Der Königlich Preußische Stückgießer Johann Paul Meurer goss in Berlin zwischen 1728 und 1740 Glocken.[123] Von seinen beiden 1736 gegossenen Glocken der ehemaligen *Bethlehems-* oder *Böhmischen Kirche* im Bezirk Mitte (errichtet 1735–1737 als überkuppelter Zentralbau nach Entwürfen und unter Leitung von Friedrich Wilhelm Dieterichs auf einem durch die Gabelung von Krausen- und Mauerstraße gebildeten Platz, die kriegszerstörte Ruine 1963 beseitigt[124]) konnte die größere gerettet werden. Heute befindet sich die Glocke im Westteil Berlins: Sie hängt im Glockenstuhl neben dem Kirchsaal der ev.-reformierten Bethlehemsgemeinde in Neukölln.[125]

Die beiden Glocken haben eine besondere Geschichte: Sie wurden auf Kosten König Friedrich Wilhelms I. aus einer großen Glocke gegossen, die »fast hundert Jahre unter den Trümmern des im 30jährigen Krieg zerstörten Klosters Gottesgnaden bei Calbe an der Saale gelegen hatte«.[126] Die größere Glocke trägt das Monogramm des Königs und die Inschrift: »Diese zwo Glocken haben S. Königl. Maj. in Preussen, Friedrich Wilhelm, hiesiger in Dero Schutz genommenen Evangelisch-böhmischen Gemeinde allergnädigst geschenkt. Berlin im Jahre Christi 1736«; dazu die Worte aus Psalm 95, Vers 6.[127]

Von Meurer stammen ferner zwei weitere, im Jahre 1738 gegossene Glocken. Eine Glocke hängt in der Böhmisch-lutherischen Bethlehem-Kirche, der alten Dorfkirche von Rixdorf (heute Neukölln);[128] die andere aus der ehemaligen Heilig-Geist-Kapelle im Bezirk Mitte[129] läutet seit 1904 in der Stephanus-Stiftung (ehemals Bethabara-Beth-Elim-Stiftung) in Berlin-Weißensee (Abb. 24).

Von Johann Friedrich Thiele[130] stammt eine 1740 gegossene, reich dekorierte Glocke in der Dorfkirche zu Kaulsdorf (Abb. 31). Außerdem goss Thiele 1752 eine Glocke für die 1881 abgebrochene Gertraudenkirche (gegenwärtig in der Stiftung Stadtmuseum Berlin magaziniert),[131] 1768 eine weitere Glocke für die Dorfkirche zu Blankenfelde im Norden Berlins (Abb. 11).

Im 19. Jahrhundert legte man in zunehmendem Maße die Gießhütten – auch in Berlin – »möglichst vor den Toren oder in den Vorstädten« an, wo »die Feuergefahr geringer war, mehr Platz zur Verfügung stand und auch die Grundstücke billiger waren«. Die Enge ihres städtischen Grundstücks veranlasste beispielsweise die Gießerfamilie Collier »in den Jahren des wirtschaftlichen Aufschwungs nach dem Krieg 1870/71« ihre Gießerei nach Zehlendorf, damals noch in unmittelbarer Nähe Berlins, zu verlegen. »Mit der Zeit wandelten sich die einfachen Fachwerkbauten zu massiven, für den Arbeitsablauf praktischeren Werksanlagen«.[132]

Von den Bronzegießern des 19. Jahrhunderts ist an dieser Stelle vor allem der Berliner Gießer Johann Carl Hackenschmidt (1778–1858) zu nennen. Seine Glocken zeichn(et)en sich durch »schönen kunstvollen Guß« aus.[133] Von Hackenschmidts für Berliner Gotteshäuser gegossenen Glocken – namentlich die jeweils dreistimmigen Geläute der Kirchen St. Jacobi (1845), St. Matthäi (1846), St. Petri (1850),[134] St. Markus (1855) und St. Lukas (1860) – ist infolge der Weltkriegsverluste im Ostteil der Stadt nur eine Glocke der *Sophienkirche* erhalten geblieben, der 1850 erfolgte »Umguß«, will heißen: Neuguss einer 1752 gestifteten Glocke.[135]

Eine weitere Berliner Glockengießerei in der Mitte des 19. Jahrhunderts war die der Gebrüder Bachmann (1847–1857).[136] In Berlin ist nach den Abgängen in den beiden Weltkriegen, soweit bekannt, keine Glocke mehr erhalten.[137]

Im 19. Jahrhundert wurden erstmals Glocken nicht nur aus Bronze, sondern zunehmend auch aus anderen Materialien gegossen: Gusseisen und vor allem Gussstahl. Der Guss von Glocken aus Eisen wurde bereits 1831 im »Amts-Blatt der Königlichen Regierung zu Potsdam (…) und der Stadt Berlin« empfohlen.[138]

Ab der zweiten Hälfte des 19. Jahrhunderts findet als Gussmaterial für Glocken vor allem Gussstahl weite Verbreitung. Im Jahre 1842 gründete der Metallurg Jacob Mayer (1813–1875) mit dem Kaufmann Eduard Kühne in Bochum die »Gußstahlfabrik Mayer & Kühne«. Spätestens 1851 erfand Mayer den Stahlformguss und stellte mit diesem Verfahren u. a. Glocken und Eisenbahnräder her. 1854 erfolgte die Umwandlung der Firma Mayer & Kühne in den »Bochumer Verein für Bergbau und Gußstahlfabrikation«.[139] Aus demselben Jahr stammt auch Mayers erste Gussstahlglocke (München, Deutsches Museum).[140]

In der Folgezeit wurde dieses Unternehmen als *Bochumer Verein* zunächst in Deutschland, später weltweit bekannt und hat seitdem zahlreiche Glocken aus diesem Material hergestellt.[141] Im Großraum Berlin erfolgte dies vornehmlich ab dem letzten Viertel des 19. Jahrhunderts bis in die erste Hälfte des 20. Jahrhunderts.[142]

Ursprünglich stellte Stahl somit als Gussmaterial für Glocken eine zeitgemäße, will heißen: »moderne« Innovation dar. Von Bronze-Ersatz konnte seinerzeit noch keineswegs die Rede sein. Was gleichsam aus purer Neugier und aus Forschungsdrang begonnen worden war, erhielt erst nach Ablieferung und Vernichtung unzähliger Glocken in den beiden Weltkriegen des 20. Jahrhunderts weiteren Auftrieb.[143]

1857 sandte der Bochumer Verein an den EOK in Berlin, quasi als Empfehlung und Werbung, eine »Denkschrift« über seine Gussstahlglocken.[144] Auf die zahlreichen, seit dem späten 19. und in der ersten Hälfte des 20. Jahrhunderts für Berlin gegossenen Glocken des Bochumer Vereins wird noch später einzugehen sein.

Interesse verdient an dieser Stelle das ebenfalls 1857 vom Bochumer Verein für die Friedrichskirche in Nowawes, dem heutigen Potsdamer Stadtteil Babelsberg, gelieferte dreistimmige Geläut.[145] Der Potsdamer Regierungsrat August Wichgraf schreibt an die zuständige Patronatsvertretung, dass »in unserer Zeit in Bochum Glocken aus Gußstahl gefertigt werden, welche sich außerordentlichen Beifalls erfreuen, und durch große Billigkeit empfehlen«.[146] Bei den drei Glocken der Friedrichskirche handelt es sich damit um eines der frühesten noch erhaltenen und funktionsfähigen Gussstahlgeläute nicht nur des Bochumer Vereins, sondern überhaupt.

Glocken aus Gusseisen bilden in Relation zu den stählernen generell doch eher die Minorität. In Berlin werden sie erstmals im Zusammenhang mit der Dorfkirche in Müggelheim erwähnt: Dort errichtete man für eine gusseiserne Glocke von 1816 im darauffolgenden Jahr auf dem Dorfplatz ein »freistehendes, hölzernes Glockenschauer«.[147]

Seit 1854 wurden zahlreiche Glocken vom Bochumer Verein aus Stahl gegossen.[148] Dieses Material wurde damals als »epochemachende Erfindung« erachtet. So führt der Architekt Max Kühnlein als wesentliche Eigenschaften und Vorzüge der Stahlglocken unter anderem aus: »Abgesehen von den Fortschritten der Fabrikation selbst« haben die seit 1887 gelieferten Glocken »einen vollen und klaren Ton, der ebenso rein ist, wie der der besten Bronzeglocken«, ferner »einen bedeutend weittragenden Schall«. Weiter heißt es: »Hinsichtlich ihrer Stärke und Festigkeit sind sie den Bronzeglocken überlegen. (…) Obwohl die Gußstahlglocken von gleichem Ton und ähnlicher Form nicht schwerer, sondern ungefähr von gleichem Gewichte sind, wie bronzene, ist ihr Preis bedeutend billiger.«[149] Letztgenannter Grund ist es wohl primär gewesen, dass viele im Ersten Weltkrieg abgelieferte und eingeschmolzene Bronzeglocken nach 1918 durch neue Gussstahlglocken ersetzt worden sind.

Die Glocken des 20. Jahrhunderts wurden, wie seit der Mitte des 19. Jahrhunderts, ebenfalls sowohl aus Bronze als auch aus Stahl gegossen. Aus der Zeit nach Kriegsende 1918 haben sich zahlreiche Geläute aus Gusseisen und -stahl erhalten, welche die im Ersten Weltkrieg abgelieferten Bronzeglocken ersetzten.[150] Außerdem existieren aus den Jahren ab 1919 Stahlglocken, die nicht vom Bochumer Verein gegossen worden sind. So wurden für die – zerstörte – *St.-Markus-Kirche* (Alt-Bezirk Friedrichshain) anstelle der zur Verhüttung abgelieferten, bereits erwähnten Bronzeglocken Johann Carl Hackenschmidts kurz nach dem Ersten Weltkrieg von den Mitteldeutschen Stahlwerken in Lauchhammer (Lausitz) drei Stahlglocken gegossen. Laut Auskunft der Friedhofsverwaltung hätten diese »einen verhältnismässig guten Klang«. Die Glocken hingen »jahrelang in der Turmruine« der Markuskirche. 1958 standen sie »durch Witterungseinflüsse stark verrostet« auf dem Friedhof in Hohenschönhausen. Momentan sei es nicht möglich, »eine Verwendungsstelle für diese Glocken zu nennen«.[151] Ihr weiteres Schicksal ist bisher ungeklärt.

Die renommierte Glockengießerei Franz Schilling Söhne in Apolda goss ihre Glocken gemäß der jeweiligen angemessenen Situation sowohl aus Bronze als auch aus Stahl oder Eisen. Sie ersetzte die in beiden Weltkriegen abgegangenen Bronzeglocken aufgrund der jeweiligen Erfahrungen durch Gusseisen- oder -stahlglocken. So fertigte Franz Schilling für die *kath. Pfarrkirche St. Mauritius* in Lichtenberg (erbaut 1891/92 von Max Hasak, erweitert 1905/06 ebenfalls von Hasak) 1892 ein dreistimmiges Bronzegeläut.[152] Die beiden großen Glocken mussten 1917 für Kriegszwecke abgeliefert werden, nur die kleinste Glocke blieb verschont. Diese ergänzte F. Schilling 1924 mit zwei nunmehr in Stahl gegossenen Glocken wieder zum Dreiergeläut. Dem Zweiten Weltkrieg fiel schließlich auch die letzte Bronzeglocke zum Opfer. Sie wurde bis heute nicht ersetzt.[153]

Die Firma Schilling war nach dem Zweiten Weltkrieg die wohl führende Glockengießerei auf dem Gebiet der Sowjetischen Besatzungszone (SBZ) und späteren DDR.[154] Bereits ab 1948 konnte sie »ihr altes Handwerk unbehindert in der ganzen Sowjetzone ausüben« und »ist bereit und in der Lage, allen Aufträgen auf diesem Gebiet im gesamten Deutschland zu entsprechen«.[155] 1972 wurde die Glockengießerei in Volkseigentum überführt und hieß nun »VEB Apoldaer Glockengießerei«.[156] 1988 erfolgte die Schließung des renommierten Betriebes.[157]

Gussstahlglocken in Berlin (Ost) sowie auf dem Gebiet der einstigen Mark Brandenburg entstammen vorwiegend sowohl den Werkstätten der erwähnten Gießerei Franz Schilling Söhne, später VEB Apoldaer Glockengießerei als auch den Mitteldeutschen Stahlwerken A.-G., bekannt unter dem Namen »Lauchhammerwerk«, seltener dagegen vom Bochumer Verein. Besonderes Interesse verdient an dieser Stelle, dass im Lauchhammerwerk auch Bronzeglocken gegossen wurden, so die noch zu erwähnende große Domglocke.[158]

Berliner Kirchenglocken: Ablieferung ab 1940, Vernichtung, Rückführung, Verluste nach 1945, Güsse aus Ersatzwerkstoffen[159]

Ablieferung und Vernichtung

Die Vernichtung von Glocken für die Waffenproduktion lässt sich bereits lange Zeit zurückverfolgen, noch bevor Glockengießer mit dem Guss von Kanonen mehr Gewinne erzielen konnten als mit Glocken. Mit der Entwicklung der Kanone beginnt gleichsam die »tragische Metamorphose« der Glocke.[160]

Der früheste Hinweis zu einer »Verwandlung« von Glocken ist bereits unter Kurfürst Friedrich I. von Brandenburg (reg. 1417–1440) belegt.[161] Zwecks Finanzierung seiner Auseinandersetzungen mit dem märkischen Adel zumeist Raubritter, ließ Friedrich I. aus den Glocken der Marienkirche zu Berlin »*püchsen*« machen.[162] In seinem Testament vom 18. September 1440 verfügte er, sein Sohn Friedrich (II.) solle die Glocken dieser Kirche wieder ersetzen.[163]

Unersetzliche Verluste brachten den deutschen Glocken bekanntlich die beiden Weltkriege, insbesondere der zweite von 1939 bis 1945. Der »im allgemeinen noch ungehobene Schatz«, auf den Türmen und in den Glockenstühlen »wohlbewahrt und von Kirchengemeinden und Denkmalpflegern liebevoll betreut«, erlitt beträchtliche Einbußen. Damals wurden Bronzeglocken »als willkommene Materialreserve für die Rüstungsindustrie von den Kirchtürmen geholt«.[164]

Grundlegend im Hinblick auf das »Schicksal der deutschen Kirchenglocken« ist eine 1952 erschienene »Denkschrift über den Glockenverlust im Kriege und die Heimkehr der geretteten Kirchenglocken«.[165] Das Vorwort verfasste der Theologe, Musikwissenschaftler und Glockenexperte D. Dr. Christian Reinhard (Christhard) Mahrenholz (1900–1980), der sowohl bei der Ablieferung der Glocken ab 1940 als auch bei der Rückführung der Glocken nach 1945 eine maßgebliche Rolle spielte.[166]

Im Zweiten Weltkrieg knüpfte man bei der Einstufung der für die Abgabe bestimmten Glocken an das 1917 im Ersten Weltkrieg angewandte Verfahren. Damals waren die Glocken in drei Gruppen eingestuft: Gruppe A enthielt die zur Abgabe bestimmten, nach 1860 gegossenen Glocken, »soweit sie nicht wegen ihres besonderen Wertes« den beiden folgenden Gruppen zugeordnet wurden. In die Gruppen B und C kamen alle vor 1860 gegossenen Glocken, wobei Gruppe C »die höhere und wertvollere Stufe darstellte«. Die B- und C-Glocken waren von der Ablieferung zurückgestellt.[167]

1917 hatte sich das Reichs-Kriegsamt bemüht, »berechtigte Interessen nach Möglichkeit zu wahren und insbesondere Rücksicht auf die Erhaltung derjenigen Glocken zu nehmen, welchen ein wissenschaftlicher, historischer, musikalischer oder Kunstwert beizumessen ist«. Die Glocken wurden »durch ernannte Kunstsachverständige geprüft« und in die erwähnten drei Gruppen eingeordnet: Glocken »ohne

Kunstwert« (A), »mit mäßigem« (B) sowie »mit hohem Kunstwert« (C). Nur die Glocken der Gruppe A rückten vorläufig ins Blickfeld, während diejenigen der Gruppen B und C »außer Betracht« blieben.[168]

Im Zweiten Weltkrieg dagegen wurden erheblich schärfere Richtlinien festgesetzt. Gemäß Verordnung vom 15. März 1940 erfolgte die Beschlagnahme der Glocken auf der Grundlage von vier Kategorien, und zwar A: »sofort zur Verhüttung« bestimmte, B: »einstweilen im Sammellager zurückzustellende«, C: »noch weiter« dort zurückzustellende, D: »dauernd an Ort und Stelle zu erhaltende« Glocken.[169]

In der Praxis waren der Gruppe A nicht nur »fast alle Glocken aus der Zeit nach 1800« zugeordnet, sondern auch »eine ganze Reihe von Glocken« des 16. bis 18. Jahrhunderts und sogar des Mittelalters. Somit wurden im Zweiten Weltkrieg »77 % aller abgelieferten Glocken in die Gruppe A eingestuft und vernichtet«. 1917 betrug der Prozentsatz der abgelieferten A-Glocken dagegen »nur« 44 %, während 56 % der Glocken im Ersten Weltkrieg erhalten blieben. Im Zweiten Weltkrieg dagegen waren dies, zuzüglich der Verluste durch Bombeneinwirkung »kaum mehr als 20 %!«

Ein wesentlicher Unterschied zu den Maßnahmen des Ersten Weltkrieges jedoch muss darin gesehen werden, dass die B- und C-Glocken damals in den Türmen verbleiben durften, im letzten Krieg dagegen »ohne jede Rücksicht auf die kirchlichen Belange« ebenfalls abgeliefert werden mussten.[170]

Die Glocken der Gruppe D sollten wegen ihres hohen historischen sowie künstlerischen Wertes dauerhaft erhalten bleiben. Zu diesem Zweck erstellte man ein entsprechendes »Verzeichnis der Bronzeglocken im Reich, deren dauernde Erhaltung wegen ihres hohen geschichtlichen oder künstlerischen Wertes befürwortet wird (Gruppe D)«.[171]

In diesem Verzeichnis sind natürlich auch die Glocken der Reichshauptstadt Berlin aufgeführt, u. a. das berühmte Glockenspiel der Parochialkirche (1717) sowie erhalten gebliebene Glocken aus folgenden Kirchen: Berliner Dom (Gussjahr 1532), Marienkirche (1657), Dorotheenstädtische Kirche (1680), ferner aus Heinersdorf drei Glocken (eine Glocke 14. Jahrhundert, die beiden anderen »1500«).[172]

Wenn es damals trotz der restriktiven Durchführungsbestimmungen für die Ablieferung der Kirchenglocken gelang, einschlägige Vernichtungsaktionen abzuschwächen, so geschah dies dank Unterstützung durch die Denkmalpflege. Der Konservator der Kunstdenkmäler für das Reich, Dr. Robert Hiecke,[173] hatte »aus den ihm befohlenen Richtlinien der Reichsstelle für Metalle das Beste herausgeholt, was herauszuholen war«. Der Staat erkannte die von Hiecke ausgearbeiteten, »im wesentlichen auf den ‚Denkmalschutz' abgestellten Grundsätze schon deshalb an, weil die Kunstpflege und die Erhaltung des geschichtlich wertvollen Gutes in der Linie des Dritten Reiches lag. Die kirchlichen Interessen waren hierbei völlig unbeachtlich.«[174]

Im weiteren Verlauf des Krieges sorgte Hiecke außerdem dafür, dass für die Arbeiten zur Inventarisation der Bau- und Kunstdenkmäler weiterhin Geldmittel bewilligt wurden. Wie er Juni 1944 schreibt, »können die Kosten der einen wichtigen Teil der Inventarisation bildenden archivalischen Erfassung der zur Einschmelzung bestimmten historischen und künstlerisch wertvollen Bronzeglocken, die sich größtenteils in zwei Hamburger Lagern befinden, nur aus jenen Mitteln gedeckt werden. Es ist noch eine erhebliche Zahl solcher Glocken in dieser Weise zu bearbeiten.«[175]

Im Oktober dieses vorletzten Kriegsjahres schließlich teilte Hiecke den Denkmalpflegern in puncto »Metallerfassung« mit, die Glocken der Gruppen B und C würden »keinesfalls mehr in diesem Jahr in Anspruch genommen werden. Es kann auch weiterhin für längere Zeit auf Ihre Erhaltung gerechnet werden.«[176]

Nur durch intensive Bemühungen der zuständigen Denkmalschutzbehörden im Deutschen Reich also war es gelungen, »wenigstens die bedeutendsten Glocken den Kirchen zu erhalten – allerdings mit dem damals noch schwer vorhersehbaren Ergebnis, daß eine Reihe von ihnen dann im weiteren Verlauf des Krieges mit den Türmen abstürzte«.[177] Viele Glocken und Geläute, die aufgrund ihres hohen Denkmalwerts in die D-Gruppe eingestuft waren, wurden infolge der Zerstörung der Kirchen mitsamt ihrer Türme total vernichtet und sind deshalb als besonders tragische Verluste zu beklagen.

Beispielhaft erwähnt seien an dieser Stelle speziell für die Region Berlin-Brandenburg das bereits besprochene Glockenspiel der Berliner Parochialkirche sowie das Ende April 1945 untergegangene mittelalterliche Geläut der Marienkirche in Frankfurt/Oder.[178] Vier ihrer sechs Glocken wurden auf dem Turm vernichtet: zwei dem 14. Jahrhundert zugeschriebene, eine wohl noch im 13. Jahrhundert gegossene Glocke[179], ferner die 1371 gegossene größte Glocke »Osanna«, die auch kunsthistorisch bemerkenswert war.[180]

1942 mussten die 1423 gegossene sogenannte Maria oder Mittelglocke sowie eine weitere Glocke, offenbar die kleinste von 1587, abgeliefert werden und gelangten nach Hamburg. Die genannten vier Glocken dagegen verblieben aufgrund ihres geschichtlichen Wertes im Turm und gingen bei der Zerstörung von St. Marien 1945 unter.[181] Man kann, ähnlich wie im Fall der bereits 1944 beim Brand des Domturmes in Trier abgestürzten Glocken, gleichsam von einer »Ironie des Schicksals« sprechen:[182] Hätten diese vier Glocken ebenfalls – nach Einstufen in die Gruppe C – abgeliefert werden müssen, wären sie – was damals jedoch nicht vorhersehbar war – wohl nicht eingeschmolzen worden und würden heute höchstwahrscheinlich wieder vom Turm der Marienkirche läuten. Nach Kriegsende kehrte allein die beschädigte »Mittelglocke« nach Frankfurt zurück.[183]

Verluste in Berlin

Von den Verlusten historischer Glocken war natürlich auch Berlin betroffen. Einem Bericht der »National-Zeitung« vom 26. Oktober 1948 zufolge hat die Stadt mit ihren »419 Kirchen und Kapellen durch den Krieg auch mehr als die Hälfte seiner Glocken eingebüsst. Sie bildeten die Metallreserve des Dritten Reiches! Im Gegensatz zu den Glockenopfern aus früheren Kriegen (…) hatte der Hitlerkrieg ein noch nicht da gewesenes Metallbedürfnis ausgelöst. (…) Zunächst kamen die nach 1870 gegossenen (A-Glocken) an die Reihe, dann die älteren künstlerisch wertvollen Stücke. Die bedeutendsten (D-Glocken) durften« bekanntlich »in ihren Türmen hängen bleiben«.[184]

Angesichts der bereits dargelegten Schwierigkeiten bei der Abgabe der Glocken ab 1940 konnte man prinzipiell nicht davon ausgehen, komplette Geläute vor der Verhüttung zu bewahren. Deshalb sollten solche, die als »besonders klangschön« galten, »vor ihrer Ablieferung auf Schallplatten aufgenommen werden«.[185] Erwähnt sei an dieser Stelle ein Schreiben des Ev. Konsistoriums der Mark Brandenburg, in dem zehn Geläute von Berliner Kirchen zu diesem Zweck empfohlen werden.[186] Hierbei handelt es sich um folgende Kirchen: Berliner Dom, Apostel-Paulus-Kirche (Schöneberg), Neue Kirche (»Deutscher Dom« auf dem Gendarmenmarkt), Kaiser-Friedrich-Gedächtniskirche, Kaiser-Wilhelm-Gedächtniskirche, Thomaskirche, Kirche am Hohenzollernplatz, Gustav-Adolf-Kirche (Charlottenburg), Erlöserkirche (Moabit), Hochmeisterkirche (Halensee).

Diese Auswahl mutet eher willkürlich an, liegen ihr doch keine denkmalspezifischen Kriterien zugrunde. Dennoch verdient sie gleichsam als ein früher technischer Schritt zur klanglichen Wiedergabe von Glocken Beachtung. Auffallend ist, dass auch stählerne Geläute wie diejenigen der Erlöserkirche und der Hochmeisterkirche aufgezählt sind: Stahlgussglocken unterlagen in beiden Weltkriegen nicht der Abgabepflicht zur Verhüttung.

In den Kirchtürmen der Alt-Berliner Stadtbezirke waren »vorwiegend künstlerisch wertvolle Bronzeglocken vorhanden, während sich die neuen Kirchen, insbesondere in den Vororten, meistens mit Stahlglocken begnügt hatten«.[187] In der »Innenstadt« mussten 66 bis 75 % aller vorhandenen Bronzeglocken abgeliefert werden, hinzu kam noch weitere schwere Verluste durch die Luftangriffe und bei den Endkämpfen im April 1945. Eine genaue Statistik darüber liege zwar nicht vor, doch dürften »vorsichtig geschätzt rund 400 Glocken durch unmittelbare Kriegshandlungen zerstört worden sein«. Jede einzelne Glocke hatte ihren »Steckbrief mit genauen Angaben über Form, Gussjahr, Giesser, Inschriften, Reliefs und sonstige Beschaffenheiten, so dass sie auch heute (1948; K. S.) noch so aufgefunden werden könnten, falls sie nicht zerschlagen und eingeschmolzen sind«.[188]

So wurde ein großer Teil der historischen Glocken insbesondere des alten Berliner Stadtkerns zur Verhüttung abgeliefert oder aber beim Brand der Türme vernichtet,[189] wie vor allem das bekannte Glockenspiel nebst Geläut der barocken Parochialkirche.[190] An dieser Stelle soll der herben Verluste infolge Ablieferung gedacht werden. Hierzu gehören vornehmlich Glocken der beiden großen Alt-Berliner Pfarrkirchen St. Nikolai und St. Marien; nur jeweils eine – kleinere – Glocke blieb verschont.

Die Nikolaikirche verlor ihre große barocke Glocke, gegossen um 1720 von Johann Jacobi (Durchmesser 215 cm).[191] Eingeschmolzen wurde auch die große Glocke der Marienkirche, ein wertvoller Guss von 1520 (9.850 kg, Durchmesser 220 cm).[192]

An weiteren Glockenverlusten genannt seien ferner zwei Glocken der Dorfkirche in Weißensee von 1474 und 1664[193] sowie die bereits erwähnte Glocke der – 1945 zerstörten – Dorfkirche in Malchow von 1572.[194]

Rückführung nach 1945

Die Jahre nach 1945 standen im Zeichen der schwierigen Bemühungen um die Rückführung der rund 14.000 Glocken »aus deutschem Eigentum«, die in den Sammellagern von Hamburg, Hettstedt, Ilsenburg, Lünen und Oranienburg »vor der Vernichtung bewahrt geblieben waren« und von denen sich »der weitaus überwiegende Teil« in Hamburg befand. Diese Glocken hatte die Militärregierung »zusammen mit allen aus den zerschlagenen Glocken noch stammenden Glockenscherben beschlagnahmt«.[195]

Zu einem unentbehrlichen Instrument für die Rückführung der verschont gebliebenen Glocken ab 1945 wurde das »Deutsche Glockenarchiv«. Es war in den Sammelstellen des Zweiten Weltkrieges aus Karteikarten mit Beschreibungen, Fotos und Abgüssen der Glockenzier entstanden. Nach Kriegsende 1945 wurde das Deutsche Glockenarchiv zunächst in Hamburg in Zusammenarbeit des ehemaligen Ausschusses für die Rückführung der Kirchenglocken mit der »Regierung der Freien und Hansestadt Hamburg« aufgebaut und schließlich im Jahre 1965 »auf Grund einer Vereinbarung zwischen dem Kultussenator in Hamburg, der katholischen und der evangelischen Kirche« in das Germanische Nationalmuseum, Archiv für bildende Kunst, zu Nürnberg überführt.[196] Die dortige Betreuung übernahm zunächst Landeskonservator Dr. Ludwig Veit.[197]

Eine ebenso große wie schwierige Aufgabe bereitete bereits unmittelbar nach Kriegsende, noch vor der Rückführung der Glocken in die Heimatkirchengemeinden, die »Entschlüsselung« der auf den unzähligen Glocken aufgemalten Leitzahlen. Diese enthielten die Angaben von Gau, Kirchenkreis, Kirchengemeinde sowie Qualitätsstufe. Die Entschlüsselung konnte nur aufgrund der sogenannten Kreishandwerkerlisten vor sich gehen, von denen nur ein einziges Exemplar beim Provinzialkonservator von Schleswig-Holstein erhalten war – dieses Amt hatte damals Dr. Ernst Sauermann inne.[198]

Die Denkmalpflege, die sich um die wissenschaftliche Bearbeitung der Glocken bemüht hatte, begrüße es »mit Freude«, dass die Glocken der B- und C-Gruppen größtenteils erhalten geblieben seien; »gerne« werde sie sich daran beteiligen, die Glocken wieder zu entschlüsseln und in ihre Heimat zurück zu führen, »soweit dieses aufgrund der vorhandenen Unterlagen vermittelt werden kann«. In diesem Zusammenhang wies Sauermann aber darauf hin, die Rückführung der deutschen Glocken könne »voraussichtlich erst im Jahre 1946 anlaufen.«[199]

Verhandlungen der Kirchenleitungen mit den Militärbehörden führten Anfang 1947 dazu, dass man zunächst die Glocken aus der britischen sowie der amerikanischen Besatzungszone zur Rückführung in ihre Heimatgemeinden freigab. Die Rückgabe der Glocken aus der französischen Zone wurde im Herbst 1947 genehmigt.[200] Noch im November desselben Jahres kündigte der bereits erwähnte Christhard Mahrenholz an, dass »die Aufnahme und Entschlüsselung der aus der Ostzone stammenden Glocken (…) in absehbarer Zeit zum Abschluss kommen wird«.[201] Die entsprechende Genehmigung für die russische Zone erfolgte schließlich im Februar 1948.[202]

Zur Lösung dieser Aufgaben wurde unter Mahrenholz' Leitung der »Ausschuß für die Rückführung der Glocken e.V.« (ARG) gegründet. Ihm gehörten außer dem genannten Vorsitzenden[203] hochrangige Persönlichkeiten aus den Kirchen der beiden großen Konfessionen sowie weiteren einschlägigen öffentlichen Institutionen an. Genannt seien an dieser Stelle nur der erwähnte damalige Provinzialkonservator von Schleswig-Holstein, Professor Dr. E. Sauermann, ferner Direktor Haarmann und Reichsbahnrat Dr. Severin. Durch Hinzuziehen der beiden letztgenannten war die Mithilfe der Binnenschifffahrt und der Eisenbahn für die Durchführung der Transporte gesichert. Die praktische Arbeit bei der Rückführung der Glocken in ihre Heimatgemeinden wurde der Transportkommission des ARG übertragen, deren Leitung Dr. Severin übernahm.[204]

Große Probleme bereitete auch die Finanzierung der Glockenrückführung von Hamburg nach »Mitteldeutschland«. Die politischen Gegensätze zwischen Ost und West hatten sich inzwischen so verschärft, dass jede Geldüberweisung über die Zonengrenze unmöglich wurde.[205]

Da sich im Hamburger Glockenlager damals noch 1.100 Glocken aus der »DDR« befanden, bemühte man sich um einen Austausch der Glocken. Dieser wurde letztendlich vollzogen: Im Sommer 1950 konnten diese Glocken aus Hamburg und diejenigen aus Hettstedt endlich in ihre Heimatgemeinden diesseits und jenseits der Zonengrenze gelangen.[206]

Was Berlin betrifft, so sind Angaben zufolge 200 der »verschleppten« Glocken, die in der »Ostzone« verblieben waren, noch vor 1948 von der Sowjetischen Militäradministration in Deutschland (SMA) den Kirchen zurückgegeben worden.[207]

Abgänge seit 1945

An dieser Stelle sollen zunächst kurz die Abgänge denkmalwerter deutscher Glocken generell infolge sinnloser Zerstörung in der Nachkriegszeit skizziert werden.[208] Was der Zweiten Weltkrieg an Glocken verschont hatte, fiel nicht selten der Erneuerungs- oder Modernisierungswelle zum Opfer: Nicht nur in den 1950er Jahren, sondern auch in den 1960er und sogar noch in den 1970er Jahren der wirtschaftlichen Prosperität erfolgten insbesondere im alten Bundesgebiet »ohne jede Notlage oder technischen Zwang« sinnlose Vernichtungen von Kirchenglocken. »Kaum zu zählen sind die meist lediglich wegen Vergrößerung (oder auch ohne eine solche; K. S.) der Geläute beseitigten denkmalwerten Holzglockenstühle.«[209] Derartige Maßnahmen geschahen nicht selten mit Billigung oder gar per Anordnung kirchlicher Behörden – vergleichbar der Beseitigung oder Reduzierung des Interieurs zahlreicher historistischer, namentlich Berliner Kirchen der wilhelminischen Ära.[210]

Abgänge sind auch unter den Gussstahlglocken zu vermerken, welche bekanntlich nicht zur Verhüttung abgeliefert werden mussten. Hier ist vornehmlich das Schicksal der größten Glocke der ehemaligen St.-Georgen-Kirche in Berlin-Mitte (Georgenkirchstraße, nahe dem Alexanderplatz) zu erwähnen. Diese Kirche besaß die größten Stahlglocken Groß-Berlins: Das gewaltige Dreiergeläut wurde 1897 vom Bochumer Verein gegossen und hatte ein Gesamtgewicht von 18.436 kg.[211] Es überstand die Zerstörung der Kirche 1945 und wurde noch vor der am 18. Juni 1950 vollzogenen Sprengung ihres stadtbildprägenden, 105 m hohen Turmes geborgen und »auf dem Trägerlager Zentralviehhof (VHZ Schrott Berlin O, Eldenaerstr.) gelagert«.[212]

Bereits im Oktober 1950 richtete das Ev. Konsistorium an den damaligen Berliner Generalsuperintendenten eine »Anfrage«, ob sich inzwischen eine der »Ostberliner« Gemeinden für die Glocken der Georgenkirche gemeldet habe. Falls man die Glocken nicht in Ostberlin unterbringen könne, müsse man deren »Unterbringung« im Bereich der damaligen DDR vorschlagen, da eine Übernahme nach »Westberlin« sicherlich abgelehnt würde.[213]

Interesse verdient hier ein Bericht des Gemeindekirchenrates zu St. Georgen aus dem Jahre 1953. Laut Bericht von Pfarrer Moll namens des GKR hatte der Berliner Vertreter der Apoldaer Glockengießerei Schilling, die vom GKR beauftragt worden war, die drei Glocken an eine andere Kirchengemeinde zwecks Wiederverwendung zu verkaufen, dem GKR bereits unter dem 18. Februar 1952 mitgeteilt, dass die größte Glocke (279 cm Durchmesser, 9.353 kg Gewicht) nicht mehr existiere. Auf »Nachforschung« des GKR habe man zugegeben, dass sie von der erwähnten VHZ verschrottet worden sei. Zuvor hätte man aber der Kirchengemeinde St. Georgen ein Verschrottungsprotokoll zustellen müssen, gegen das »wir in einer festgesetzten Frist hätten Einspruch erheben können«. Dies habe man »seitens des Magistrats resp. seitens der ausführenden Stelle« versäumt; somit hatte der GKR auch keine Einspruchsmöglichkeit und wurde von der Verschrottung »einfach überrascht«.[214]

Auch die Begründung der Verschrottung, die Glocke habe einen Riss aufgewiesen, hätte in einem Lokaltermin »auf die Tatsächlichkeit hin geprüft werden können. Wir wissen, dass der Vertreter der Firma Schilling (…) bei seinen wiederholten Besuchen des Glockenlagers niemals einen Riss entdeckt hat.« Es sei der Kirchengemeinde nicht zuzumuten, ohne eine Entschädigung den Verlust ihrer Glocke zu tragen; man erwarte »aufgrund dieses entscheidenden Verschuldens seitens der Stelle, die die Verschrottung angeordnet und der Gemeinde keine Möglichkeit der Nachprüfung gelassen hat«, dass »Herr Minister« eine »Entschädigungssumme« veranlasse.[215] Seitdem fehlt von der Glocke jede Spur, offenbar wurde sie verschrottet.[216]

An dieser Stelle sei vermerkt, dass die beiden übrigen Glocken der Berliner Georgenkirche dagegen erhalten geblieben sind. Die mittlere Glocke war auf dem Gelände der damaligen Glockengießerei Schilling in Apolda zwecks Verkaufs resp. anderer Verwendung eingelagert.[217] Deren bereits erwähntem Berliner Vertreter Heyl sowie dem GKR von St. Georgen teilte 1958 das Konsistorium Berlin-Brandenburg mit, für die Glocke sei »noch immer kein Käufer« resp. keine »Verwendung« gefunden.[218] Von der Armatur war 1955 laut Mitteilung der Gießerei Schilling außer dem Joch auch der Klöppel vorhanden.[219] Im Jahre 1989 stand diese Glocke noch in Apolda.[220] K. Bund hat sie 1992 inventarisiert; gegenwärtig befindet sie sich »auf dem Betriebsgelände der Firma Glocken & Turmuhren Christian Beck in Kölleda« (Thüringen).[221] Auch die dritte Glocke der Georgenkirche ist erhalten. Sie steht im Läutedienst in der kath. St.-Gertrud-Kirche zu Dingelstädt/Eichsfeld.[222]

Trotz der einschlägigen Warnungen und Plädoyers sind im Laufe der 1950er und frühen 1960er Jahre weiterhin historische Glocken ohne große Not abgegangen.[223] In Berlin hielten sich die Verluste historischer Glocken in der Nachkriegszeit in Relation zu anderen Regionen durchaus noch in Grenzen, zumal gewisse an anderer Stelle noch zu besprechende Intentionen zwecks Vernichtung etwa in den 1950er Jahren glücklicherweise verhindert werden konnten. Dafür waren einschlägige Verluste jedoch durch Vernichtung im Kriege selbst umso höher ausgefallen. Nichtsdestoweniger ist es ebenso tröstlich wie erfreulich, dass auch Berliner Glockentürme nach 1945 durch Zuweisungen teilweise wertvoller Denkmalglocken aus den einstigen brandenburgischen, heute polnischen Gebieten östlich von Oder und Neiße bereichert worden sind (z. B. St. Marien sowie die Sophienkirche in Berlin-Mitte).

Güsse aus Ersatzwerkstoffen

Als Konsequenz der verhängnisvollen Verluste von Glocken und Geläuten während der beiden Weltkriege des 20. Jahrhunderts trat nach dem Zweiten Weltkrieg die Frage betreffend des Gussmaterials für Kirchenglocken verstärkt in den Vordergrund.

So berichtet im Januar 1946 ein Vertreter des Ev.-luth. Landeskirchenamtes Hannover unter anderem: »In steigendem Maße erhalten wir seitens der Kirchengemeinden Anfragen um Auskunft und Beratung bei der Neubeschaffung von Glocken«. In Frage komme als Material für den Glockenguss Bronze, Stahl und Eisen. Völlige Übereinstimmung bestehe in Fachkreisen darüber, dass Bronze als Gussmaterial »klanglich immer noch unübertroffen« dastehe. Dies mache sich besonders bei kleineren Glocken bemerkbar, die, wenn sie aus Stahl oder Eisen gegossen sind, »leicht einen scharfen, grellen Klang annehmen«. Die Rostgefahr bei Stahlglocken sei nicht übermäßig groß.[224]

Von besonderem Interesse ist die Empfehlung, der zufolge eine Zusammenstellung von Bronzeglocken und Stahl- oder Eisenglocken in *einem* Geläut klanglich einigermaßen vertretbar sei, wenn die Bronzeglocken die »höheren Glocken darstellen«. Auch dann aber bedürfe es einer sehr genauen klanglichen Analyse der vorhandenen Glocken, um zu erreichen, dass »die neugegossenen Glocken zu den alten passen«.

Sollte etwa eine noch vorhandene Bronzeglocke aufgrund der angedeuteten Schwierigkeiten nicht wieder in das neue Geläut aufgenommen werden, so sei zu überlegen, ob die Bronzeglocke »als Einzelglocke, etwa als Vaterunser-Glocke« im Glockenstuhl verbleiben könne. Auf keinen Fall dürfe diese Glocke an Stahl- oder Eisenglockengießereien »verkauft oder in Zahlung gegeben werden!«[225]

Von Anfang an umstritten und teilweise im Bestand nach wie vor gefährdet sind Glocken aus sogenannten Ersatzwerkstoffen, namentlich Gussstahl. Wie bereits dargelegt, wurden vornehmlich seit dem 19. Jahrhundert Glocken außer aus Bronze zunehmend auch aus anderen Materialien gegossen, gelegentlich aus Eisen, vor allem aber aus Stahl.

Der Denkmalwert für Gussstahlglocken jedoch ist in der Regel immer noch nicht akzeptiert, ja der »Kampf um die Stahlglocke« dauert bis zur Gegenwart an. Dies dokumentieren die Ausführungen von Heinz-Walter Schmitz vor gut einem Jahrzehnt höchst aufschlussreich: »Die Entscheidung von Kirchengemeinden, Stahlglocken anzuschaffen, kann nur als intelligente, weil folgerichtige Reaktion auf die Glockenrequisitionen der beiden Weltkriege des 20. Jahrhunderts gewertet werden. Kirchenälteste und Pfarrer, die innerhalb von 25 Jahren zwei Bronzeglocken-Abnahmen erlebt hatten und damit der entschädigungslosen Konfiszierung der früheren Spendenleistungen ihrer Gemeinden zusehen mußten, konnten vernünftigerweise nur den Stahlglocken bei der dritten Beschaffung eines Geläutes innerhalb einer Generation den Vorzug geben.«[226]

Statt nachdrücklich zu fordern, das klangbedingte Problem der früheren Stahlglocken »in einem klar definierten Sinne zu ordnen, das heißt die Rippe zu verbessern, entfachte man eine Diskussion über die Vorzüge resp. Nachteile des für Glocken zu verwendenden Materials«. In diesem Zusammenhang kritisiert Schmitz den damaligen, bereits erwähnten »Beratungsausschuß für das deutsche Glockenwesen«.[227] Der BA habe sich in einer »Reinheitsdebatte« verfangen, in der »kalkulierte« Einflussnahme emotionsgeprägte Entscheidungen evozieren sollte, und darüber hinaus auch nicht zur Kenntnis genommen, dass sich der Bochumer Verein »in einer ingenieurmäßig-wissenschaftlichen Art und Weise ausdauernd bemühte, über Versuche zu verbesserten Rippenkonstruktionen zu kommen«.[228]

Als dann die Zahl der Nachkriegsaufträge zurückging, gleichzeitig wieder bevorzugte Bronzeglocken anzuschaffen möglich wurde, schloss 1970 der Bochumer Verein aus »Rentabilitätsgründen« seine Abteilung Glockenguss, obwohl die Entwicklung der Stahlglocke an einem gewissen Höhepunkt angelangt war. Die Schließung dieser Abteilung hatte allerdings auf diesen Großbetrieb »keine Auswirkung«.[229]

Die offensichtliche Ignoranz gegenüber den dargelegten Erkenntnissen blieb seinerzeit nicht ohne Konsequenzen. »Diese ideologische Verengung allein auf die Bronzeglocke, die sich den Klang einer Glocke aus Stahl nicht vorstellen konnte und wollte und die Stahlglocke bis zu ihrer Ausrottung bekämpfte, wirkt bis auf den heutigen Tag nach: wer heute Stahlglocken, die aufgrund ihrer Unreproduzierbarkeit eigentlich höchsten Denkmalwert hätten, erhalten will, muß sich rechtfertigen.«[230]

Ebenso aufschlussreich und besonders aktuell zur Frage des Denkmalwerts von Glocken aus Gussstahl resp. Ersatzwerkstoffen ist auch der Beitrag des Theologen und Glockensachverständigen Jan Hendrik Stens. Für den Denkmalschutz nennt Stens drei Kriterien: den klanglich-musikalischen, den dokumentarischen und den ideellen Wert.[231]

Ein Beispiel aus jüngster Zeit für den – nach wie vor geläufigen – Ersatz funktionsfähiger Gussstahlglocken durch Bronzegüsse findet sich auch in Berlin. Die 1929 errichtete kath. St.-Martinus-Kirche in Kaulsdorf besaß bis vor kurzem ein Geläut von drei Gussstahlglocken, das noch aus dem Baujahr stammte.[232] Erst 2011 ersetzte man dieses, auf Veranlassung der zuständigen Abteilung des Erzbischöflichen Ordinariats durch drei neue Bronzeglocken.[233]

Selbst einschlägige Kritiker räumen ausdrücklich ein, dass derartige Maßnahmen nicht immer unvermeidlich sind.[234] Nichtsdestotrotz gilt offenbar jedoch nach wie vor bei durchaus noch funktionsgerechten Stahl- sowie Eisenglocken etwa Rost als Vorwand, um ein angeblich missliebiges Geläut – scheinbar ohne Rücksicht auf die aktuelle finanzielle Lage der jeweiligen Kirchengemeinden – durch Neugüsse in Bronze zu ersetzen.

Denkmalwerte Glocken und Geläute im Ostteil Berlins

Chronologischer Überblick – Glocken im Einzelnen

Mittelalter (13. Jahrhundert bis etwa 1540)
Die Gießer der frühesten, ausschließlich bronzenen Glocken sind generell unbekannt, so auch auf dem Gebiet des heutigen Groß-Berlin. Die mittelalterlichen Glocken weisen in der Regel kein Datum und häufig auch keine Inschrift auf. Die ersten überlieferten Glocken in der gegenwärtigen Bundeshauptstadt gehören frühestens der Mitte des 13. Jahrhunderts an.

Die wohl älteste Glocke Berlins befindet sich im Westteil der Stadt, die bereits erwähnte der Dorfkirche in Berlin-Buckow (um 1250). Eine weitere, der zweiten Hälfte des 13. Jahrhunderts[235] resp. erst dem 14. Jahrhundert[236] zugeschriebene Bronzeglocke stammt aus der alten Dorfkirche in Zehlendorf, wo sie noch 1920 hing.[237] Heute hängt die Glocke im Turm der Johanneskirche zu Schlachtensee (Bezirk Zehlendorf).[238]

Auch im Ostteil Berlins existieren Glocken, die man aufgrund ihrer schlanken Zuckerhut-Form dem 13. Jahrhundert zugerechnet hat. So wird die kleine Glocke der sogenannten *Alten Pfarrkirche* auf dem einstigen Dorfanger in Lichtenberg (Abb. 2) aufgrund ihrer charakteristischen »langen Zuckerhutform« der zweiten Hälfte des 13. Jahrhunderts zugeschrieben, in einem Fall dagegen erst dem 14./15. Jahrhundert.[239] Weitere noch der Zeit um 1300 zugerechnete Glocken besitzen die Dorfkirchen in Heinersdorf (Abb. 27) und Kaulsdorf (Abb. 29).

Erwähnung verdient die aus der Alt-Berliner *Nikolaikirche* stammende kleine Glocke, die bis vor einiger Zeit noch in der Turmhalle der St.-Marien-Kirche im Bezirk Mitte abgestellt war und dort seit Anfang des 21. Jahrhunderts in der Glockenstube des Turmes hängt. Ihre längliche Gestalt erinnert noch an die Zuckerhutform. Bei dieser dem Anfang des 15. Jahrhunderts zugeschriebenen Glocke[240] handelt es sich um die ehemalige »obere« Uhrglocke der ältesten Kirche Alt-Berlins (Abb. 3).

Aus der Blütezeit des Glockengusses im 15. und frühen 16. Jahrhundert sind auch in Berlin etliche Zeugnisse überkommen. Hier sei zunächst die bereits erwähnte, 1426 gegossene Katharinenglocke aus der Nikolaikirche genannt (Abb. 18–19). Nach 1945 gelangte sie in den Turm der Marien-Kirche und hängt dort bis heute.

Wohl die berühmteste Glocke des Mittelalters auf Berliner Gebiet ist die sogenannte Wilsnacker Glocke (Abb. 4). Gegossen wurde sie im Jahre 1471 für die ehemalige Stifts- und Wallfahrtskirche in Bad Wilsnack.[241] Als deren »größte vnnd herrliche schöne glocken«[242] gelangte sie im Jahre 1552 »auf Befehl des Kurfürsten« nach Berlin.[243] Dort war sie zeitweise die bedeutendste Glocke der »Oberpfarr- und Domkirche«, des Vorläufers.

Abb. 2 | Berlin-Lichtenberg, Dorfkirche (»Alte Pfarrkirche«): Glocke, vermutlich zweite Hälfte des 13. Jahrhunderts; Aufnahme 1939

Abb. 3 | Nikolaikirche, heute im Turm von St. Marien: ehemalige obere Uhrglocke, vermutlich Anfang des 15. Jahrhunderts; Aufnahme um 1946

Im Juni 1921 sprang die älteste Glocke des Domes, »kurz nachdem sie das Trauergeläut für die letzte deutsche Kaiserin ausgeläutet hatte«. Durch ein »besonderes technisches Verfahren« gelang es, diese Glocke »an dem Platze, an dem sie hing, wieder zusammenzuschweißen, ohne dass die Schwingungszahl des Tones beeinträchtigt wurde. Am 22. Oktober wurde sie neu geweiht«.[244] Im »strengen Winter 1924/1925« riss jedoch »der Mantel der Glocke abermals«.[245]

Als im Jahre 1929 die Glocke, »die durch einen Sprung den Klang verloren hatte, eingeschmolzen werden sollte, war es in zwölfter Stunde (dank einer Sonderbewilligung des Berliner Magistrats) noch möglich, sie aus dem Lauchhammerwerk« für das Märkische Museum zu retten; sie wurde dort »in der Kirchenhalle aufgestellt, die damit einen wirkungsvollen Mittelpunkt gewonnen hat«.[246]

Nachdem die seitdem in der »Kirchenhalle« platzierte Glocke dort trotz der schweren Schäden des Märkischen Museums den Zweiten Weltkrieg unversehrt überstanden hatte (s. Abb. 4), sollte sie 1956 abermals eingeschmolzen werden. Für den Turm des Museums war ein Carillon mit 35 Glocken zum automatischen sowie manuellen Gebrauch geplant; das Material der »Wilsnacker Glocke« wollte man durch »Umschmelzung« einem »zeitgemäßen« Glockenspiel opfern. Insbesondere die Erkenntnis, dass »die Belastung des Glockenspiels für die Turmgeschoßdecke zu hoch« sei und nicht zuletzt der Direktorenwechsel Ende 1957 verhinderten letztendlich das Vorhaben. »Somit war diese altehrwürdige Glocke, ein für Berlin und Brandenburg herausragendes Kulturdenkmal, ein zweites Mal vor dem Einschmelzen gerettet.«[247]

Erwähnung verdient an dieser Stelle ferner eine Begebenheit aus dem Jahr 1959: Der Superintendent des Kirchenkreises Havelberg-Wilsnack ersuchte das »Amt für Denkmalspflege« bei der Regierung der DDR um »Vermittlung« zwecks Rückforderung der Glocke nach Wilsnack unter Hinweis auf deren ursprüngliche Provenienz sowie die Bedeutung Wilsnacks als von vielen auswärtigen Kurgästen besuchtes Moorbad.[248] Dieses Ansinnen lehnte man sowohl seitens des Märkischen Museums als auch der zuständigen Stellen des Magistrats ab angesichts »bedeutungsmäßig weitreichender Konsequenzen« für sämtliche Museen der DDR; ferner wies man darauf hin, dass die Kirche seinerzeit (1929) die Glocke aus Geldmangel einschmelzen lassen wollte und das Märkische Museum diese damals gekauft habe.[249]

Eine undatierte, spätmittelalterliche Glocke mit Inschrift stammt aus der Kirche des Hospitals zum Heiligen Geist in Alt-Berlin (Abb. 23) und läutet seit 1904 in der Stephanus-Stiftung in Weißensee.[250]

Datierte, noch erhaltene wertvolle Glocken des ausgehenden Mittelalters ohne Gießernamen befinden sich auch im Ostteil Berlins. Zu nennen sind die 1488 gegossene Marienglocke in der Dorfkirche zu Mahlsdorf (Abb. 5), ferner in den Dorfkirchen zu Heinersdorf zwei Glocken von 1513 und 1520 (Abb. 27–28) sowie eine Glocke von 1518 in Kaulsdorf (Abb. 30).

Außerdem läuten im Bezirk Mitte zwei bemerkenswerte spätmittelalterliche Güsse. Eine Glocke von 1502 aus Sorau/Żary gelangte nach 1945 in den Turm von *St. Marien*. Aus Osterburg (Altmark) stammt die 1532 gegossene Glocke, die bereits unter Kurfürst Joachim II. in den *Berliner Dom* gelangte (Abb. 20).

Die Zeit von 1540 bis 1650
Eine noch erhaltene Glocke der Dorfkirche in Stralau stammt aus dem Jahre 1545. Laut Inschrift ist sie ein Werk des bereits erwähnten Lothringer Wandergießers Andreas Kepfel (Abb. 6).

Aus dem alten Berliner Rathaus blieb eine Glocke von 1583 erhalten. Ihre Flanke enthält die Inschrift »BERLYN« sowie darunter die Jahreszahl »1583« über einem ansprechenden, drolligen Reliefbild des schreitenden Wappenbären (Abb. 7–8). Die Glocke steht heute im Märkischen Museum.[251]

Barock: 1650 bis Ende des 18. Jahrhunderts
Der früheste in Berlin tätige Glockengießer des Barock, der bereits erwähnte Jakob Neuwert goss laut Inschrift 1657 für die *Alt-Berliner Marienkirche* deren einzige noch am ursprünglichen Ort erhaltene Glocke (Abb. 17). Eine weitere Glocke Neuwerts

Abb. 4 | Märkisches Museum: sogenannte Wilsnacker Glocke von 1471 aus dem Berliner Dom, seit 1929 in der Kunstgewerbesammlung des Museums; Aufnahme 1950

Abb. 5 | Berlin-Mahlsdorf, Dorfkirche: Glocke, 1488; Aufnahme 1939

Abb. 6 | Berlin-Stralau, Dorfkirche: Glocke, 1545; Aufnahme 1938

Abb. 7 | Berlin-Mitte, Märkisches Museum: Glocke aus dem ehemaligen Alten Rathaus, 1583; Aufnahme 1950

Abb. 8 | Glocke aus dem Alten Rathaus, Detail; Aufnahme 1950

stammt von 1660 und hängt im Turm der Dorfkirche in Marzahn (Abb. 9). Ihre Inschrift nennt auch die damaligen Amtsinhaber der Kirchengemeinde: Pfarrer, Küster und zwei »Kirchenvorsteher«.[252]

Eine von dem bereits erwähnten Berliner Johann Jacob Schultz 1709 gegossene Glocke besitzt die Dorfkirche in Schmöckwitz (Abb. 10).

Der erwähnte Gießer Johann Friedrich Thiele goss 1768 eine spätbarocke Glocke für die Dorfkirche zu Blankenfelde im Norden Berlins (Abb. 11).

In das Jahr 1762 wurde die ehemalige Uhrschlagglocke der *Schlosskirche* in Buch datiert.[253] Ihre Inschrift nennt Zacharias Rabet (Rabe[254]) und Cordt Meuten in Wolfenbüttel als Gießer.[255] 1794 erwarb sie der Stückgießer Maukisch.[256] Bis zur Zerstörung der Kirche im November 1943 diente sie als Uhrglocke. Gegenwärtig steht sie seitlich im östlichen Kreuzarm der Kirche.

Die Glocke weist einen ungewöhnlichen, geradezu eklektischen Dekor auf (Abb. 12). Auf dem Halsband verläuft ein palmettenartiger Fries, darunter auf der oberen Flanke zwischen zweifach profilierten Reifen die Inschrift mit Minuskeln und Zeichen in mittelalterlicher Manier. Die Mitte der Flanke wie auch des gesamten Glockenkörpers betont ein umlaufender, barock anmutender Fries mit der Darstellung eines Jagdrennens von geradezu profaner Wirkung. Unter Letzterem ist eine

Abb. 9 | Berlin-Marzahn, Dorfkirche: Glocke, 1660; Aufnahme 1939

Abb. 10 | Berlin-Schmöckwitz, Dorfkirche: Glocke, 1709; Aufnahme 1939

Abb. 11 | Berlin-Blankenfelde, Dorfkirche: Glocke, 1768; Aufnahme 1940

Abb. 12 | Berlin-Buch, Schlosskirche: ehemalige Uhrglocke, 1762 (?); Aufnahme 1938

zweite, kurze Inschrift mit der Jahreszahl »anno LXII« (das Jahrhundert fehlt) angebracht. Den unteren Teil der Glocke, Wolm und Schlagring, schließlich markieren zwei jeweils dreifache Reifen.

19. Jahrhundert

Von den Glocken aus dem 19. Jahrhundert verdienen zunächst die frühen bronzenen Güsse Interesse, von denen nur wenige die beiden Weltkriege überdauert haben. Aus der Bauzeit der *Friedrichswerderschen Kirche*, vollendet 1830, ist eine Glocke erhalten geblieben.[257] Die übrigen Glocken dieser Kirche, eine Glocke von Johann Christian Meyer aus dem Jahre 1802 sowie zwei 1881 in der Gießerei von Gustav Collier gefertigte Güsse, wurden angeblich »einem unbekannten Ort zugeführt«.[258]

Gussstahlglocken wurden seit Mitte der 1850er Jahre in der Regel vom Bochumer Verein gegossen. Zu den frühesten Glocken dieses innovativen Gussverfahrens gehören in Berlin die beiden Schlagglocken der Stadtuhr des Berliner oder Roten Rathauses von 1869/1870.[259] Sie hingen im offenen Glockenstuhl über dem kupfergedeckten Dach des Rathausturmes, bekrönt mit Fahnenstange und Blitzableiter (Turmhöhe: 97 m).[260] 1987 anlässlich des Stadtjubiläums durch zwei Neugüsse in Bronze ersetzt, wurde das Glockenpaar 1989 vor dem Märkischen Museum abgestellt (Abb. 13).

Abb. 13 | Märkisches Museum: zwei ehemalige Uhrschlagglocken des Berliner Rathauses, Stahlgüsse, um 1870; Aufnahme o. J. (nach 1989)

Abb. 14 | Berlin-Mitte, ehemalige Gnadenkirche: Gussstahl-Glocken, 1893; Aufnahme vor 1901

Abb. 15 | Berlin-Mitte, ehemalige Gnadenkirche: Innenraum der Ruine mit den abgestürzten Glocken auf dem Boden; Aufnahme 1953

Beispielhaft erwähnt sei hier die einzige vom ursprünglichen Dreiergeläut der einstigen ev. *Gnadenkirche* im Invalidenpark, Bezirk Mitte (1890–1894, 1945 zerstört) erhaltene mittlere Glocke, die »Auguste-Viktoria-Glocke«. Sie wurde Dezember 1892 vom Bochumer Verein gegossen und im folgenden Jahr mit den beiden anderen neuen Glocken auf der Weltausstellung in Chicago gezeigt, »wo sie durch ihre schönen, vollen Töne allgemeinen Beifall fanden« (Abb. 14). 1894 schließlich gelangten sie in die Gnadenkirche.[261] Dort versahen sie ihren Dienst bis zur Zerstörung im Zweiten Weltkrieg.

Ein Foto von 1953 zeigt die abgestürzten Glocken auf dem Boden des Inneren der Kirchenruine (Abb. 15). Bei der 1967 erfolgten Sprengung der Ruine sollte neben deren Fragmenten auch die allein unversehrte »Auguste-Viktoria-Glocke« sogar mit Einverständnis des Gemeindekirchenrats verschrottet werden, diese gelangte auf einen Schrottplatz in Weißensee. Dort entdeckte der damalige Pfarrer von Malchow die Glocke, erwarb sie als privater Käufer und verwahrte sie auf seinem Grundstück. »Als er 1979 nach Stadtilm in Thüringen versetzt wurde, nahm er sie mit.« Zur Jahreswende 1989/1990 kaufte die Gemeinde Wattenscheid-Leithe (NRW) ihm die Glocke ab, »ließ sie restaurieren und stellte sie wieder in den Dienst«. Im Februar 2011 sandte die Gemeinde die »Auguste-Viktoria-Glocke« nach Berlin zurück. Diese befindet sich seitdem auf dem Invalidenfriedhof im Bezirk Mitte[262] – unweit des einstigen Standorts der Gnadenkirche. Dort hängt sie seit 2013 in einem turmartigen Glockenstuhl (Abb. 16). Die Glocke soll künftig an besonderen Gedenktagen – u. a. Grundsteinlegung der Kirche 1891, Sprengung der Ruine 1967 – erklingen.

20. Jahrhundert

Auch das 20. Jahrhundert hat in der Berliner Glockenlandschaft seine Spuren hinterlassen. Gussmaterialien waren gleichermaßen Bronze wie Stahl. Einschlägige Glocken resp. Geläute sind wiederum in großer Fülle erhalten und an anderen Stellen in dieser Abhandlung aufgeführt.

Zwei bemerkenswerte Bronzeglocken des vorigen Jahrhunderts besitzt der *Berliner Dom*. Die mittlere Glocke wurde im Jahre 1913 von M. und O. Ohlsson/Lübeck[263] als Kopie einer barocken Glocke von 1685 neu gegossen (Abb. 21). Im Jahre 1929 erfolgte der Guss der gegenwärtig größten Domglocke im Lauchhammerwerk (Abb. 22). Diese ersetzte die bereits besprochene »Wilsnacker Glocke«.

Wohl die meisten der qualitätsvollen Berliner Bronzegeläute aus der Zeit nach dem Ersten Weltkrieg mussten ab 1940 bis auf eine, in der Regel die kleinste, Glocke abgeliefert werden und fielen den Beschlagnahme- und Einschmelzaktionen für die Kriegsrüstung zum Opfer.

Aus den Jahren ab der Neugründung eines katholischen Bistums für die Reichshauptstadt Berlin 1929/1930 zu nennen ist eine beachtliche Zahl von Geläuten, die sowohl in Bronze als auch in Gusseisen oder -stahl gegossen wurden. Die bereits erwähnte renommierte Glockengießerei F. Otto goss 1929 in ihrer Breslauer Filiale für die kath. *St.-Maria-Magdalena-Kirche* in Niederschönhausen – noch vor Vollendung des Baus (1930) – ein laut damaligem Urteil »wohlgelungenes«, vierstimmiges Bronzegeläut.[264] Erhalten blieb lediglich die kleinste Glocke, gegossen laut In-

Abb. 16 | Berlin-Mitte, Invalidenfriedhof: Glockenstuhl mit »Auguste-Viktoria-Glocke« aus der Gnadenkirche; Aufnahme 2016

schrift in »Breslau 1929«.[265] Die drei großen Glocken wurden im Zweiten Weltkrieg eingeschmolzen und 1959 durch drei neue aus »Klangstahl« ersetzt (s. folgender Abschnitt).

1933 erhielt die kath. *St.-Adalbert-Kirche* im Bezirk Mitte (erbaut 1932/33 von dem namhaften österreichischen Architekten Clemens Holzmeister) von der Gießerei Schilling u. Söhne in Apolda ein dreistimmiges Bronzegeläut. Auch hier überdauerte nur eine Glocke den letzten Weltkrieg.[266] Die bedeutende Glockengießerei Petit & Gebr. Edelbrock, Gescher (Westfalen) schuf im August 1936 für kath. *St.-Marien-Kirche* in Karlshorst ein vierstimmiges Bronzegeläut »mit einem besonders reinen Klang«. Die drei großen Glocken wurden 1941 wiederum abgeliefert und eingeschmolzen, erhalten blieb lediglich die kleinste Glocke.[267] Dieselbe Firma goss 1991 eine zweite Bronzeglocke; die »Komplettierung« zum ursprünglich vierstimmigen Geläut ist vorgesehen.[268]

Denkmalwerte Geläute

Das gegenwärtig bedeutendste historische Großgeläut Berlins hängt seit Anfang 1951 im Turm der *St.-Marien-Kirche* (Bezirk Mitte). Vom ursprünglichen Geläut ist lediglich die 1657 von J. Neuwert gegossene Glocke erhalten geblieben (Abb. 17). R. Borrmann rühmt diese einstige »Stundenglocke« als »vortreffliches, aus einer alten Glocke umgegossenes Stück«.[269] Die frühbarocke Glocke enthält auf der Haube eine reiche Inschrift.[270]

Erwähnung verdient an dieser Stelle eine Notiz aus den 1920er Jahren von einem »Glockenkonzert« in der »innersten Stadt«, etwa wenn »über die Spree hin das feiertägliche Wettrufen zwischen Dom und St. Marien einsetzt, in dem die ehrwürdigen, anspruchslosen Glocken von St. Marien mit ihrem altertümlichen Geläut besonders zu Herzen sprechen«.[271]

Im Februar 1948 schlägt der Propst zu Berlin dem Ev. Konsistorium zur »Wiedergewinnung eines vollständigen Geläuts« für das einzige unzerstörte noch benutzte mittelalterliche Gotteshaus Alt-Berlins unter anderem vor, die »aus der Nikolaikirche gerettete kleine Glocke als Läuteglocke zu verwenden«.[272] Besondere Beachtung verdient hier außerdem die Anregung des Propstes, »die drei Bochumer Stahlglocken« aus der (kriegszerstörten) Alt-Berliner Garnisonkirche, »die ein vollständiges Geläut darstellen, ganz nach St. Marien herüberzunehmen und die hier vorhandene grosse Bronzeglocke als Abendläuteglocke oder sonst wie, jedenfalls nur einzeln zu läuten«.[273]

Diesen »Vorschlag« befürwortet das Ev. Konsistorium in seinem im August 1948 an die »Deutsche Treuhandstelle zur Verwaltung des sequestrierten und beschlagnahmten Vermögens im sowjetischen Besatzungssektor der Stadt Berlin« gerichteten

Abb. 17 | Berlin-Mitte, St.-Marien-Kirche: Glocke, 1657; Aufnahme 1944

Abb. 18 | Berlin-Mitte, Nikolaikirche, heute im Turm von St. Marien: sogenannte Katharinenglocke, 1426; Aufnahme 1936

Schreiben »umso mehr, als die fraglichen 3 Glocken unversehrt geblieben sind und gleichwohl nicht benutzt werden und auf diesem Wege wieder ihrer Bestimmung zugeführt werden können«. Abschließend erfolgt die Bitte, dem Antrag des Propstes »stattgeben zu wollen«.[274] Das Vorhaben wurde jedoch nicht realisiert.

Im Januar 1950 schließlich berichtet der Propst zu Berlin dem Ev. Konsistorium Berlin-Brandenburg (West), dass die »grosse«[275] Glocke von St. Nikolai »nach der Marienkirche gebracht werden soll, um später im Turm aufgehängt zu werden«.[276] Äußerst aufschlussreich ist die Notiz, derzufolge die »Bruchstücke der Klosterkirchenglocken und die 770 kg schwere Schlagglocke der Marienkirche« an die Firma Franz Schilling in Apolda »verkauft« werden sollten. Demnach war letztere 1950 noch erhalten, will heißen: im letzten Krieg offenbar verschont geblieben.[277] Das weitere Schicksal resp. der Verbleib dieser einstigen Schlagglocke von St. Marien ist bisher ungeklärt.

Unter dem 23. März 1950 teilt Propst D. (Heinrich) Grüber dem Konsistorium mit, alles sei inzwischen geschehen, die oben erwähnte Glocke aus St. Nikolai stehe in der Marienkirche und werde »sobald die Mittel hierfür vorhanden sind, im Turm von St. Marien aufgehängt«.[278]

Noch im April 1950 informiert das Konsistorium den Propst (Superintendenten) des Kirchenkreises Berlin Stadt I: »Durch einen glücklichen Zufall wird es uns möglich sein, zwei grosse Glocken im Gesamtgewicht von etwa 72 Zentnern der St. Marienkirche zur Verfügung zu stellen. Das Geläut wird dadurch hervorragend ergänzt und auf« e¹, h°, g° »abgestimmt sein«.[279]

Im Januar 1951 schließlich wurden mit der bereits erwähnten »kleinen Glocke« aus St. Nikolai der Marienkirche demnach vier weitere Glocken übereignet. Das nunmehr fünfstimmige Geläut wurde schon im Voraus als »das größte und schönste« Berlins gewürdigt.[280]

Die bereits erwähnte kleinste Glocke aus der Nikolaikirche stammt vermutlich aus dem Beginn des 15. Jahrhunderts und fungierte dort als »obere« Uhrglocke. Noch bis vor einiger Zeit »vorläufig im Eingang von St. Marien abgestellt«,[281] läutet sie seit Beginn unseres Jahrhunderts im Glockenstuhl des Turmes an einem neuen Holzjoch.[282]

Ebenfalls aus der Nikolaikirche stammt bekanntlich die laut Inschrift 1426 gegossene Katharinenglocke (Abb. 18–19).

Die zweitgrößte Glocke von St. Marien wurde im Jahre 1502 gegossen und stammt aus der Stadtkirche »Unser Lieben Frauen« in Sorau/Żary (Niederlausitz).[283] Als deren größte Glocke hing sie dort vor 1945 im freistehenden hohen Glockenturm.[284] Die Inschrift im Halsband ist in gotischen Minuskeln gearbeitet.[285]

Abb. 19 | Katharinenglocke, oberer Teil; Aufnahme vor 1945

Die größte Glocke der Marienkirche wurde 1705 aus einer Vorgängerin von 1475 umgegossen, will heißen: neugegossen.[286] Diese Glocke stammte ursprünglich aus Bernau.[287] Kurfürst Joachim II. (reg. 1535–1571), der 1536 – drei Jahre vor Einführung der Reformation in der Kurmark – die ehemalige Dominikanerklosterkirche zur Domkirche erhoben hatte und nordöstlich der Kirche einen freistehenden Glockenturm für ein Großgeläut errichten ließ, verlangte im selben Jahr von den Bernauern die Herausgabe ihrer Glocke. »Auf ihrem Weg nach Berlin ist der zu diesem Zweck angefertigte Wagen zu Bruch gegangen. Auch ein zweiter Versuch scheiterte aus dem gleichen Grund. Die Glocke soll dann auf Walzen zum Domturm gekommen sein.«[288]

Während des Trauergeläuts für die 1705 verstorbene erste preußische Königin Sophie Charlotte stürzte die Glocke ab und bekam einen Sprung. Noch im selben Jahr hat sie König Friedrich I. von Johann Jacobi in Berlin neu gießen lassen.[289] Seitdem trägt die Glocke außer der offenbar von ihrer Vorgängerin übernommenen spätgotischen Minuskelaufschrift auf der südlichen Seite der Haube die Inschrift des Umgusses von 1705 durch König Friedrich I. sowie am Schlag außer dem Wappen des Königlichen Hauses die Inschrift des Gießers »Johannes Jacobi«.[290]

Die Glocke »verblieb aber danach nur noch kurze Zeit« im Glockenturm, der wie erwähnt bereits 1716 wegen Baufälligkeit wieder abgebrochen werden musste. Als König Friedrich Wilhelm I. im Jahre 1722 die »nach dem Brand von 1708 völlig zerstörte, nun wieder aufgebaute Stadt Crossen besuchte, versprach er der Mariengemeinde, ihr diese Glocke zu schenken«.[291] Diese weitaus größte Glocke der Hauptpfarrkirche zu Crossen/Krosno Odrzańskie hing in der Glockenstube des Turmes bis zum Ausbruch des Zweiten Weltkrieges.

Nach Kriegsende war laut Mitteilung der Glockengießerei Schilling in Apolda vom 4. April 1951 auch diese Glocke mit der »Kennziffer 7/28/81C unbeschädigt« vom Hamburger Glockenfriedhof »nach Apolda gebracht worden«. Von dort wurde sie an die Berliner Marienkirchengemeinde »abgegeben«; die Weihe erfolgte am Himmelfahrtstag 1951. Die letzte Klanganalyse an der Glocke erfolgte 1994 durch den Glockensachverständigen Claus Peter.[292]

Sämtliche Glocken der Marienkirche hängen noch in hölzernen Glockenstühlen. Die vier großen Glocken werden gegenwärtig an gekröpften Stahljochen geläutet.[293] Die vor einigen Jahren aufgehängte kleine Glocke hat dagegen ein neues Holzjoch erhalten.

Besonderes Interesse verdient das einstige umfangreiche Geläut der ehemaligen Dominikanerkloster- und späteren »Oberpfarr- und Domkirche«, des heutigen *Berliner Domes*. Es umfasste bis ins 18. Jahrhundert hinein zehn Glocken.[294] 1537 goss der erwähnte Andreas Kepfel aus Lothringen eine neue Glocke für die Domkirche. Die übrigen Glocken wurden auf Geheiß des Kurfürsten »gegen besondere Vergünstigungen« aus Kirchen der märkischen Städte Bernau, Wilsnack und Osterburg überführt.[295]

Abb. 20 | Berliner Dom: sogenannte Osterburgische Glocke, 1532; Aufnahme 1947

Abb. 21 | Berliner Dom: sogenannte Brandenburgische Glocke, Neuguss 1913 als Kopie der Vorgängerin von 1685; Aufnahme 1947

Wie bereits erwähnt, ließ Kurfürst Joachim II. für das Domgeläut nordöstlich des Chores einen freistehenden, »unförmigen« Glockenturm errichten.[296] Dieser war viereckig, »aus starkem Mauerwerk« gefügt und »nur durch schmale Verbindungsbauten mit der Kirche in losen Zusammenhang gebracht«. Er hieß »Die Glock« und »barg« das Geläut aus sechs großen und vier kleinen Glocken.[297] Unter dem pragmatischen, sparsamen König Friedrich Wilhelm I. wurde 1716 der Glockenturm wieder beseitigt.[298] Die seinerzeit abgebrochenen Westtürme erhielten »auf sparsamste Weise« abschließende Hauben mit Laternen. In den Nordturm gelangte die »Wilsnacker Glocke«, in den südlichen die ebenfalls erwähnte Glocke aus Osterburg.[299]

Drei Glocken blieben erhalten und gelangten in die friderizianische *Domkirche* (1747–1750), die später K. F. Schinkel grundlegend umbaute. Dort waren sie »wohlerhalten im mittleren Kuppelthurme des Doms aufgehängt«.[300] Nach dessen Abbruch 1893 wurden diese Glocken in den 1905 vollendeten wilhelminischen Dom übernommen.[301] Die bedeutendste Glocke des Domes war die bereits besprochene »Wilsnacker Glocke« von 1471 (Abb. 4). Nach deren Sprung ist an ihre Stelle eine neue, 1929 im Lauchhammerwerk gegossene Glocke getreten.[302] Sie ist die größte des gegenwärtigen Geläuts und stellt ein bemerkenswertes Zeugnis ihrer Zeit dar (Abb. 22).

Die sogenannte Brandenburgische Glocke ist die mittlere des Domgeläuts (Abb. 21). Sie stammte ursprünglich aus der Katharinenkirche in Brandenburg a. d. Havel

Abb. 22 | Berliner Dom: Glocken im Nordwest-
turm, mittig die neue große Glocke von 1929;
Aufnahme 1947

Abb. 23 | Berlin-Mitte, Heilig-Geist-Kapelle:
Glocke, vermutlich um 1450; Aufnahme nach
der letzten Restaurierung 2002

und war 1575 nach Berlin gelangt. Im Jahre 1685 wurde sie infolge eines Risses erneuert. »1907 zersprang die Glocke abermals«, 1913 goss sie die Firma Ohlsson in Lübeck als Kopie der barocken Vorgängerin wiederum neu.[303]

Von den alten Domglocken blieb lediglich die kleinste und zugleich älteste, die sogenannte Osterburgische Glocke des gegenwärtigen Geläuts erhalten (Abb. 20). Sie wurde 1532 für die Stadtpfarrkirche St. Nikolai in Osterburg (Altmark) gegossen. Die umlaufende, schlecht lesbare Inschrift am Glockenhals gibt auch das Gussjahr an. Im Juni 1974 stellte sich heraus, dass diese gegenwärtig älteste Glocke des Domes einen Riss erhalten hatte. Nach Überprüfen der Schadstelle wurde der Sprung durch Schweißung in der renommierten Gießerei in Apolda behoben, sodass die Glocke 1977 wieder läutbar war.[304]

Von historischen Glocken aus mittelalterlichen Kirchen Alt-Berlins sind noch zwei kleine aus der ehemaligen *Heilig-Geist-Kapelle* erhalten geblieben, die sich heute in der Stephanus-Stiftung zu Weißensee befinden (Abb. 23–26). Die beiden bereits erwähnten Glocken wurden »unter Zustimmung der Aeltesten der Berliner Kaufmannschaft« vom Berliner Magistrat der Bethabara-Stiftung zur Einweihung ihrer Kapelle am 13. November 1904 »geschenkt«.[305]

Abb. 24 | Berlin-Mitte, Heilig-Geist-Kapelle: Glocke, 1738; Aufnahme nach der letzten Restaurierung 2002

Abb. 25 | Berlin-Mitte, Heilig-Geist-Kapelle: zwei Glocken, seit 1904 in der Stephanus-Stiftung (ehemals Bethabara-Beth-Elim-Stiftung) in Berlin-Weißensee; Aufnahme 1940

Die ältere Glocke (Abb. 23) enthält »keine Inschriften, sondern nur kleine münzenartige Verzierungen« und ist »ihrer Form nach zu urteilen, sehr alt«;[306] man könnte sie wohl der Zeit um 1450 zuschreiben.[307] Die zweite, barocke Glocke (Abb. 24) wurde 1738 von Johann Paul Meurer gegossen.[308]

Beide Glocken hingen bis 1945 nebeneinander in einem offenen, eisernen Glockenstuhl und wurden noch an den alten Holzjochen geläutet (Abb. 25). Gegenwärtig hängen sie in einem ebenfalls frei stehenden, 1975 von Achim Kühn errichteten bemerkenswerten Glockenstuhl.[309] Dieser besteht aus zwei separaten Stelen, sodass die historischen Glocken allerdings der Witterung ausgesetzt sind (Abb. 26).

Dem Einschmelzen entgingen zwei Glocken der – nach Kriegszerstörung erst 1965 beseitigten – *Dorotheenstädtischen Kirche*.[310] Deren bedeutendste Glocke wurde laut Inschrift am 10. März 1680 von Martin Heintze I gegossen und gehört noch zum ursprünglichen Geläut. Gegenwärtig hängt sie in der Friedrichswerderschen Kirche.[311] Der Inschrift zufolge erklang diese zugleich größte der ursprünglich »in einem Gestell neben der Kirche aufgehängten Glocken« erstmals im Jahr ihres Gusses »zu einem Dankgeläute« für den Frieden von Saint-Germain (1679).[312]

Die Glocke ist »etwa 12 Zentner schwer« und wurde »von dem Grossen Kürfürsten und seiner Gemahlin Dorothea zum Geschenk gemacht«. Sie galt »während der

Abb. 26 | Berlin-Weißensee, Stephanus-Stiftung: Glockenstuhl (1975) mit zwei Glocken aus der Heilig-Geist-Kapelle; Aufnahme 2016

Nazizeit als ›historisch‹ und wurde deshalb nicht ausgebaut«. Da die Dorotheenstädtische Kirche »vollkommen ausgebrannt« war, bat die Gemeinde das Ev. Konsistorium um Auskunft, ob »evtl. eine wiederhergerichtete Kirche in Berlin diese Glocke käuflich erwerben« könne.[313]

Die zweite Glocke der Kirche, die den letzten Krieg überstanden hat, von 1862 stammt aus der Gießerei Wilhelm Bachmann und wiegt 140 kg.[314] Einer Notiz vom 3. Dezember 1949 zufolge wurde sie vom GKR der Dorotheenstädtischen Kirche »zu einem Metallwert von etwa 850,– Mk der Deutschen Notenbank (Ost) vertraglich der evangelischen Kirchengemeinde in Berlin-Tempelhof bis auf weiteres zur Benutzung überlassen«; das Ev. Konsistorium habe daher dem Vertrag zwischen dem GKR »und der ev. Kirchengemeinde in Tempelhof die erforderliche kirchenaufsichtliche Genehmigung erteilt«.[315]

Historische Glocken besitzt auch die *Sophienkirche* der einstigen Spandauer Vorstadt im Bezirk Mitte. 1712/13 erbaut, erhielt die Kirche erst 1735 ihren Glockenturm, den heute bedeutendsten und wohl schönsten Barockturm Berlins. In einer einschlägigen charakteristischen Beschreibung von Johann Christoph Müller und Georg Gottfried Küster aus dem Jahre 1752 ist zu lesen: »Vormals hatte diese Kirche, als ein längliches Viereck, (…) gar keinen Thurm, sondern das Geläute war in dem Vorder-Gibel der Kirche angebracht. Es gefiel aber dem hochsel. König Friedrich Wilhelm / den schönen Thurm, welcher sich weit und breit in und ausser der Fortification recht angenehm zeigt, zur Zierde Dero Residenzien und sonderlich der Vorstadt vor dem Spandauerthor, auf Dero Kosten erbauen zu lassen. Zu solchem Ende nun, ward der Grund geleget, (…) daß der Thurm vollkommen solide und dauerhaft, und man von unten biß oben in die Spize, durch künstliche, in den Ecken angebrachte Treppen, kommen kann.«[316]

Eine 1712 von Johann Jacobi gegossene Glocke, ist laut Inschrift ein Geschenk des Apothekers Friedrich Zorn.[317] Sie wurde »im Jahre 1903 bei Gelegenheit der Beschaffung eines neuen Geläutes für unsere Kirche an das Märkische Museum verkauft«.[318] Besonderes Interesse verdient eine Mitteilung des GKR der Sophienkirche von 1957, der zufolge es diesem »von dem Direktor des Märkischen Museums in Aussicht gestellt worden« sei, »unsere Glocke im Laufe des Monats Oktober vom Märkischen Museum ausgeliefert zu bekommen«. Der GKR hofft, »die Glocke spätestens im Monat November in unsere Kirche überführen zu können«.[319] Bereits unter dem 28. Januar 1948 hatte der GKR von Sophien an das Ev. Konsistorium einen »Antrag auf Bewilligung einer Glocke aus kürzlich freigegebenen Beständen« gestellt: »Da Sophien zu den wenigen Kirchen der Berliner Innenstadt gehört, die erhalten geblieben sind, wäre u. E. die Wiederherstellung eines etwas reicheren Geläuts auch im allgemeinkirchlichen Interesse wünschenswert und berechtigt. Wir bitten daher um wohlwollende Entscheidung unseres Antrags.«[320] Gegenwärtig ist diese Glocke in der Stiftung Stadtmuseum Berlin an unzugänglicher Stelle deponiert.[321]

Abb. 27 | Berlin-Heinersdorf, Dorfkirche: Glocke, Ende des 13./Anfang des 14. Jahrhunderts; Aufnahme 1940

Abb. 28 | Berlin-Heinersdorf, Dorfkirche: Glocke, 1513; Aufnahme 1940

Bei der mittleren Glocke des heutigen Geläuts der Sophienkirche handelt es sich um ein Werk des seinerzeit bekannten Gießers Johann Carl Hackenschmidt von 1850 und um den bereits erwähnten »Umguß« einer laut Inschrift 1752 gestifteten Glocke.[322]

Eine Bereicherung des Kirchengeläuts stellt die bereits erwähnte, 1651 von Dietrich Keßler in Küstrin gegossene Glocke dar.[323] Sie stammt aus der St.-Andreas-Kirche in Crossen/Krosno Odrzańskie und wurde 1948 durch die Apoldaer Glockengießerei Schilling der Sophiengemeinde übertragen.[324] Sie ist die kleinste Glocke des gegenwärtigen Geläuts der Sophienkirche.

Die größte Glocke ist ein Werk der Gießerei Schilling in Apolda von 1974. Ihre Vorgängerin, die der heutigen in Größe und Schlagton ungefähr entsprach, wurde als Ersatz für 1918 abgelieferte Glocken im Jahre 1924 von derselben Gießerei gegossen.[325] Die Glocke fiel dem Zweiten Weltkrieg zum Opfer. Auf ihre Nachfolgerin wird am Ende dieses Abschnitts noch näher einzugehen sein.

Eines der ganz wenigen vollständig erhaltenen mittelalterlichen Geläute auf Berliner Gebiet besitzt die *Dorfkirche in Heinersdorf* (Abb. 27–28). Zwei spätgotische Glocken wurden den Inschriften zufolge 1513 und 1520 gegossen. Die kleinste, dritte Glocke entstammt möglicherweise entweder noch der Zeit um 1280[326] oder dem frühen 14. Jahrhundert.[327] Wie bereits erwähnt, waren die drei Glocken aufgrund ihres

Abb. 29 | Berlin-Kaulsdorf, Dorfkirche: Glocke, vermutlich um 1300; Aufnahme 1939

Abb. 30 | Berlin-Kaulsdorf, Dorfkirche: Glocke, 1518; Aufnahme 1939

hohen Denkmalwertes in das Verzeichnis der Gruppe D eingestuft worden und entgingen so der Ablieferung.[328]

Kurz vor Kriegsende 1945 wurde die größte Glocke von 1513 »durchschossen«.[329] Infolge beträchtlicher Schäden am Obersatz konnte sie nicht mehr geläutet werden; in späterer Zeit wurde sie auf dem Hof vor dem Pfarrhaus und Gemeindesaal abgestellt.[330] Ein Nachguss der Glocke mit Dekor und Inschrift erfolgte laut zusätzlicher Inschrift(en) durch die Märkische Glockengießerei Voß in Hennickendorf bei Berlin, höchstwahrscheinlich zwischen 1946 und 1950.[331]

Ein weiteres historisches Geläut außerhalb Alt-Berlins hängt im Turm der *Dorfkirche zu Kaulsdorf* (Abb. 29–31). Im 1875 anstelle eines barocken Fachwerk-Vorgängers in Formen der Backsteingotik errichteten westlichen Turmbau hängen drei Denkmalglocken.[332] Die kleinste und älteste Glocke (Abb. 29) entstammt aufgrund der Form nach höchstwahrscheinlich noch der Zeit um 1300.[333] Die größte Glocke ist 1518 datiert (Abb. 30). Sie trägt eine lateinische gotische Minuskelinschrift, ein Gießerzeichen sowie ein kleines rundes Medaillon mit sich schemenhaft abzeichnendem Christuskopf. Gießerzeichen und Medaillon könnten Hinweise auf ihre Provenienz geben, sind aber noch nicht identifiziert.[334] Die mittlere Glocke wurde 1740 von Johann Friedrich Thiele gegossen (Abb. 31). Sie trägt barocken Dekor; den Hals und nahezu die ganze Flanke des Glockenkörpers nehmen die Inschrift(en) ein.[335]

Abb. 31 | Berlin-Kaulsdorf, Dorfkirche: Glocke, 1740; Aufnahme 1939

Nicht zuletzt das späte 19. sowie das 20. Jahrhundert haben in der Berliner Glockenlandschaft ihre Spuren hinterlassen. Ein Geläut mit Glocken aus beiden Jahrhunderten besitzt etwa die *Schlosskirche* in Buch. Für sie goss Carl Voß in Stettin 1877 ein dreistimmiges Bronzegeläut.[336] Nach der Ablieferung der beiden größeren Glocken im Ersten Weltkrieg verblieb nur die kleinste Glocke. 1924 ergänzte man sie durch zwei Stahlglocken.[337] Nach Zerstörung des Kirchturms 1943 wurden alle drei Glocken im 1962/63 errichteten Glockenstuhl auf dem Friedhof aufgehängt (Abb. 32).[338]

Zum 280. Kirchweihfest am 18. September 2016 erfolgte die Weihe von zwei neuen Bronzeglocken, die am 27. Mai 2016 in Lauchhammer gegossen worden waren und bereits im Glockenstuhl hängen.[339] 2020 soll die originalgetreue Rekonstruktion des historischen Kirchturms beginnen, der nach Vollendung wieder das Geläut enthalten wird. Die beiden noch funktionsfähigen Stahlglocken sollen jedoch als »wichtige Zeitzeugen« erhalten bleiben, da sich ihre Inschriften auf den Ersten Weltkrieg beziehen. Dass sie trotz ihrer Funktionsfähigkeit zugunsten bronzener Neugüsse nicht in das künftige Turmgeläut einbezogen wurden, begründete man mit statischen Problemen aufgrund des nicht massiven Turmaufbaus.[340]

Wie bereits erwähnt, haben besonders das ausgehende 19. Jahrhundert und das erste Drittel des 20. Jahrhunderts die Berliner Glockenlandschaft geprägt. Gussmaterial waren sowohl Bronze als insbesondere auch Stahl. Etwa seit dem letzten Drittel des 19. Jahrhunderts goss der Bochumer Verein auch für Berlin zahlreiche Stahlglocken. Stählerne Geläute des ausgehenden 19. und frühen 20. Jahrhunderts, in der Regel dreistimmig, hängen in zahlreichen Berliner Kirchtürmen.[341] Aus der Fülle der nicht abgelieferten und, soweit nicht mitsamt den zerstörten Kirchen abgegangenen, überwiegend erhaltenen Berliner Gusstahlgeläute kann an dieser Stelle nur eine Auswahl getroffen werden.

Aus den Gründerjahren des Deutschen Reiches stammen die beiden bereits besprochenen ursprünglichen Uhrglocken vom Turm des Berliner Rathauses. Diese Stahlglocken wurden um 1870 gegossen. Anlässlich des großen Stadtjubiläums 1987 ersetzte man sie durch bronzene Uhrglocken; seit 1989 sind sie vor dem Märkischen Museum abgestellt (Abb. 13).

1892 goss der Bochumer Verein für den Neubau der *Erlöserkirche* in Rummelsburg (Bezirk Lichtenberg) ein dreistimmiges Geläut. Dessen Stifter war Kommerzienrat Baare in Bochum.[342] Das durchaus qualitätsvolle Geläut der *Gethsemanekirche* in Prenzlauer Berg hängt im offenen Glockenstuhl des stadtbildprägenden Turmes. Die drei schweren, klangvollen Glocken goss ebenfalls der Bochumer Verein im Jahre 1893.[343]

Wie die meisten (keineswegs nur) Berliner Stahlgeläute besaß auch die ehemalige *Versöhnungskirche* an der Bernauer Straße im Bezirk Mitte (1892–1984) ein dreistimmiges Geläut, gegossen 1894 wiederum vom Bochumer Verein.[344] Die in

Abb. 32 | Berlin-Buch, Schlosskirche, Friedhof: Glockenstuhl mit drei Glocken, 1877 (l.) und 1924; Aufnahme o. J. (frühestens 1963)

beiden Weltkriegen unbeschädigt gebliebenen Glocken dieser infolge ihrer Lage im einstigen Grenzabschnitt der Berliner Mauer Januar 1985 gesprengten Kirche wurden damals geborgen. Bis 1994 lagerten sie unbenutzt in der Bartholomäuskirche im Bezirk Friedrichshain. Seit Pfingsten 1999 hängen sie in einem Glockenstuhl an der Stelle der gesprengten Kirche, sie werden von Hand geläutet.[345] Erwähnt seien hier außerdem die ebenfalls dreistimmigen stählernen Geläute der *Galiläa-Kirche* in Friedrichshain (1910)[346] sowie der *Glaubens-Kirche* in Lichtenberg von 1904.[347]

Beachtung verdient an dieser Stelle ein ungewöhnliches Geläut des 19./20. Jahrhunderts, das die ev. Kirchengemeinde in Johannisthal zu den Gottesdiensten und kirchlichen Handlungen ruft. Die größte der drei, wiederum vom Bochumer Verein gegossenen Stahlglocken wurde 1873 für die Wiener Weltausstellung gegossen und läutet seit 1921 in Johannisthal.[348] Die beiden anderen Glocken stammen von 1929.[349]

Auch aus der Zeit nach dem Ersten Weltkrieg haben sich zahlreiche Berliner Stahlgussgeläute erhalten. Sie ersetzten häufig die im Ersten Weltkrieg abgelieferten Bronzeglocken. Aus den 1920er Jahre sind zu nennen die jeweils dreistimmigen, in Bochum gegossenen Geläute der Dorfkirchen in Blankenburg von 1920[350] und Karow von 1925.[351] Erwähnt sei an dieser Stelle außerdem das 1931 wiederum vom Bochumer Verein gegossene Geläut der Bekenntnis-Kirche in Treptow.[352]

Beispielhaft für Gussstahlglocken aus den Jahren nach 1918, die *nicht* vom Bochumer Verein gegossen wurden, ist das Geläut der ev. Kirche in Altglienicke (Alt-Bezirk Treptow). Die drei Glocken stammen aus der Glockengießerei Schilling & Lattermann in Apolda.[353] Sie wurden anstelle der im Ersten Weltkrieg abgelieferten Bronzeglocken im Jahre 1922 aus »sogenanntem Klang- oder Gussstahl« geschaffen.[354] Von Interesse ist die folgende Bewertung seitens der Kirchengemeinde: »Der Klang der Glocken ist soweit zufriedenstellend, jedoch nicht vergleichbar den ursprünglichen Bronceglocken. Das von Adlershof (Verklärungskirche; K. S.) und Grünau herüberströmende (ebenfalls stählerne; K. S.) Geläut klingt voller und schöner. (…) Unsere Glocken haben nur eine mässige Tragweite. Natürlich« sei man froh, wenigstens wieder drei Glocken erhalten zu haben.[355]

Neben Stahl fand nach 1918 insbesondere Eisen beim Guss von Glocken Verwendung. Zahlreiche Berliner Kirchengeläute sind aus Gusseisen gefertigt. 1922 erhielt die *Kirche »Zur frohen Botschaft«* in Karlshorst (Bezirk Lichtenberg) drei »Eisenhartgussglocken« von Ulrich & Weule in Bockenem (Lkr. Hildesheim), »aufgehangen an geraden Jochen in einem Stahlstuhl«.[356] Außerdem lieferte die Firma Ulrich & Weule, Apolda/Bockenem, ebenfalls 1922 ein dreistimmiges Geläut für die *Zionskirche* im Bezirk Mitte[357] sowie 1923 zwei Glocken für die »Alte Pfarrkirche« in Lichtenberg – laut Inschrift(en) als Ersatz für zwei 1917 abgelieferte historische Bronzeglocken.[358]

Die bereits erwähnte Gießerei Schilling & Lattermann in Apolda goss für Berlin eine beachtliche Zahl von eisernen Glocken resp. Geläuten. So erhielt die kath. St.-

Augustinus-Kirche in Prenzlauer Berg 1927 ein Geläut aus drei Gusseisenglocken. Diese haben, da ihre Schlagtöne sogenannten Klangstahl assoziieren, eine durchaus bemerkenswerte Qualität.[359] 1929 goss Schilling & Lattermann für die kath. Pfarrkirche Zur Heiligen Familie in Prenzlauer Berg ein vierstimmiges eisernes, wiederum klangstahlartiges Geläut von recht eindrucksvoller Klangqualität.[360]

In der Zeit nach dem Zweiten Weltkrieg entschieden sich etliche Kirchengemeinden verstärkt dafür, Glocken aus Gusseisen oder -stahl anzuschaffen. Gleichsam als konsequente Reaktion auf die Erfahrungen von Gemeindekirchenräten und Pfarrern mit der entschädigungslosen Beschlagnahme der Bronzeglocken in den beiden Weltkriegen, innerhalb von nur knapp 25 Jahren also, konnte man bei der erneuten Beschaffung eines Geläutes nur Glocken den Vorzug geben, die entgegen der Bronze aus preisgünstigeren Gussmaterialien wie Stahl oder Eisen hergestellt werden konnten.

Auch nach 1945 goss die Gießerei Schilling & Lattermann stählerne und insbesondere eiserne Glocken. So lieferte sie für die nach Kriegszerstörung auf den Grundmauern der einstigen Dorfkirche neu aufgebaute *Paul-Gerhardt-Kirche* zu Friedrichsfelde im Jahre 1951 drei Eisenhartgussglocken.[361] Im Jahre 1959 schließlich fertigte dieselbe Gießerei für die kath. *St.-Maria-Magdalena-Kirche* in Niederschönhausen als Ersatz für die abgelieferten, exakt 30 Jahre zuvor gegossenen Bronzeglocken sowie zur Ergänzung der verbliebenen kleinen Glocke ein dreistimmiges Geläut aus Gussstahl.[362]

Außerdem ergänzte die Firma Schilling & Lattermann einzelne historische Bronzeglocken durch Gusseisenglocken zu in der Regel dreistimmigen Geläuten. Die Dorfkirche in Mahlsdorf erhielt zur erhaltenen spätmittelalterlichen Glocke im Jahre 1954 zwei Eisenglocken,[363] desgleichen die Dorfkirche in Marzahn zur erwähnten Bronzeglocke 1957 zwei »Hartguß«(Eisen-)Glocken.[364]

Exemplarisch für *bronzene* Neugüsse Berliner Kirchenglocken der Zeit ab etwa 1950 steht das Geläut der kath. *St.-Hedwigs-Kathedrale* (Bezirk Mitte). Die vier Bronzeglocken wurden 1952 als Geschenk zum 75. Deutschen Katholikentag, der in jenem Jahr in Berlin stattfand, von der Firma Schilling in Apolda gegossen. Die Glockenweihe erfolgte jedoch, infolge des im selben Jahr begonnenen und 1963 vollendeten Wiederaufbaus der Kirche, erst am 16. Oktober 1963.[365]

Als qualitätsvoller Guss der 1970er Jahre ist die das besprochene historische Geläut der *Sophienkirche* ergänzende große Bronze-Glocke anzusehen, wiederum ein Werk der Apoldaer Glockengießerei Schilling aus dem Jahr 1974.[366] Der damalige Gemeindepfarrer Johannes Hildebrandt berichtet: »In der Christvesper 1974 wurde die neue große des-Glocke (2063 kg) der Sophiengemeinde unter großer Beteiligung der Gemeinde in Dienst genommen. Die durch Kriegseinwirkung verloren gegangene Glocke wurde somit ersetzt.« Die neue Glocke trägt eine Inschrift mit Worten aus dem Buch des Propheten Jesaja (26.12): »Uns, Herr, wirst Du Frieden schaffen.«[367]

Verzeichnis der denkmalwerten Glocken in Berlin (Ost)

Falls nicht anders vermerkt, handelt es sich im Folgenden um Glocken aus Bronze. Von den zahlreichen erhaltenen Berliner Gussstahlglocken und -geläuten kann hier nur eine Auswahl getroffen werden. Außerdem ist – wenn nicht anders vermerkt – im Folgenden stets der untere Durchmesser angegeben.

Verwaltungs-Bezirk 1[368] – MITTE (Alt-Bezirk)

1. Ev. Berliner Dom, Lustgarten (1893–1905 v. Julius Carl Raschdorff u. Otto Raschdorff):
1.1. »Neue Wilsnacker Glocke«, 1929 v. d. Mitteldeutschen Stahlwerken A.-G. Lauchhammerwerk (Bronze!); Durchmesser 180 cm, Gewicht 3.350 kg, Schlagton h°; ihre – gesprungene – Vorgängerin seit 1929 im Märkischen Museum, Am Köllnischen Park 5 (s. u. Nr. 12). Am Glockenhals die Inschrift: »Gegossen in Lauchhammer im Jahre des Herren 1929«; am oberen Rand der Flanke ein umlaufendes Schriftband mit folgender Inschrift: »Zuflucht ist bei dem alten Gott und unter den einigen Armen«; der Mantel enthält ferner auf seiner Westseite ein Relief des Gekreuzigten, auf der Südseite eins der Auferstehung sowie das Wappen der Berliner Domkirche mit der Inschrift: »Ut rosa inter spinas« und das griechische Monogramm Christi mit Kelch.[369]
1.2. »Brandenburgische Glocke«, 1913 v. M. u. C. Ohlsson, Kopie der barocken Glocke von 1685; Durchmesser 114 cm,[370] Gewicht 2.128 kg, Schlagton d^1.[371] Am Hals der Glocke befindet sich die Inschrift: »Erudi me iova ad viam tuam ut in tua fide gradiar, applica meam mentem ad tui nominis reverentiam« (= »Bilde mich Gott zu deinem Wege, daß ich im Glauben an Dich wandele, wende meinen Sinn zur Ehrfurcht vor Deinem Namen«).[372] Unter dem Schriftband verläuft ein Palmettenfries. Der Glockenmantel zeigt auf der Westseite ein Brustbild des Großen Kurfürsten und die Inschrift: »FRIDER: WILHELMUS. D: GR: MARCH: BRANDENB. S. R. I. ARCHICAM: ET ELECTOR. BORUSS: MAGDEB: I. CL: MONT: STET: POM: CASS: ET VAND: IN SILES: CROSN: ET CARN: DUX. BURGGR: NORIB: HALBERST: MIND: ET CAM: PRINCEPS. COMES: HOHENZOLL: MARC: ET RAVENSB: ITEM RAVENST: ALUENB: ET BUT: DOM ANNO CHRI: M: DC: LXXXV« (nach dem Namen sind die zahlreichen Titel des Großen Kurfürsten nebst Regionen und Städten aufgeführt, am Schluss: »im Jahre Christi 1685«). Auf der Rückseite befindet sich ein Flachrelief mit dem Wappen des Großen Kurfürsten und darunter die Inschriften: »Jacob Wentzel goss mich von Magdeburg 1685« und: »1907 erkrankt reist ich bis Strassburg. Neu goss mich nach alter Form aus altem Stoff M. + O. Ohlsson in Lübeck 1913«.[373]
1.3. »Osterburgische Glocke«, 1532; Durchmesser 107 cm, Gewicht 1.845 kg,

Schlagton e¹.³⁷⁴ Die umlaufende, schlecht lesbare Inschrift am Glockenhals gibt auch das Gussjahr an: »anno domini M CCCC(C) XXXII maria is min name s nikolavs patronvs o rex glorie (sic!) veni in (sic!) pace help yhs vnde maria peter matie m m h s (…) dere«.³⁷⁵ In der Mitte des Glockenmantels ist auf der »Lustgartenseite« Maria auf der Mondsichel mit dem Jesuskind auf dem linken Arm dargestellt, um Maria »schlingt sich ein ovaler Kranz« von 35 »stilisierten Rosen«, geschmückt mit vier Medaillons, die »die apokalyptischen Tiere enthalten«. Auf der gegenüberliegenden Seite zur Spree hin ist ein Bischof mit Mitra, vier griechischen Kreuzen, einer Anzahl von Sternen sowie dem Krummstab in der linken Hand abgebildet, laut Inschrift St. Nikolaus.³⁷⁶

2. Ehemalige ev. Friedrichswerdersche Kirche, Werderscher Markt (1824–1830 v. Karl Friedrich Schinkel):

2.1. Bronzeglocke, 1680 v. Martin Heintze I, aus der (abgegangenen) Dorotheenstädtischen Kirche; Durchmesser 95 cm, Gewicht 419 kg, Schlagton g$^{(1)}$.³⁷⁷ Die Glocke trägt neben zwei Wappen folgende Inschrift: »Als Martin Heintze 1680 den 10. Marty mich hat gegossen zu Berlin, ward ich darauf den 31. dieses Monats zum Dankfest, Gott zu Ehren, vor dem verlien Frieden (zu St. Germain; K. S.) zum ersten Male geläutet. Martinus Schultze, Pred(iger). Dorten-Stat.«³⁷⁸

2.2. Bronzeglocke, aus der Bauzeit (um 1830).³⁷⁹

3. Kath. St.-Hedwigs-Kathedrale, Bebelplatz/Behrenstrasse/Hedwigskirchgasse/Hinter der Katholischen Kirche (1747–1773 v. Johann Boumann d. Ä. nach Plänen v. G. W. von Knobelsdorff; Umbauten: 1886/87 v. Max Hasak, 1930–1932 zur Bischofskirche v. Clemens Holzmeister; Wiederaufbau 1952–1963 v. Hans Schwippert): Vier Bronzeglocken, 1952 v. Franz Schilling, Apolda;³⁸⁰

3.1. »Auferstehungsglocke«: Schlagton e¹;

3.2. »Corpus Christi«: Schlagton g¹;

3.3. »Soli Deo gloria«: Schlagton a¹;

3.4. »St. Hedwig«: Schlagton h¹.³⁸¹

4. Ev. St.-Marien-Kirche, Karl-Liebknecht-Straße 8 (Baubeginn um 1270/80, nach 1380 erneuert, Westturm 15. Jh. mit Abschluss 1789/90 v. Carl Gotthard Langhans):

4.1. Bronzeglocke, 1705 v. Johann Jacobi; ursprünglich aus der alten Domkirche, »Umguß« einer Glocke von 1475;³⁸² vor 1945 im Turm der Marienkirche in Crossen/Oder (Krosno Odrzańskie), seit Anfang 1951 im Turm von St. Marien.³⁸³ Durchmesser 210 cm,³⁸⁴ Gewicht ca. 8.000 kg,³⁸⁵ Schlagton: g⁰.³⁸⁶ Die Glocke trägt zunächst am Halsband eine offensichtlich von ihrer Vorgängerin übernommene spätgotische Minuskelaufschrift: »O rex glorie xpe (christe) veni cum pace, ave gracia plena anno d(omi)ni m°cccc l xx v« (= »O König der Ehre, Christus, komme in Frieden, gegrüßt seist du Gnadenvolle, im Jahre des Herrn 1475«), außerdem auf der Südseite der Haube folgende Inschrift: »CAMPANAM HANC / ANNO D(OMI)NI: MCCCCLXXV FVSAM / INFELICI VERO CASV

A(NN)O: MDCCV / RVPTAM / FRIDERICVS PRIMVS / BORVSSORVM REX AVGVSTISSIMVS / PATRIARVM ANTIQVITATVM RESTAVRATOR STRENVVS / FELICITER / REFVNDI AC RESTITVI CVRAVIT / MDCCV« (= »Diese im Jahre 1475 gegossene, durch einen unglücklichen Zufall aber gesprungene Glocke ließ 1705 Friedrich der Erste, der erhabenste König der Preußen, der tatkräftige Wiederhersteller vaterländischer Altertümer, glücklich umgießen und aufbringen«); ferner befindet sich am Schlag der Glocke außer dem Wappen des Königlichen Hauses die Inschrift mit dem Namen des Gießers: »IOHANNES JACOBI GOSS MICH«.[387]

4.2. Bronzeglocke, 1502; ursprünglich aus der Stadtkirche in Sorau (Żary),[388] seit Anfang 1951 im Turm von St. Marien.[389] Durchmesser 166 cm[390] resp. 1,70 m[391], Gewicht 3.300 kg,[392] Schlagton: h°.[393] Das Halsband der Glocke enthält die Inschrift zwischen einfachen kräftigen Stücklinien in einer Zeile, am Anfang des Schriftzugs ein undeutliches Rundmedaillon, als Trennungszeichen der Worte dienen Glocken und Lilien. Die Inschrift in gotischen Minuskeln lautet: »O+rex+glorie(ae)+xpe(Christe)+veni+cum+pace+anno+domini+m°+ccccc°+ll+maria+hilf+lhs« (lhs: in hoc signo = in diesem Zeichen).[394] Der Glockenmantel ist mit zwei Kruzifixen zwischen Engeln, dem Relief des Heiligen Martin und einem Löwenwappen verziert.

4.3. Bronzeglocke, 1657 v. Jakob Neuwert, einzige in situ erhaltene Glocke von St. Marien, ehemals auch die »Stundenglocke«;[395] Durchmesser 160 cm, Gewicht 2.043 kg,[396] Schlagton: cis^1.[397] Auf der Glockenhaube befindet sich zu oberst die »Umschrift« aus den Klageliedern Jeremiae 3.22–24, darunter ein »Fries von Masken und Fruchtgehängen«, danach die Wappen der Stifter mit der Widmungsinschrift: »Gott zu Ehren dieser Stadt und Kirchen zu Nutz und Zier haben diese Glocke verbessern und umgiessen lassen Herr Christian von der Linde Churf. Landschaft Rentmeister und dessen eheliche Hausfrawe Ursula Moyses im Jahre 1657«; es folgen die Namen der damaligen Bürgermeister, Prediger und Kirchenvorsteher sowie unten »am Schlagrande« die Inschrift des »Künstlers«: »goss mich Jacob Neuwert zu Berlin«.[398]

4.4. »Katharinenglocke« aus der Nikolaikirche, 1426;[399] Durchmesser 148 cm,[400] Gewicht 1.660 kg,[401] Schlagton: e^1;[402] Inschrift im Halsband zwischen »doppelten glatten Reifen in einer Zeile« in gotischen Minuskeln: »+anno°d(omi)nī°m°cccc° xxvi« (1426; im Folgenden z. T. unlesbar) »Sta. Catherina ora pro nobis«.[403]

4.5. Bronzeglocke, vermutlich Anfang 15. Jh.,[404] ehemalige »obere« Uhrglocke von St. Nikolai;[405] Durchmesser 71 cm,[406] Gewicht ca. 200 kg,[407] Schlagton: e^2; nach 2000 im Glockenstuhl des Turms von St. Marien an neuem Holzjoch aufgehängt.[408]

5. Ehemalige ev. Nikolaikirche, Nikolaikirchplatz (Querrechteckiger Westbau vermutlich um 1230, vor 1379 Hallenumgangschor begonnen, Langhaus wohl

um 1460 vollendet, Turmaufbau 1876–1878 v. Hermann Blankenstein; Wiederaufbau 1981–1987): ehemalige »untere« Uhrglocke, 1557 v. Nickel Dietrich;[409] 1946 noch vorhanden;[410] weiteres Schicksal und Verbleib nicht bekannt.

6. Ehemalige Heilig-Geist-Kapelle, Spandauer Straße (1313 genannt, Umbauten um 1520, 1905/06 in den Neubau der ehem. Handelshochschule einbezogen):

6.1./6.2. Zwei historische Bronzeglocken, s. u. Stephanus-Stiftung Weißensee, Nr. 28.1./28.2.

7. Ev. Parochialkirche, Klosterstraße 66 (1695–1705 nach Plänen v. Johann Arnold Nering ausgeführt v. Martin Grünberg, 1713/14 Turm nach Plänen v. Jean de Bodt ausgeführt v. Philipp Gerlach): Bronzeglocken des 1944 zerstörten Glockenspiels, 1717 v. Jan Albert de Grave in Amsterdam:[411]

7.1. Schlagton c^2, Durchmesser 75 cm, Gewicht 261 kg (= Thiele/Bossin, Nr. 9).[412]

7.2. Schlagton e^2, Durchmesser 61 cm, Gewicht 145 kg (= Thiele/Bossin, Nr. 13).[413]

8. Ev. Sophienkirche, Große Hamburger Straße 29–31 (1712/13 vermutlich v. Ph. Gerlach, Turm 1732–1734 v. Johann Friedrich Grael):

8.1. Bronzeglocke, 1974 v. Franz Schilling, Apolda; Gewicht 2.063 kg, Schlagton des^1. Inschrift: »Uns, Herr, wirst Du Frieden schaffen« (Jesaja 26.12).[414]

8.2. Bronzeglocke, 1850 v. Johann Carl Hackenschmidt, »Umguß« einer inschriftlich 1752 gestifteten Bronzeglocke;[415] Durchmesser 130 cm,[416] Gewicht 788 kg,[417] Schlagton f^1.[418] Inschrift: »1. Cor. 13,1 Kirchenvorstand Ps. C. 2. Zum ersten Mal gegossen 30. XI. 1752 umgegossen 1850 Hackenschmidt Berlin.«[419]

8.3. Bronzeglocke, 1651 v. Dietrich Keßler in Küstrin; aus der St.-Andreas-Kirche in Crossen/Oder,[420] 1948 der Sophiengemeinde übertragen;[421] Durchmesser 108 cm[422] resp. 107 cm, Gewicht 663 kg, Schlagton as^1.[423] Auf der Glockenhaube befindet sich die folgende Inschrift: »AUS DEM FEVWER BIN ICH GEFLOSSEN DIETERICH KESLER ZV KVSTRIN HAT MICH GEGOSSEN ANNO 1651 / EST VOX ILLA DEI AD TVA TEMPLA SACRATA VOCAMVR / VT TVA SIT CHRISTVM FIRMA PRECARE FIDES / HAEC NOVA CAMPANA FVSA ET FORMATA EST ANNO SALVTIS NOSTRAE M:DC:LI:TVM TEMPORIS SVB REGIMINE / SERENISSIMAE PRINCIPIS AC DOMINAE DOMINAE(?) ELISABETHAE CAROLINAE MARCHIONISSAE ET ELECT(O)RIS BRANDENBVRG(ENSIS) / VIDVAE EIVSDEM CONSILIARIORVM FIDELISSIMORVM ILLVSTRIVM GENEROSISSIMORVM / PRESTANTISSIMORVM ET DOCT(ORVM): / DOMINORVM DOMINI IOH: FRID: LIBERI BARONIS A LOEBEN SERENISS(IMI): ELECT(ORIS): BRANDENB(VRGENSIS): CONSILIARII INTIMI ET PR(A)ESIDIS / CROSNENSIVM DIGNISSIMI VT ET ERASMI ATROSCHIGE MARESCHALLI ET CONSILIARII AVLICI ET CHRISTIANI HEREDESIANI CONS(VLI)I: / SIMVLAC PASTORIS IN ECCLESIA MONTANA QUAE VOCATVR PENES S: AND-

REAM F: P: T: FIDELISSIMI DOMINI BALTHASARIS BANDOVI / DIECESEOS CROSNENSIS SENIORIS SALVAT NOS MISEROS GRATIA SOLA DEI MERTEN LEHMAN PAVL RIDIGER MATHEVS GOLAST K: V:« (= »Das ist jene Stimme Gottes. Zu Deiner geweihten Stätte werden wir gerufen, damit Dein Glaube fest sei, Christum anzubeten. Diese neue Glocke wurde gegossen und wohl gebildet im Jahre unseres Heils 1651 und zugleich unter der Regierung der erlauchtesten Fürstin und Herrin, der Markgräfin Elisabeth Charlotte, der Witwe des Kurfürsten von Brandenburg und des Herrn der treuesten Räte, der erlauchtesten, edelsten, vortrefflichsten und gelehrtesten Männer Joh. Friedr. Freiherrn von Loeben, des gestrengsten kurfürstlich brandenburgischen vertrautesten Rats und hochwürdigen Vorsitzenden der Crossener sowie auch des Marschalls, des Hof- und erblichen christlichen Rats Erasmus von Trosenica, gleichzeitig auch des Pfarrers an der Bergkirche, die neuerdings St. Andreaskirche genannt wird, des treuesten Herrn Balthasar Bandovius des Ältesten der Crossener Diözese. Möge uns Elenden Gottes einzige Gnade zum Heile gereichen. Martin Lehmann, Paul Ridiger, Matheus Golas, Kirchenväter«).[424]

8.4. Siehe u. Nr. 13.

9. Ehemalige ev. Gnadenkirche, Invalidenpark (1890–94 v. Max Spitta; 1945 zerstört, Ruine 1967 gesprengt): »Auguste-Viktoria-Glocke«, Gussstahl, 1892 v. Bochumer Verein; seit 2011 auf dem Invalidenfriedhof (Glockenstuhl von 2013).[425] Durchmesser 157 cm, Gewicht 1.600 kg, Schlagton des^1.[426] Die »Vorderseite« der Glocke trägt die Inschrift: »AUGUSTE VICTORIA KAISERIN UND KÖNIGIN (darunter das Allianzwappen der Kaiserin) / Kaiserin Augusta 11. Juni 1829 / Römer XII. 12. Seid fröhlich in Hoffnung, geduldig / in Trübsal, haltet an am Gebet. / Fulgura frango, Ps. 93. 4.«[427]

10. Ehemalige ev. Versöhnungskirche, Bernauer Straße (1892–94 v. Gotthilf Ludwig Möckel; seit 1961 Lage im zeitweiligen Grenzabschnitt der Berliner Mauer, Januar 1985 gesprengt): Drei Gussstahlglocken, 1894 v. Bochumer Verein; gegenwärtig neben der neuen Versöhnungskapelle im »Mauerstreifen«:

10.1. Durchmesser 150 cm, Gewicht 1.300 kg, Schlagton d^1; Inschrift: »Kommt, es ist alles bereit«.

10.2. Durchmesser 130 cm, Gewicht 850 kg, Schlagton f^1; Inschrift: »Lasst euch versöhnen mit Gott«.

10.3. Durchmesser 110 cm, Gewicht 555 kg, Schlagton as^1; Inschrift: »Wer an den Sohn glaubt, hat das ewige Leben«.[428]

11. Ev. Zionskirche, Zionskirchplatz (1866–1873 v. Gustav Möller u. August Orth):

11.1.–11.3. Drei Gusseisenglocken, 1922 v. Ulrich & Weule, Apolda/Bockenem; Schlagtöne es^1 – g^1 – b^1.[429]

Alt-Berliner Glocken in der Stiftung Stadtmuseum Berlin
Glocken aus Alt-Berliner Kirchen[430]

12. Aus der alten Domkirche: Sogenannte Wilsnacker Glocke von 1471, ursprünglich aus der Wallfahrtskirche zu Wilsnack; seit 1552 in der »Oberpfarr- und Domkirche«, seit 1929 im Märkischen Museum.[431] Höhe: 190 cm, Durchmesser: 184 cm, Gewicht: 3.510 kg,[432] Schlagton: h°.[433] Inschrift am Glockenhals »in gothischen Minuskeln«: »dulce melos tango, sanctorum gaudia pango. Osanna in excelsis MCCCCLXXI«.[434]
13. Aus der Sophienkirche: Bronzeglocke, 1712 v. Johann Jacobi, laut Inschrift ein Geschenk des Apothekers Friedrich Zorn; Höhe 55 cm, Durchmesser 74 cm, Krone 17 cm, Gewicht 250 kg.[435]
14. Aus der – abgegangenen – Gertraudenkirche:
14.1. Bronzeglocke, 1752 v. Johann Friedrich Thiele(n); Höhe 25 cm, Durchmesser 32,5 cm, Krone 7 cm, Gewicht »nicht vermerkt«.[436]
14.2. Bronzeglocke, 1844 v. d. Gießerei Gebrüder Bachmann; Höhe 45 cm, Durchmesser 59 cm, Krone 11,5 cm, Gewicht »nicht vermerkt«.[437]
15. Bronzeglocke aus dem alten Berliner Rathaus: 1583 v. Hans Zeytler u. Yorg Behem (Jörg Beheim), gegenwärtig im Märkischen Museum; Höhe 60 cm, Durchmesser 88 cm, Gewicht 344 kg.[438]
16. Zwei Uhrglocken vom Turm des Roten Rathauses (1861–1869 v. Hermann Waesemann), seit 1989 vor dem Märkischen Museum:
16.1. Gussstahlglocke, um 1870 (v. Bochumer Verein?); Höhe 107 cm, Durchmesser 138 cm, Tellerkrone 11 cm, Gewicht 1.200 kg (Gewichtsberechnung v. Glockengießermeister Franz Peter Schilling).[439]
16.2. Gussstahlglocke, wie Nr. 16.1; Höhe 87 cm, Durchmesser 108 cm, Gewicht 900 kg (Gewichtsberechnung s. Nr. 16.1).[440]

2 – FRIEDRICHSHAIN-KREUZBERG

17. Stralau, ev. Dorfkirche, Tunnelstraße 5–11 (1459–1464, Turm 1823/24 v. Friedrich Wilhelm Langerhans):
17.1. Bronzeglocke, 1545 v. Andreas Kepfel;[441] Durchmesser 53 cm, Gewicht 78 kg, Schlagton $gis^{(2)}$; Inschrift: »Andreas Kepfel A. H. Lutringen goss mich MDVL +«.[442]
17.2./17.3. Zwei Bronzeglocken, (»vor April«) 1951 v. d. Gießerei Schilling, Apolda.[443]
18. Friedrichshain, ev. Galiläa-Kirche, Rigaer Straße 9–10 (1909–1910 v. Dinklage & Paulus):
Drei Gussstahlglocken, 1910 v. Bochumer Verein:
18.1. Durchmesser 157,4 cm, Gewicht 1.560 kg, Schlagton $cis^{(1)}$;
18.2. Durchmesser 137,7 cm, Gewicht 1.080 kg, Schlagton $e^{(1)}$;
18.3. Durchmesser 110 cm, Gewicht 560 kg, Schlagton $gis^{(1)}$.[444]

3 – PANKOW

19. Blankenburg, ev. Dorfkirche, Alt-Blankenburg (Mitte 13. Jh., Westturm 14. Jh., Chor 15. Jh.; 1988 neue Turmspitze):

19.1.–18.3. Drei Gussstahlglocken, 1920 v. Bochumer Verein; Schlagtöne gis^1 – h^1 – d^2.[445]

20. Blankenfelde, ev. Dorfkirche, Hauptstraße (um 1400, Dachturm mit Schieferhelm von 1680): Bronzeglocke, 1768 v. Joh. Fr. Thiele, Berlin;[446] Durchmesser 92 cm, Gewicht 400 kg, Schlagton e$^{(1)}$; Inschrift: »Soli Deo Gloria. Anno 1768 hat ein königl. Preußl. churmaerk. hochloebl. Amtskirchen Revenuen Direktorium diese Blankenfeldsche Glocke umgießen lassen von J. F. Thiele in Berlin.«[447]

21. Buch, ev. Dorf- und ehemalige Schlosskirche, Alt-Buch 37 (1731–1736 v. Friedrich Wilhelm Diterichs, Wiederherstellung 1950–1953, Rekonstruktion des Turmaufbaus eingeleitet):

21.1. Ehemalige Uhrglocke, 1762 (?) v. Zacharias Rabe(t) u. Cordt Meuten in Wolfenbüttel;[448] 1794 erworben vom Stückgießdirektor Maukisch; Durchmesser 0,45 cm;[449] bis November 1943 Funktion als Uhrglocke, gegenwärtig im östlichen Kreuzarm abgestellt. Ungewöhnlicher, nahezu eklektischer Dekor: Am Halsband umlaufender, palmettenartiger Fries, darunter auf der oberen Flanke zwischen zweifach profilierten Reifen die Inschrift mit Minuskeln und Zeichen in nahezu mittelalterlicher Manier: »*got laß es zacharias rabet genessen der hat mich czu Wulffenbüttel lassen gieße (…)*«.[450] In der Mitte der Flanke und zugleich des gesamten Glockenkörpers umlaufender Fries mit Darstellung eines Jagdrennens in barocker Art und von profanem Charakter; darunter eine weitere, kurze Inschrift mit dem Namen des (zweiten) Gießers und der Jahreszahl: »*cordt meuten anno LXII*«.[451] Der untere, abschließende Teil – Wolm und Schlag – durch zwei jeweils dreifache Reifen profiliert.

Glockenstuhl auf dem Kirchhof, 1962/63:

21.2. Bronzeglocke, 1877 v. C. Voß, Stettin; Durchmesser 75 cm, Gewicht 100 kg, Schlagton d$^{(2)}$.[452]

21.3. Gussstahlglocke, 1924 v. Bochumer Verein; Durchmesser 1,10 m, Schlagton gis$^{(1)}$; Inschrift: »1914 – 1918. Den Gefallenen ein Gedächtnis der Treue«.

21.4. Gussstahlglocke, wie Nr. 21.3. Durchmesser 92 cm, Schlagton h$^{(1)}$; Inschrift: »Den Lebenden ein Weckruf zur Treue«.[453]

22. Heinersdorf, ev. Dorfkirche, Romain-Rolland-Straße 54/56 (im Kern spätes 13. Jh., Einwölbung u. Vorhalle Ende 15. Jh., Westturm 1893 erneuert, 1934/35 Anbau v. Querhaus u. Rechteckchor):

22.1. Bronzeglocke, datiert 1513;[454] Durchmesser 94 cm, Gewicht 422 kg, Schlagton g$^{(1)}$;[455] Haube in leichter Wölbung abgeschrägt mit »Reifenprofil«. Die Inschrift im Halsband zwischen glatten Reifen in einer Zeile, in gotischen Minuskeln lautet: »O · rex · glori(a)e · c(h)riste · veni · cum · pace · anno · m·ccccc·(X)lll« (1513). Unter dem Schriftband ein sechs cm hoher »Halbkreisbogenfries«; Flanke: »breite« Kelchform; drei Reifen über dem Schlagring.[456] Infolge Beschusses gegen Kriegsende 1945 die Glocke am Obersatz sehr schadhaft, später vor dem Pfarrhaus abgestellt.

22.2. Bronzeglocke, datiert 1520; Durchmesser 83 cm, Gewicht 320 kg, Schlagton $h^{(1)}$; Krone abgebrochen; Haube wiederum abgeschrägt, zur Flanke hin gerundet; Flanke oben fast zylindrisch, in Kelchform; Inschrift wiederum im Halsband zwischen glatten Reifen in einer Zeile, in gotischen Minuskeln: »Anno + dom(in)o(= i!) + m+ccccc+(X X)« (1520).[457]

22.3. Bronzeglocke, um 1280[458] resp. 14. Jh.;[459] Durchmesser 63 cm,[460] Gewicht 140 kg, Schlagton $g^{(2)}$.[461] Die Haube der Glocke ist »in leichter Wölbung abgeschrägt, zur Flanke gerundet«. Im Halsband befinden sich »zwischen doppelten glatten Reifen« kleine Reliefs und Medaillons: vier Heilige »in Rundbogennischen nebeneinander sitzend«, Stier des Evangelisten Lukas, Kreuzigungsgruppe mit Maria und Johannes, Engel des Matthäus.[462]

22.4. Bronzeglocke, Nachguss der Glocke Nr. 22.1., zwischen 1946 und 1950 v. d. Märkischen Glockengießerei Voss in Hennickendorf bei Berlin;[463] Schlagton g^1. Dekor und Inschrift im Halsband vgl. Nr. 22.1. Auf der Flanke zusätzliche, medaillonartige Inschrift: »Mich · goß (-) Mstr. · Voß«, darunter: »Hennickendorf. (-) No. 3656.« Unten über dem Schlagring, zwischen glatten Reifen in einer Zeile, inschriftartiges Band mit nicht definierbaren Buchstaben, Zeichen und Ziffern; vgl. originale Inschrift Nr. 22.1.

23. Karow, ev. Dorfkirche, Alt-Karow 14 (Erste Hälfte des 13. Jh., Westturm 1845–1847):

23.1.–23.3. Drei Gussstahlglocken, 1925.[464]

24. Niederschönhausen, kath. St.-Maria-Magdalena-Kirche, Platanenstraße 20–21 (1929–1930 v. Felix Sturm): Drei Gussstahlglocken (»Klangstahl«), 1959 v. d. Gießerei Schilling & Lattermann, Apolda:

24.1. »Heiliger Joseph«: Durchmesser 119,3 cm, Gewicht 700 kg, Schlagton $as^{(1)}$; Inschrift auf der Schulter: »Sancte Joseph, dux noster et pater, duce nos in patriam« + Gießermarke (= »Heiliger Joseph, unser Führer und Vater, führe uns ins Vaterland«), darunter: »ad 1959« und ein Kreuz.[465]

24.2. »Sakramentenglocke«: Durchmesser 95,3 cm, Gewicht 428 kg, Schlagton $b^{(1)}$; Inschrift auf der Schulter: »Venite adoremus sanctissimum Sacramentum« + Gießermarke (= »Kommet lasset uns anbeten das allerheiligste Sakrament«), darunter: »ad 1959« und ein Kreuz.

24.3. »Maria Magdalena«: Durchmesser 88 cm, Gewicht 288 kg, Schlagton $des^{(2)}$; Inschrift auf der Schulter: »Maria Magdalena annuntiavit vidi dominum« (»Maria Magdalena kündigte den Herrn/Meister an -zu sehen-«), darunter: »ad 1959« und ein Kreuz.[466] Die Namen der Glocken wurden von den drei im Zweiten Weltkrieg abgegangenen des vierstimmigen, 1929 von F. Otto[467] gegossenen und im Zweiten Weltkrieg abgelieferten Bronzegeläuts übernommen; erhalten geblieben ist nur die kleinste Glocke:

24.4. »Ave-Glocke« (Bronze): Gewicht 81 kg, Schlagton $g^{(2)}$; Inschrift (Fraktur) auf der Schulter: »Ave Maria gratia plena« (= »Gegrüßet seiest Du Maria, voll der Gnade«) sowie auf dem Wolm über dem Schlagring: »Breslau 1929«.[468]

25. Prenzlauer Berg, ev. Gethsemane-Kirche, Gethsemanestraße/Stargarder Straße/Greifenhagener Straße (1890–1893 v. August Orth):
Drei Gussstahlglocken, 1893 v. Bochumer Verein:

25.1. Durchmesser 188,5 cm, Gewicht 2.585 kg, Schlagton $a^{(o)}$;

25.2. Durchmesser 157 cm, Gewicht 1.527 kg, Schlagton $c^{(1)}$;

25.3. Durchmesser 138,5 cm, Gewicht 1.527 kg, Schlagton $es^{(1)}$.[469]

26. Prenzlauer Berg, kath. St.-Augustinus-Kirche, Dänenstraße 17/18 (1927–1928 v. Joseph Bachem u. Heinrich Horvatin): Drei Gusseisenglocken, 1927 v. Schilling & Lattermann, Apolda:

26.1. »Augustinus«: Durchmesser 155,1 cm; Gewicht ca. 1.350 kg, Schlagton e^1; Dekor nach folgendem Muster: Zierband / Inschrift 1 / Zierband / Inschrift 2 / Steg mit hängendem Blattfries; Wolm: drei Stege.
Inschrift 1: WENN IHR MEINE STIMME HÖRT VERHÄRTET EURE HERZEN NICHT.; Inschrift 2: ST. AUGUSTINUS 1927.[470]

26.2. »Monika«: Durchmesser 129,9 cm, Gewicht ca. 750 kg, Schlagton g^1; Dekor wie 26.1. Inschrift 1: KOMMET LASSET LOB DEM HERRN UNS SPENDEN LASST UNS IHN PREISEN ALS DEN GRUNDSTEIN UNSERES HEILS:, Inschrift 2: ST. MONIKA 1927.

26.3. »Maria Magdalena«: Durchmesser 114,4 cm, Gewicht ca. 500 kg, Schlagton a^1; Dekor wie 26.2. Inschrift 1: DER MEISTER IST DA UND RUFT DICH.; Inschrift 2: ST. MARIA MAGDALENA 1927.

27. Prenzlauer Berg, kath. Pfarrkirche Zur Heiligen Familie, Wichertstraße 22–23 (1928–1932 v. Carl Kühn): Vier Gusseisenglocken, 1929 v. Schilling & Lattermann, Apolda:

27.1. »Christus König«: Gewicht 2.700 kg, Schlagton c^1;

27.2. »Maria«: Gewicht 1.300 kg Schlagton es^1;

27.3. »Joseph«: Gewicht 1.100 kg, Schlagton f^1;

27.4. »Maria Magdalena«: Gewicht 600 kg, Schlagton as^1.[471]

28. Weißensee, ev. Stephanus-Stiftung (ehemals Bethabara-Beth-Elim-Stiftung), Albertinenstraße 22: Glockenstuhl, 1975 v. Achim Kühn[472] mit zwei Bronzeglocken aus der ehemaligen Heilig-Geist-Kapelle (Berlin-Mitte):

28.1. vermutlich um 1450;[473] Durchmesser 60 cm, Gewicht 120 kg, Schlagton as^2; ohne Inschrift, kleine »münzenartige Verzierungen«.[474]

28.2. 1738 v. Johann Paul Meurer; Durchmesser 55 cm; Gewicht 95 kg, Schlagton a^2;

die Glocke ist »mit Blattwerk und zwei Engelsfiguren verziert« und trägt die Inschrift: »Soli Deo gloria«, außerdem die »Widmung«: »Die Herren Beferderer dieser Glocke sind gewesen Baltzer Scharnow und David Krüger. Fecit Berolinii J. P. Meurer Anno 1738«.[475]

9 – TREPTOW-KÖPENICK

29. Altglienicke, ev. Dorfkirche, Semmelweisstraße/Köpenicker Straße (1894/95 v. Ludwig von Tiedemann u. Schaller): Drei »Klang- oder Gussstahl«-Glocken, 1922 v. Schilling & Lattermann, Apolda:
29.1. Durchmesser 120 cm, Gewicht 1.058 kg, Schlagton fis^1;
29.2. Durchmesser 100 cm, Gewicht 500 kg, Schlagton ais^1;
29.3. Durchmesser 90 cm, Gewicht 300 kg, Schlagton cis^2.[476]
30. Johannisthal, ev. Kirchengemeinde, Sterndamm 90 – Glockenstuhl mit drei Gussstahlglocken v. Bochumer Verein:
30.1. 1873 für die Wiener Weltausstellung gegossen, seit 1921 in Johannisthal;[477]
30.2./30.3. 1929.[478]
31. Köpenick, Friedhof der ev. St.-Laurentius-Stadtkirchengemeinde, Rudower Straße 23 – Glockenstuhl (vermutlich Ende 1950er Jahre, Überdachung 1967):[479] Bronzeglocke, inschriftlich 1561 v. Andreas Moldenhauer in Brandenburg.[480]
32. Schmöckwitz, ev. Dorfkirche, Alt-Schmöckwitz (1798/99 v. Abraham Bocksfeld): Bronzeglocke, 1709 v. Johann Jacob Schultz, Berlin;[481] Durchmesser 63 cm,[482] Gewicht ca. 600 kg.
33. Treptow, ev. Bekenntniskirche, Plesser Straße 3-4 (1930/31 v. Curt Steinberg): Drei Gussstahlglocken, 1931 v. Bochumer Verein:
33.1. Durchmesser 143 cm, Gewicht 1.200 kg, Schlagton dis$^{(1)}$;
33.2. Durchmesser 117 cm, Gewicht 700 kg, Schlagton g$^{(1)}$;
33.3. Durchmesser 95 cm, Gewicht 400 kg, Schlagton b$^{(1)}$.[483]

10 – MARZAHN-HELLERSDORF

34. Kaulsdorf, ev. Dorfkirche (»Jesuskirche«), Alt-Kaulsdorf (im Kern wohl 13. Jh., 1715 Verlängerung des Schiffs, 1875 querrechteckiger Westbau m. quadrat. Mittelturm):
34.1. Bronzeglocke, datiert 1518; »Musikwert«;[484] Durchmesser 94,5 cm, Gewicht 460 kg, Schlagton a^1; lateinische gotische Minuskelinschrift: »O REX GLORIE CHRIST(E) VEN(I) CU(M) PACE ANNO DO(MIN)I MCCCCXVIII«.[485] Gießerzeichen sowie kleines rundes Medaillon mit sich schemenhaft abzeichnendem Christuskopf (beide noch nicht identifiziert).
34.2. Bronzeglocke, 1740 v. Joh. Friedrich Thiele/n; Durchmesser 76,5 cm, Gewicht 250 kg, Schlagton h^1.[486] Inschrift(en): »Soli deo gloria. Pastore Christiano Friderico Schoeneberg. Gegossen von J. F. Thielen in Berlin.« / »Reverendissimo Di-

rectorio Ecclesiae Cathedralis Coloniensis. Ad. Spream. Annuente me refundi Curavit Carolus Philippus Mentzel Capituli Administrator A. R. S. MDCCXL«.[487]

34.3. Bronzeglocke, um 1300;[488] ohne Inschrift, »Musikwert«;[489] Durchmesser 67 cm, Gewicht 180 kg, Schlagton e^2.[490]

35. Mahlsdorf, ev. Dorfkirche, Hönower Straße 13/19 (Mitte 13. Jh.):

35.1. »Marienglocke«, datiert 1488;[491] Durchmesser 75 cm, Gewicht 219 kg, Schlagton d^2. Inschrift: »Mater Dei Miserere Mei 1488 + MCCCC+LXXXVIII«.[492]

35.2. »Gemeindeglocke«, Gusseisen, 1954 v. Schilling & Lattermann, Apolda; Schlagton b^1; Inschrift: »DER HERR IST UM SEIN VOLK HER VON NUN AN BIS IN EWIGKEIT«.[493]

35.3. »Totenglocke«, Gusseisen, wie Nr. 35.2; Schlagton f^2; Inschrift: »OHNE GOTTES SEGENSHAND IST VERLOREN STADT UND LAND«.[494] Glockenstuhl (Holz), um 1830.[495]

36. Marzahn, ev. Dorfkirche, Alt-Marzahn (1870/71 v. Fr. August Stüler u. Adolf Bürckner):

36.1. Bronzeglocke, 1660 v. Jakob Neuwert in Berlin;[496] Durchmesser 68 cm, Gewicht 159 kg,[497] Schlagton d^2;[498] Inschrift: »Lobet den Herrn mit hellen Cymbeln, lobet ihn mit wohlklingenden Cymbeln. – Alles was Odem hat, lobe den Herrn. Halleluja. – Samuel Donner, Pfarrer zu Marzahn, Joachim Beuto, Küster. Hans Zugen, Jacob Wegner, Kirchenvorsteher. – Goß mich Jac. Neuwert z. Berlin Anno 1660.«[499]

36.2. Gusseisenglocke, 1957 v. Schilling & Lattermann, Apolda; Durchmesser 108 cm, Gewicht 530 kg, Schlagton b^1; Inschrift: »SELIG SIND, DIE DAS WORT GOTTES HÖREN UND BEWAHREN«.[500]

36.3. Gusseisenglocke, wie Nr. 36.2; Durchmesser 130 cm, Gewicht 920 kg, Schlagton g^1;[501] Inschrift: »KOMMT, DEN(N) ES IST ALLES BEREIT«.[502]

11 – LICHTENBERG

37. Friedrichsfelde, Ev. Paul-Gerhardt-Kirche, Alfred-Kowalke-Straße (1950–1952 v. Herbert Erbs):

37.1–37.3. Drei Gusseisenglocken, 1951 v. Schilling & Lattermann, Apolda; Schlagtöne: $g^1 – a^1 – h^1$.[503]

38. Karlshorst, ev. Kirche »Zur frohen Botschaft«, Weseler Straße 6 (1909–1910 v. Peter Jürgensen u. Jürgen Bachmann):

38.1.–38.3. Drei Eisenhartguss-Glocken, 1922 v. Ulrich & Weule, Bockenem.[504]

39. Karlshorst, kath. St.-Marien-Kirche, Gundelfinger Straße 37 (1935–1936 v. Clemens Lohmer u. Jacques Baudinot): Von dem vierstimmigen, 1941 abgelieferten Bronzegeläut verblieb nur eine Glocke: »Hl. Johannes der Täufer«, 1936 v. d. Gießerei Petit & Gebr. Edelbrock, Gescher (Westfalen); Gewicht 1.670 kg, Schlagton g^1.[505]

40. Lichtenberg, ev. »Alte Pfarrkirche« (Dorfkirche), Loeperplatz (Zweite Hälfte des 13. Jh., 1792 eingezogener quadratischer Westturm; 1945 ausgebrannt, 1950–1954 Wiederaufbau v. P. Schulz, 1965/66 neuer Turmhelm v. Hans Wollenburg):
40.1. Bronzeglocke, zweite Hälfte des 13. Jh.[506] resp. 14./15. Jh.;[507] »Zuckerhutform«, ohne Inschrift;[508] Durchmesser 55 cm,[509] Gewicht 93 kg,[510] Schlagton fis$^{(2)}$.[511]
40.2. Gusseisenglocke, 1923 v. Ulrich & Weule, Apolda/Bockenem; Schlagton h^1.[512] Inschrift: »Geopfert für Vaterlands Wehr 1917 – Erneuert zu Gottes Ehr«.
40.3. Gusseisenglocke, wie Nr. 38.2; Schlagton d^2.
41. Lichtenberg, ev. Glaubens-Kirche, Roedeliusplatz 2 (1903–1905 v. Ludwig von Tiedemann): Drei Gusstahlglocken, 1904 v. Bochumer Verein:
41.1. Durchmesser 177,3 cm, Gewicht 2.202 kg, Schlagton h$^{(o)}$;
41.2. Durchmesser 143 cm, Gewicht 1.266 kg, Schlagton dis$^{(1)}$;
41.3. Durchmesser 126 cm, Gewicht 783 kg, Schlagton fis$^{(1)}$.[513]
42. Rummelsburg, ev. Erlöserkirche, Nöldnerstraße 43 (1890–1892 v. Max Spitta nach Entwürfen v. Conrad Wilhelm Hase): Drei Gussstahlglocken, 1892 v. Bochumer Verein:
42.1. Durchmesser 164,5 cm, Gewicht 1.890 kg,[514] Schlagton h^o; die Glocke trägt folgende Inschrift(en): »Auguste Victoria Kaiserin und Königin. Sei getreu bis an den Tod, so will ich dir die Krone des Lebens geben. 22. V. 1875« (= Konfirmationsspruch und Konfirmationstag der Kaiserin).[515]
42.2. Durchmesser 1,43 cm, Gewicht 1.213 kg, Schlagton d^1; die Inschrift der Glocke lautet: »Wilhelm II. Kaiser und König. Die Liebe ist die größeste unter ihnen. 27. II. 1881« (= Hochzeitsspruch und Hochzeitstag des Kaiserpaares).
42.3. Durchmesser 125,5 cm, Gewicht 922 kg, Schlagton fis^1; die Inschrift lautet: »Wilhelm Kronprinz. Lobe den Herrn, meine Seele, der dich krönet mit Gnade und Barmherzigkeit. 11. VI. 1882« (= Taufspruch und Tauftag des Kronprinzen). Alle drei Glocken tragen jeweils auf der »gegenüberstehenden« Seite folgende Inschrift(en): »Der Erlöserkirche in Rummelsburg gewidmet im Jahre des Herrn 1892« und zwischen den oberen »Stäben«: »Gegossen in der Fabrik des Bochumer Vereins für Bergbau und Gußstahlfabrikation in Bochum.« Außerdem sind »am oberen und untere Rande der Glocken reiche, kranzartige Verzierungen, Blumen und Laubgewinde im gotischen Stil aufgegossen«.[516]

Anhang

Abkürzungsverzeichnis

ARG	Ausschuß für die Rückführung der deutschen Kirchenglocken
BArch	Bundesarchiv, (Koblenz und) Berlin-Lichterfelde
BDDM Trier	Bischöfliches Dom- und Diözesan-Museum Trier
BuKd	Die Bau- und Kunstdenkmale in der DDR
DAB	Diözesanarchiv Berlin
DGA	Deutscher Glockenatlas
DGL	Die deutschen Glockenlandschaften
DpfBW	Denkmalpflege in Baden-Württemberg – Nachrichtenblatt der Landesdenkmalpflege
DtKuDpf	Deutsche Kunst und Denkmalpflege
EK(i)D	Evangelische Kirche in Deutschland
EKU	Evangelische Kirche der Union
ELAB	Evangelisches Landeskirchliches Archiv Berlin
EOK	Evangelischer Oberkirchenrat (Berlin)
EZA	Evangelisches Zentralarchiv Berlin
FUB	Freie Universität Berlin
GGG	Glocken in Geschichte und Gegenwart
GNM	Germanisches Nationalmuseum, Nürnberg
GStA PK	Geheimes Staatsarchiv Preußischer Kulturbesitz, Berlin-Dahlem
JbBrKg	Jahrbuch für Brandenburgische Kirchengeschichte – Hg. im Auftrage des Vereins für Brandenburgische Kirchengeschichte v. Gustav Kawerau (…) u. Leopold Zscharnack, 1904 ff.
JbGk	Jahrbuch für Glockenkunde
KdProvBrandenbg	Die Kunstdenkmäler der Provinz Brandenburg
KHI	Kunsthistorisches Institut (FUB)
LAB	Landesarchiv Berlin
LDA	Landesdenkmalamt (Berlin)
LGV	Landesgeschichtliche Vereinigung Berlin
MGG	Die Musik in Geschichte und Gegenwart
RGG	Die Religion in Geschichte und Gegenwart
TRE	Theologische Realenzyklopädie

Archivalien (inklusive Plan- und Bildmaterial) und gedruckte Quellen

Bundesarchiv, Berlin-Lichterfelde

BArch, R 121/1958 = Glocken- und Schriftmetallaktion in Belgien, 1943/1944

BArch, R 3101/4272 = Acta betreffend: (2.) Liquidation der Kriegswirtschaft (c) Glockenersatz. Bd. I: 10. September 1919–14. Oktober 1920

BArch, R 3101/4273 = Dasselbe. Bd. II: 27. Oktober 1920–4. Oktober 1921

BArch, R 3101/4274 = Reichswirtschaftsministerium. (2c) Glockenersatz. Bd. III: 21. Januar 1922–11. August 1923

BArch, R 4901/2287 = Acta betreffend: Laboratorium für Raumakustik und Glockenwesen, jetzt: Institut für Raum- und Bau-Akustik, Orgel- und Glockenwesen, Theorie und Liturgik des Kirchenbaues und Kirchenmusik. Bd. I: September 1918–Juni 1943

BArch, R 4901/12279 = Reichszuschüsse an die Landes- und Provinzialkonservatoren zur Inventarisation der Bau- und Kunstdenkmäler (einschließlich Bronzeglocken) für die Rechnungsjahre 1941–1944; teilweise mit Verwendungsnachweisen. September 1941–März 1945 – Enthält: Gesamthöhe der Reichszuschüsse (1944); Baden (1944), Bayern (1941–1942), Brandenburg (1943), Hannover (1941, 1944), Land Hessen (1941), Kurhessen (1943–1944), Niederschlesien (1944), Oberschlesien (1944), Württemberg (1941–1944)

BArch, R 4901/12288 = Metallerfassungsaktion, Februar 1944–März 1945 – Enthält: Allgemeine Vorschriften. (…) Glocken (…); Erfassung der Bronzeglocken (…); Vorschläge zur Errichtung eines deutschen Glockenarchivs in Lübeck; Glockeninventarisation in Deutschland 1942–1944 (…)

BArch, R 5101/23064 = Acta betreffend: Gebrauch der Kirchenglocken, März 1852–Okt. 1944 – Enthält u. a.: Beschlagnahme und Enteignung von Bronzeglocken für Kriegszwecke. – Wiederbeschaffung von Glocken nach dem ersten Weltkrieg. – Verbot bzw. Einschränkung des Glockenläutens

BArch, R 5101/23870 = Kirchen und Kirchenglocken, Bd. 4: Febr. 1937–Jan. 1945 – Enthält u. a.: (…) Ablieferung der Kirchenglocken

BArch, R 5101/24150 = Verzeichnis der Glocken der Gruppe D – vorbehaltlich der Zustimmung des Herrn Reichsmarschalls –, o. O. o. J. (1942)

BArch, R 5101/24151 = Verzeichnis der Bronzeglocken im Reich, deren dauernde Erhaltung wegen ihres geschichtlichen oder künstlerischen Wertes befürwortet wird (Gruppe D); o. O. o. J. (1942)[517]

BArch, DR 1/3982 = Druckgenehmigungsvorgänge (alphabetisch nach Autoren), 1954–1965: (Gl) s. v. Glade, Heinz; s. u. Literatur!

BArch, Bild 102-15762 = (Originaltitel:) »Aus einer deutschen Glockengiesserei! Blick in die Glockenwerkstatt der Bochumer Stahlwerke, der ältesten Gusstahlglockengiesserei (sic!) der Welt mit fertigen Glocken«; Foto: o. Ang. | August 1932

BArch, Bild 183-2007-0705-501 = Glocken im Hamburger Freihafen; Foto: o. Ang. | 1947

BArch, Bild 183-H26751 = (Archivtitel:) »Hamburg, Freihafen – Glocken auf einem Kai lagernd (»Glockenfriedhof«)«; Foto: o. Ang. | 1947

BArch, Bild 183-R33838 = (Originaltitel:) »Die zum Einschmelzen bestimmten Glocken der Sophienkirche zu Berlin«; Foto: o. Ang. | Sommer 1917

BArch, Bild 183-R90268A = (Originaltitel:) »Enttrümmerung Berlins! Vor der Sprengung der Georgenkirche im Juni 1950 wurden die Glocken geborgen«; Foto: Schloss (Ahrensfelde b. Berlin) | Juni 1950

BArch, Bild 183-S99953 = (Originaltitel:) »Auf dem Thälmannplatz in Berlin liegen 2 alte Glocken, die bei

Enttrümmerungsarbeiten zum Vorschein kamen« (wahrscheinlich die Glocken der Dreifaltigkeitskirche); Foto: Kümpfel | 16. August 1950

Geheimes Staatsarchiv Preußischer Kulturbesitz, Berlin-Dahlem

GStA PK, I. HA Geh. Rat Rep. 2 Berliner Dom Nr. 28 = Küster. Pulsanten. Geläut bei Begräbnissen. Glocken. Uhr. Stuhlschreiber. Registrator. 1641–1729

GStA PK, I. HA Rep. 76 Kultusministerium, III Sekt. 1 Abt. XV Nr. 12 = Acta Betreffend: den Gebrauch der Glocken und Sicherung derselben vor dem Zerspringen, die Glockentaufe und die zu dieser religiösen Ceremonia einzuladenden Zeugen, so wie die Einführung der Stahlstabgeläute. Vol(umen). I (Januar 1817–Mai 1842); Vol. II (Juni 1842–Dez. 1864)

Evangelisches Zentralarchiv Berlin

EZA, 1/1946 = Acta betr(effend): Die Kirchenglocken. B(an)d I: April 1913–Dez. 1920

EZA, 1/1949 = Akten betreffend: Luftschutz der Kirchen. Bd. 1: 1930–1939

EZA, 2/440 = Glockengeläut – Bd. 1: 30. März 1936–2. Juli 1948

EZA, 2/707 = Acta betr. Rückführung der Kirchenglocken. Bd. I: Okt. 1937–Juli 1940, Juni 1945–Dez. 1946

EZA, 2/708 = Dasselbe, Bd. II: Jan. 1947–Juli 1948

EZA, 2/4628 = Beratungsausschuß für das deutsche Glockenwesen, Bd. 1: 1.1949–9.1950

EZA, 2/4630 = Dasselbe, Bd. 3: (1953) Feb.–Dez. 1954 (1959/60)

EZA, 2/4631 = Dasselbe, Bd. 4: Jan. 1955–Feb. 1957 (1958–1961)

EZA, 2/4632 = Dasselbe, Bd. 5: Juli 1961–Nov. 1968

EZA, 2/4635 = Deutsches Glockenarchiv, Feb. 1957–Apr. 1966

EZA, 2/4637 = Glockengeläut (Bd. 3:) Dez. 1963–Nov. 1966

EZA, 4/1117 = Glocken. Bd. I: Juni 1946–April 1951

EZA, 4/1118 = Glocken, Bd. II: Jan. 1951–Jan. (Febr.) 1953

EZA, 4/1119 = Glocken, Bd. III: Feb. 1953–Dez. 1955

EZA, 4/1120 = Glocken, Bd. IV: Jan. 1956–Dez. 1957

EZA, 4/1121 = Glocken, Bd. V: Mai 1958–Aug. 1968

EZA, 7/2800 = Acta betreffend (den Gebrauch der) Kirchenglocken. Vol. I: Feb. 1852–Apr. 1888 – Enthält u.a.: Gußstahl-Glocken des Bochumer Vereins für Bergbau- und Gußstahlfabrikation zu Bochum in Westfalen; »Denkschrift (…)«

EZA, 7/2801 = Dasselbe, Bd. II: Mai 1888–Juni 1926 – Enthält u.a.: Graugussglocken

EZA, 7/2802 = Dasselbe, Bd. III: Juli 1926–Dez. 1939 – Enthält u.a.: Klangstahlglocken; Elektrische Glockenläutewerke; Richtlinien für den Glockengebrauch; Normalvertrag zur Lieferung von Kirchenglocken

EZA, 7/2803 = Dasselbe, Bd. IV: Jan. 1940–März 1942 – Enthält u.a.: Erfassung der Kirchenglocken aus Bronze – Denkmalwerte Glocken der Gruppe D

EZA, 7/2804 = Dasselbe, Bd. V: Apr. 1942–Feb. 1948 – Enthält u.a.: »Verzeichnis der Bronzeglocken im Reich, deren dauernde Erhaltung wegen ihres geschichtlichen oder künstlerischen Wertes befürwortet wird (Gruppe D)«[518] o. O. o. J. (1942); Ausschuß für die Rückführung der deutschen Kirchenglocken«

EZA, 7/2805 = Dasselbe, Bd. VI: März 1948–Mai 1952 – Enthält u.a.: Rückführung der Glocken; Prüfung und Bewertung von Glocken; Deutscher Glockentag, Limburg (1951)

EZA, 7/2806 = Dasselbe, Bd. VII: Juni 1952–Dez. 1956 – Enthält u. a.: Deutscher Glockentag, Nürnberg 1956

EZA, 7/2807 = Dasselbe, Bd. VIII: Jan. 1957–Okt. 1963 – Enthält u. a.: Prozess des ARG gegen die Hamburger Hüttenwerke auf Herausgabe von Glockenmaterial, Urteil des Hanseatischen Oberlandesgerichts (7. Sept. 1957)

EZA, 7/2954 = Acta betreffend: (Die Beschlagnahme von Metallgegenständen durch die Heeresverwaltung und die) Wiederherstellung der Kirchenglocken. Bd. I: Aug. 1915–Mai 1918 – Enthält u. a.: Erfassung von denkmalwerten Kirchenglocken

EZA, 7/2955 = Dasselbe, Bd. II: April 1918–Dez. 1920 – Enthält u. a.: Johannes Biehle, Vergleichende Bewertung von Bronze- und Guss-Stahlglocken

EZA, 7/2956 = Dasselbe, Bd. III: Jan. 1921–Nov. 1922

EZA, 7/2957 = Dasselbe, Bd. IV: (18. Nov.) Dez. 1922–4. Dez. 1924

EZA, 7/2958 = Dasselbe, Bd. V: Dez. 1924–Juni 1931

EZA, 7/2959 = Verteilung der Ganzglocken. Juli 1922–Aug. 1925, 1931

EZA, 8/2395 = (Diverses) Dez. 1963–Okt. 1967 – Enthält u. a. Berichte und Einzelreferate: Tagung über den Glockenturm in »Westberlin«, 17.–19. Okt. 1963; Tagung »Glocken und Kirchenbau« in Köln, 9.–11. Okt. 1967

EZA, 107/286 = Akten betreffend Kirchenglocken, 1952–1967

EZA, 108/506 = Glocken, 1968–1973

EZA, 506/601 = (Sammlung »Historische Ostgebiete«) – Enthält u. a.: (Priv.-Doz. Dr.) Hilmar Körner: Über die Glocken von Crossen an der Oder. Was Nachforschungen an den Tag brachten (Quelle leider nicht angegeben, = Beilage?) Teil I: Berlin, Juni 2009 – Nr. 6, S. 8; Teil II: ebd., Juli 2009 – Nr. 7, S. 8; Teil III: ohne Angaben (August 2009? – Nr. 7?) – Der Autor hat Aktenmaterial aus der Zeit nach 1945 benutzt, das sich in der Universität Grünberg befindet.

EZA, 525/(1–3) = Glockenarchiv – Heinzel-Kartei, 1955–1968 (Erfassung aller denkmalwerten Bronzeglocken in Mitteldeutschland)[519]

EZA Bibliothek, 80/4331 = Ausschuß für die Rückführung der Glocken (Hg.): Das Schicksal der deutschen Kirchenglocken, Denkschrift (…) Hannover 1952; s. u. Literatur!

Evangelisches Landeskirchliches Archiv Berlin

ELAB, 1.1/979 = Landeskirchliches Archiv Berlin-Brandenburg – Glocken, Bd. I: 1945–1947

ELAB, 1.1/980 = Glocken, Bd. II: 1948

ELAB, 1.1/981 = Glocken, Bd. IV: 1950–1951

ELAB, 1.1/982 = Glocken, Bd. V: 1952–1954

ELAB, 1.1/983 = Glocken, Bd. VI: 1955–1956

ELAB, 1.1/984 = Glocken, Bd. VII: 1957–1960

ELAB, 1.1/985 = Glocken, Bd. VIII: 1961–1965

ELAB, 1.1/1506 = Glockenläuten und Läuteordnung, Bd. I: 1946–1965

ELAB, 2.06/63 = Kirchenglocken (Bd. 1:) 1947–1951

ELAB, 3/36 = Berlin, Kirchen-Kreis (im Folgenden: Kkr.) Oberspree – Kirche Johannisthal/Gemeindehaus: Nr. 1–24 (nicht realisierte Entwürfe, u. a. für einen – freistehenden – Glockenturm) 1920, 1929, o. J.

ELAB, 3/57 = Berlin(-)Marzahn: (1.) Heydemann, (Geschichte/Beschreibung der Dorfkirche Marzahn)

Berlin, 9. August 1909; (3.) Glockenstuhl Dorfkirche Berlin-Marzahn, Berlin-Marzahn, 18.10.(19)55: zwei Längsschnitte u. ein Querschnitt, Maßstab 1:20; Grundriss, Maßstab 1:50 (handschr. hinzugefügt: »Glocken eingeweiht 7/4/57«; im Grundriss Disposition der drei Glocken mit Angabe der Schlagtöne: $g^{(2)}$–$d^{(2)}$–$b^{(1)}$)

ELAB, 3/93 = Berlin – VersöhnungsK(irchen)G(emeinde)/Pfarrhaus (= Bl. 1–9, 1883/1950); Nr. 8: Erich Ruhtz (Architekt u. Bauingenieur, Berlin-Lichterfelde), Zeichnung zur Instandsetzung des Glockenstuhles im Turm der Versöhnungskirche Berlin N4, Bernauer Str. 4, o. J. (handschr. hinzugefügt:) 3/7.(19)50

ELAB, 7.1/2358–2359 = Gnadenkirche – Kkr. Stadt III (Zustand vor 1933): 7.1/2358(V) = (Ansicht) drei Glocken m. Monogrammen u. Inschriften 7.1/2359(R) = Außenansicht der Gnadenkirche

ELAB, 14/524 = Acta gen(eralia) des Ober Consistorii die Besorgung des Trauer-Geläutes bei Landestrauer, und die dafür verlangte(n) Remunerationen betreffend Glockengeläut zu Ehren hoher Persönlichkeiten. 15.5.1750–10.3.1925

ELAB, 14/545 = Akten betr. Beschlagnahmte Bronzeglocken und deren Ersatz, Bd. II: 28.2.1923–18.6.1931

ELAB, 14/576 = Akten betr. Metallsammlung – Ablieferung von Glocken aus Bronze im Kriege – Gen(eralia), Bd. I: 26.3.1940–21.9.1943

ELAB, 14/577 = Dasselbe, Bd. II: 17.5.1943–15.10.1943

ELAB, 14/578 = (Dasselbe) Ablieferung der Bronceglocken. Schriftwechsel mit den Gemeinden – speziell, Bd. III: 7.1.1943–25.1.1945

ELAB, 14/913 = Akten betr. Institut für Kirchenbau, Raumakustik, Orgelbau und Glockenwesen (verb. m. d. Kirchenmusikalischen Institut f. Theologen). Bd. I: 10.2.1928–18.10.1940

ELAB, 14/988 = Akten betr. den Grabgesang und die Begleitung der Leichen bei Beerdigungen, Grabreden usw., auch Glockenläuten b. Beerdigung Andersgläubiger (Bd. I): 18.6.1829–1.6.1943

ELAB, 14/1087 = Akten betr. die Anschaffung von Glocken bei den Kirchen und Abstellung des unnötigen Läutens mit denselben. Bd. IV: 17.3.1920–27.11.1936

ELAB, 14/1088 = Akten betr. Glockenwesen, Bd. V: 7.1.1937–24.5.1940

ELAB, 14/4587 = Acta betr. die Erbauung einer neuen Kirche für die hiesige Petri(-)Gemeinde, 28.7.1844–14.12.1942 (letzter Vorgang v. 2.11.1931)

ELAB, 29/73 = Acta der Superintendentur Berlin-Cöl(l)n-Land, betreffend die Geläute-Ordnung (Generalia) 6.5.1842–15.6.1870

ELAB, 29/349 = Acta betr. Allgemeines – Superintendentur Koelln-Land I, 23. Dez. 1912–30. Dez. 1916

ELAB, 29/353 = Akten betr. Konsistorium/Allgemeines der Diözese Berlin-Kölln-Land I, 4. Jan. 1921–22. Juli 1925

ELAB, 35/2634 = (Landeskirchliches Archiv Berlin-Brandenburg) Provenienz: Konsistorium Ost. Kirchengebäude, Generalia – Glockenwesen –; Bd. II: 1985–1993

ELAB, 35/3824–3825 = Konferenz der evangelischen Kirchenleitung in der Deutschen Demokratischen Republik. Glocken, Bd. I u. II: 1953–1979

ELAB, 35/4172 = Akten betr. die Bauten an der Adventskirche in Berlin, Kkr. Berlin Stadt I; 1947–1960

ELAB, 35/4196 = Provenienz: Konsistorium Ost (Akten) betr. die Kirchenbauten der St. Georgen-Kirchengemeinde, Kkr. Berlin Stadt I; Bd. VI: 1952–1960

ELAB, 35/4201 = (Konsistorium Ost) Akten betr. Kirchenbauten der St. Marienkirchengemeinde in Berlin, Kkr. Berlin Stadt I; Bd. I: 1945–1952

ELAB, 35/4245 = Akten betr. die Bauten der Dorotheenstädtischen Kirche, Kkr. Friedrichswerder, Kirchengemeinde: Dorotheenstadt; Bd. IV: 1946–1954

ELAB, 35/6858 = Akten betr. die Bauten an der St. Andreas-Kirche in Berlin, Kkr. Friedrichshain; 1948–1954

ELAB, 35/9340 = Kkr. Friedrichshain: St. Andreas- St. Markus(-)Kirche Berlin, Kirchenbauten, Bd. I: 1952–1978

ELAB, 35/6938 = Akten betr. die Bauten an der St. Markus-Kirche in Berlin, Bd. II: 1957–1960

ELAB, 35/7003 = Akten betr. die Kirchenbauten in Berlin-Stralau, Kkr. Friedrichshain; 1945–1960

ELAB, 35/4084 = Kkr. Oberspree, K(irchen)g(e)m(einde) Altglienicke, Kirche; 1955–1980

ELAB, 35/5258 = Kkr. Oberspree, Pfarrsprengel (im Folgenden: Pfspr.) Berlin-Rahnsdorf: (betr.) die Bauten an der Taborkirche in Berlin-Wilhelmshagen, 1948–1960

ELAB, 35/5259 = Dasselbe, (betr.) die Waldkapelle in Berlin-Hessenwinkel, 1957

ELAB, 35/4759 = Kkr. Lichtenberg, Pfspr. Berlin-Marzahn: betr. die Kirchenbauten in Berlin-Marzahn, 1946–1959

ELAB, 35/8754 = Kkr. Lichtenberg, Pfspr. Friedrichsfelde, Kirche Friedrichsfelde; Bd. II: 1984–1993

ELAB, 35/8755 = Kkr. Lichtenberg, Pfspr. Karlshorst, Kirche; Bd. II: 1980–1993

ELAB, 35/4862 = (Akten betr.) die Bauten an der Taborkirche in Berlin-Hohenschönhausen, Kkr. Weissensee; 1948–1961

ELAB, 35/4896 = (Akten) betr. die Bauten an der Kirche in Falkenberg – Kkr. Weissensee, Pfspr. Berlin-Malchow; 1949–1960

ELAB, 35/5379–5380 = (Akten betr.) die Bauten an der Schloßkirche in Berlin-Buch – Kkr. Pankow, Pfspr. Berlin-Buch; Bd. I: 1949–1958, Bd. II: 1959–1960

ELAB, 35/6394 = Akten betr. das Gemeindehaus in Berlin-Nordend – Kkr. Pankow, Pfspr. Berlin-Nordend; 1947–1960

ELAB, 35/6510 = Akten betr. die Bauten an der alten Kirche in Berlin-Rosenthal – Kkr. Pankow, Pfspr. Berlin-Rosenthal; 1946–1958

ELAB, 10311/23 = Sophien-Kirche zu Berlin. Akten betreffend die Glocken und den Glockenstuhl der Kirche: 1903–1907, 1912, 1924, 1929–1931, 1937–1938, 1949, 1972–1975

ELAB, 10311/175 = Sophien-Kirche zu Berlin. Acta specialia betreffend: Revision und Reparatur der Turmuhr und der Glocken. Vol. I: 1890, 1896, 1901–1904, 1912/13, 19(1)7/18

ELAB, 10311/533 = Sophien-Kirchengemeinde (…) »Acta betr: Instandhaltung der Thurmuhr u. Glocken der Sophienkirche.« 1739 (de 1769)–1885

ELAB, 10311/1064 = Sophien-Kirchengemeinde (…), Gebäude u. Kirchhof; (Juli 1945) V/51 a-f, 1960 (Enthält u.a.: Glockenläuteanlagen – Montagen, Instandsetzung, Reparaturen etc.)

ELAB, 10311/1688 = Glockenstuhl für die Sophienkirche, Maßstab 1:20 (Blaupause) o. J.

ELAB, 10311/1703 = Sophien-Kirchengemeinde im Kirchenkreis Berlin-Stadtmitte. Turm Sophienkirche Berlin, Bretschneider & Krügner (Fabrik für Eisenkonstruktionen), Pankow, 25. Juni 1902; Maßstab 1:100: Querschnitt A-B u. C-D (= Profil m. Glockenstuhl)

ELAB, 10311/1811 = Sophien-Kirchengemeinde (…), ohne Angaben (Glockenstuhl, Zeichnung) o. J.

Landesarchiv Berlin

LAB, A Rep. 004 (Magistrat der Stadt Berlin, Kirchendeputation) Nr. 38 = Acta des Magistrats zu Berlin betreffend die Thurm-Uhren und Glocken, Bd. 1: 1787–1843

LAB, A Rep. 004 Nr. 39 = Dasselbe, Bd. 2: 1844–1869[520]

LAB, A Rep. 004 Nr. 218 = (Acta … betreffend) Die Uhr und die Glocken der Dorotheenstädtischen Kirche, 1762–1881

LAB, A Rep. 004 Nr. 378 = Turmuhr und Glocken der Neuen Kirche, 1755–1882

LAB, A Rep. 004 Nr. 583 = Acta des Magistrats zu Berlin betreffend die Uhr und die Glocken der St. Nicolai Kirche, Vol. I: 1706–1876

LAB, A Rep. 004 Nr. 585 = Acta (…) betreffend die Uhr und die Glocken der St. Marien Kirche, Vol. 1767–1875

LAB, A Rep. 004 Nr. 789 = (Luisenstädtische Kirche/»Sebastians Kirchen«) Die Uhr und die Glocken auf dem Luisenkirchturm, 1755–1866

LAB, C Rep. 101-04 (Beirat für kirchliche Angelegenheiten/Amt für Kirchenfragen) Nr. 47 = Errichtung eines Glockenturmes auf dem Gelände des Friedhofes der St. Laurentius-Kirchengemeinde Berlin-Köpenick; 1953–1954

LAB, C Rep. 104 (Magistrat von Berlin – Inneres, Referat Kirchenfragen) Nr. 646 = Kulturgut, 1955–1971 (Enthält u. a.: Diebstähle aus Kirchen)

LAB, F Rep. 290-06-06 (Bildarchiv für Kultur und Wirtschaft Hugo Welle) Nr. 174 = Deutscher Dom, Gendarmenmarkt (Mitte): Abgestürzte Glocke, Winter 1945/46

Landesdenkmalamt Berlin

LDA Berlin, Archiv: (Denkmalakten) AIII 07313 = Dorfkirche Mahlsdorf – Glockenstuhl und Glocken, (1995) 1999

LDA Berlin, Fotoarchiv (Auswahl):[521]

LDA Berlin, LKB 6667 D = Berlin-Mitte, Märkisches Museum: Glocke aus dem ehemaligen alten Berliner Rathaus, 1583; Aufn. 1950[522]

LDA Berlin, LKB 6668 D = Dasselbe, Detail; Aufn. 1950

LDA Berlin, B21/13-13 = Berlin-Mitte, »Rotes Rathaus«: ehemalige Uhrschlagglocken, Stahlgüsse, um 1870; gegenwärtig vor dem Märkischen Museum; Aufn. o. J. (nach 1989)

LDA Berlin, LKB 8 D = Berlin-Mitte, Nikolaikirche: »Kleine Glocke« (Katharinenglocke), Bronzeguß, 1426; Aufn. 1936

LDA Berlin, LKB F 9 D = Dasselbe, Aufn. 1936

LDA Berlin, LKB (?) = Dasselbe; Aufn. vor 1945

LDA Berlin, LKB 18/111 = Dasselbe, oberer Teil; Aufn. vor 1945

LDA Berlin, LKB 3200 D = Dasselbe, Detail; Aufn. 1942

LDA Berlin, LKB (?) = Berlin-Mitte, Nikolaikirche: zwei ehemalige Uhrglocken; Aufn. vor 1945

LDA Berlin, LKB F 2262 D = Berlin-Mitte, Nikolaikirche: ehemalige obere Uhrglocke, 15. Jh.; Aufn. 1939

LDA Berlin, LKB 18/129 = Dasselbe; Aufn. um 1946

LDA Berlin, LKB 18/121 = Dasselbe, oberer Teil; Aufn. um 1946

LDA Berlin, LKB 18/119 = Dasselbe, Detail; Aufn. um 1946

LDA Berlin, LKB F 5 D = Berlin-Mitte, Nikolaikirche: ehemalige untere Uhrglocke, Bronzeguß, 1557 (von Ditterich); Aufn. 1936

LDA Berlin, LKB 3199 D = Dasselbe, Detail; Aufn. 1942

LDA Berlin, LKB 18/107 = Dasselbe; Aufn. 1946

LDA Berlin, LKB (?) = Berlin-Mitte, Nikolaikirche: Große Glocke, Bronzeguß, um 1720 von Jacobi; Aufn. vor 1945[523]

LDA Berlin, LKB F 29 D = Berlin-Mitte, Pfarrkirche St. Marien: Glocke aus dem 16. Jh.; Aufn. 1936

LDA Berlin, LKB F 30 D = Dasselbe; Aufn. 1936

LDA Berlin, LKB 1328 D = St.-Marien-Kirche: Glocke, 16. Jh.; Aufn. 1938

LDA Berlin, LKB 2520 F = St.-Marien-Kirche: »kleine« Glocke; Aufn. 1944[524]

LDA Berlin, LKB 2521 F = St.-Marien-Kirche: »kleine« Glocke; Aufn. 1944

LDA Berlin, LKB 2478 F = Dasselbe; Aufn. 1944

LDA Berlin, LKB 3083 F = Berliner Dom, Bau III: Glocke, 1667,[525] mit Bild des Gekreuzigten und des Auferstandenen; Aufn. 1947

LDA Berlin, LKB 3084 F = Berliner Dom, Bau III: Osterburgische Glocke, 1532, Maria mit dem Kind auf de(r) Mondsichel; Aufn. 1947

LDA Berlin, LKB 3085 F = Berliner Dom, Bau III: Brandenburgische Glocke, 1575,[526] mit Brustbild, Wappen und Aufschrift des Großen Kurfürsten; Aufn. 1947

LDA Berlin, LKB 3089 F = Berliner Dom, Bau III: Glocken; Aufn. 1947

LDA Berlin, LKB 9943 D = Berlin, Kunstgewerbesammlung (Märkisches Museum): Große Domglocke, 1471 für die Kirche in Wilsnack gegossen; Aufn. November 1950[527]

LDA Berlin, LKB F 2478 D = Berlin-Mitte, Heilig-Geist-Kapelle: Glocken; heute in der Bethabara-(Beth-Elim-)Stiftung, Berlin-Weißensee; Aufn. 1940

LDA Berlin, Fotoarchiv (= Heilig-Geist-Kapelle: mittelalterliche Glocke) Foto: Wolfgang Bittner[528]

LDA Berlin, Fotoarchiv (= Heilig-Geist-Kapelle: Glocke von 1738) Foto: Wolfgang Bittner[529]

LDA Berlin, FI-01-4862 = Berlin-Mitte, Parochialkirche: »Die Reformirte Parochial-Kirche, deren Thurn und Glockenspiel, Anno 1715 fertig worden.« Historische Aufnahme o. J.

LDA Berlin, LKB 21/24 = Berlin-Mitte, Parochial-Kirche: Glockenspiel, Aufn. (vor!) 1945[530]

LDA Berlin, (LKB) Ki21/25 = Berlin-Mitte, Parochial-Kirche: Werk des Glockenspiels, (Repr.?) 1945/ Landesbildst. Bln.

LDA Berlin, LKB 6809 D = Berlin-Mitte, Parochial-Kirche: Glocke, 1705; Rep(roduktion) 1950 aus: Thiele 1915, S. 82

LDA Berlin, LKB 6810 D = Berlin-Mitte, Parochial-Kirche: große Glocke, 1703; Rep. 1950, aus: Thiele 1915, S. 83

LDA Berlin, FI-01-4487 = Berlin-Mitte, ehemalige Gnadenkirche (Invalidenpark): Innenraum der Ruine (auf dem Boden die abgestürzten Stahlglocken); Aufn. Magistrat, 1953 (Datum handschr. hinzugefügt)

LDA Berlin, LKB F 1460 D = Berlin-Stralau, Dorfkirche: Glocke, 1545; Aufn. 1938

LDA Berlin, LKB F 222 F = Berlin-Blankenfelde, Dorfkirche: Glocke, Bronze; gegossen von F. J. Thielen,[531] 1768; Aufn. 1940

LDA Berlin, B 21/03-40 = Berlin-Buch, Schloßkirche: »Uhrenglocke von 1512[532], 1794 erworben, diverse Aufnahmen während der Sicherungsmaßnahmen nach der Zerstörung«; o. J.

LDA Berlin, LKB F 1201 D = Dasselbe; Aufn. 1938

LDA Berlin, B21/03-56 = Berlin-Buch, Schloßkirche: »Glockengerüst«; Aufn. o. J. (frühestens 1963)

LDA Berlin, LKB 2716 F = Berlin-Buchholz, Dorfkirche: Glocke, Bronze, 1862; Aufn. 1944[533]

LDA Berlin, LKB 103 F = Berlin-Heinersdorf, Dorfkirche: Glocke, Bronze, »um 1300«;[534] Aufn. 1940

LDA Berlin, LKB 272 E = Dasselbe; Aufn. 1939

LDA Berlin, LKB F 104 F = Berlin-Heinersdorf, Dorfkirche: Glocke, vermutlich vor 1500;[535] Aufn. 1940

LDA Berlin, LKB 105 F = Berlin-Heinersdorf, Dorfkirche: Glocke, Bronze, 1500; Aufn. 1940

LDA Berlin, LKB 274 E = Berlin-Heinersdorf, Dorfkirche: Glocke, Bronze, 1500; Aufn. 1939

LDA Berlin, LKB F 1809 D = Berlin-Rosenthal, Dorfkirche: Glocke, Bronze, 1844; Aufn. 1939[536]

LDA Berlin, LKB F 78 E = Berlin-Weißensee, Dorfkirche: Glocke, 1474, Bronze; Aufn. 1939[537]

LDA Berlin, LKB F 1227 D = Dasselbe, Detail; Aufn. 1938

LDA Berlin, LKB F 1228 D = Berlin-Weißensee, Dorfkirche: kleine Glocke, 1664; Aufn. 1938[538]

LDA Berlin, LKB F 2022 D = Berlin-Schmöckwitz, Dorfkirche: Glocke, Bronze, 1709 laut Inschrift gegossen v. Johann Jacob Schultz; Aufn. 1939

LDA Berlin, LKB 284 E = Berlin-Kaulsdorf, Dorfkirche: Glocke, 1740; Aufn. 1939

LDA Berlin, LKB 285 E = Dasselbe (darüber die kleinste Glocke, s. LKB 321 E)

LDA Berlin, LKB 320 E = Berlin-Kaulsdorf, Dorfkirche: Glocke, 1518; Aufn. 1939

LDA Berlin, LKB 321 E = Berlin-Kaulsdorf, Dorfkirche: Glocke, »um 1300«; Aufn. 1939

LDA Berlin, LKB 1932 D = Berlin-Mahlsdorf, Dorfkirche: Glocke, 1488; Aufn. 1939

LDA Berlin, LKB F 334 E = Berlin-Marzahn, Dorfkirche: Glocke, Bronze, 1660; Aufn. 1939

LDA Berlin, LKB F 2110 D = Berlin-Lichtenberg, Dorfkirche (»Alte Pfarrkirche«), Loeperplatz: Glocke, Bronze, »55 cm unterer Durchmesser«; Aufn. 1939

LDA Berlin, LKB F 2515 D = Berlin-Malchow, Dorfkirche: Glocke, 1572, Bronze; Aufn. 1940[539]

Literatur und Tonträger in Auswahl

Albrecht, Christoph: Einführung in die Liturgik; 3., veränd. Aufl., Göttingen 1983, S. 81 f. (= § 30: Der liturgische Dienst der Glocken)

ARG Denkschrift 1952 = Das Schicksal der deutschen Kirchenglocken. Denkschrift über den Glockenverlust im Kriege und die Heimkehr der geretteten Kirchenglocken. Hg. v. Ausschuß für die Rückführung der Glocken, Vorwort: Professor D. Dr. (Christhard) Mahrenholz; Hannover 1952

Badstübner, Ernst/Badstübner-Gröger, Sibylle: Kirchen in Berlin. Von St. Nikolai bis zum Gemeindezentrum »Am Fennpfuhl«, Berlin 1987

Die Bau- und Kunstdenkmale in der DDR: Hauptstadt Berlin I. Bearb. v. e. Kollektiv der Abt. Forschung – Gesamtred.: Heinrich Trost, Berlin 1983

Die Bau- und Kunstdenkmale in der DDR: Hauptstadt Berlin II. Im Bereich Dokumentation und Publikation, Leitung: Horst Vyšek, bearb. v. Horst Büttner et alii. Gesamtred.: H. Trost; Berlin 1987

Beiträge zur Glockenkunde. Eine Sammlung von Referaten hg. v. Beratungsausschuß für das deutsche Glockenwesen – 1950 bis 1970, Heidelberg 1970

Bergau, R(udolf): Inventar der Bau- und Kunst-Denkmäler in der Provinz Brandenburg. Im Auftrage des Brandenburgischen Provinzial-Landtages unter Mitwirkg. v. A. von Eye et alii, Berlin 1885 (Glocken: S. 97–100)

Biehle, Johannes:[540] Theorie des Kirchenbaues vom Standpunkte des Kirchenmusikers und Redners mit einer Glockenkunde in ihrer Beziehung zum Kirchenbau, Wittenberg 1913 (= Die Bücher der Kirche, hg. v. Th. Scheffler, Bd. 2); Glockenkunde: S. 99–123

Biehle, J.: Erhaltung und Ergänzung alter Glocken, in: Zeitschrift für Denkmalpflege, Wien – Berlin, 1. J(ahrgan)g 1926/27, S. 170–172

Boeck, W. u. H. Richartz: Alte Berliner Kirchen. Hg. vom Berliner Stadtsynodalverband, dem Provinzialkirchenausschuß für die Kirchenprovinz Mark Brandenburg, dem Evangelischen Konsistorium der Mark Brandenburg, dem Verband Evangelischer Kirchengemeinden in der Hauptstadt Berlin; Berlin 1937

Boeckh, Jürgen: Alt-Berliner Stadtkirchen – Bd. 1: Von St. Nicolai bis »Jerusalem« (Berlinische Reminiszenzen Nr. 57), Berlin 1986

Boeckh, J.: Alt-Berliner Stadtkirchen – Bd. 2: Von der Dorotheenstädtischen Kirche bis zur St.-Hedwigs-Kathedrale (Berlinische Reminiszenzen Nr. 58), Berlin 1986

Borrmann, R(ichard): Die Bau- und Kunstdenkmäler von Berlin. Mit einer geschichtlichen Einleitung von P. Clauswitz, Berlin 1893. Unveränd. Nachdr. Berlin 1982 (= Die Bauwerke und Kunstdenkmäler von Berlin. Hg. v. Senator für Stadtentwicklung und Umweltschutz – Landeskonservator –, Beih. 8)

Bossin, Jeffrey: Die Carillons von Berlin und Potsdam. Fünf Jahrhunderte Turmglockenspiel in der Alten und Neuen Welt, Berlin 1991

Bossin, J.: Jan Albert de Grave und das Rätsel der 37 Glocken für die Berliner Parochialkirche, in: JbGk, 25.–26. Bd. 2013/2014, S. 83–112

Brepohl, Erhard: Theophilus Presbyter und das mittelalterliche Kunsthandwerk. Gesamtausgabe der Schrift De diversis artibus in zwei Bänden, Bd. 2: Goldschmiedekunst = Theophilus Presbyter: De diversis artibus. Über die verschiedenen Künste (und Handwerkstechniken). Drittes Buch: Die mittelalterliche Goldschmiedekunst und Metallgestaltung. 2., überarb. Aufl. v. E. Brepohl: Theophilus Presbyter und die mittelalterliche Goldschmiedekunst, Wien/Köln/Graz 1987, S. 256 ff. (85. Vom Glockenguß) (2., unveränd. Neuaufl.) Köln/Weimar/Wien 1999, S. 234 ff.

Breuer, Tilmann: Glocken als Denkmal und Kunstwerk. Der Deutsche Glockenatlas in Baden-Württemberg, in: DpfBW, 10. Jg. 1981/H(eft) 4, S. 145–148

Brozat, Dieter: Der Berliner Dom und die Hohenzollerngruft. Hg. u. bearb. v. Wolfgang Schulz, Berlin 1985; S. 52–55 u. S. 102

Bund, Konrad: Glocken und Musik – Mit einem Funktionsschema der Glocken und Geläute mittelalterlicher und nachmittelalterlicher deutscher Dom- und Stiftskirchen und einem Tonstrukturvergleich fünfzehn romanischer Glocken, in: JbGk, 9./10. Bd. 1997/1998, S. 121–156

Bund, K.: Denkmalpflegerische Aspekte der Pflege, Wiederherstellung und Ergänzung historischer Geläuteensembles, in: JbGk, 9.–10. Bd. 1997/1998, S. 207–210

Bund, K.: Die Glocke als – auch liturgisches – Denkmal – eine Einführung, in: JbGk, 11./12. Bd. 1999/2000, S. 1–14

Bund, K.: Literaturauswahl (…) zum Thema Glockendenkmalpflege, in: JbGk, 11./12. Bd. 1999/2000, S. 18

Bund, K. u. Claus Peter: Thesen zur Glockendenkmalpflege, in: JbGk, 11./12. Bd. 1999/2000, S. 19–22

Bund, K.: Inventarisation der Glocke II der Berliner Georgenkirche in Apolda unter Mithilfe von Frau Heike Schlichting am 28. Oktober 1992, in: JbGk, 25.–26. Bd. 2013/2014, S. 400 f. u. Abb. 1–10 (= S. 402–405)

Caemmerer, Hermann von: Die Testamente der Kurfürsten von Brandenburg und der beiden ersten Könige von Preußen, München u. Leipzig 1915 (= Veröffentlichungen des Vereins für Geschichte der Mark Brandenburg)

Corbin, Alain: Die Sprache der Glocken – Ländliche Gefühlskultur und symbolische Ordnung im Frankreich des 19. Jahrhunderts, Frankfurt am Main 1995 (Aus dem Französischen von Holger Fliessbach; Frz. Originalausg. u. d. Titel: »Les cloches de la terre. Paysage sonore et culture sensible dans les campagnes au XIXe siècle«, Paris 1994)

Dehio, Georg: Handbuch der Deutschen Kunstdenkmäler: Bezirke Berlin/DDR und Potsdam. Bearb. v. d. Abt. Forschung des Instituts für Denkmalpflege, Berlin/München 1983

Dehio, Handbuch der Deutschen Kunstdenkmäler: Berlin. Bearb. v. Sibylle Badstübner-Gröger, Michael Bollé und anderen. Mit Beiträgen v. Helmut Engel u. Felix Escher. 3. Aufl., durchges. u. ergänzt v. Michael Bollé; München/Berlin 2006

Deutsches Glockenmuseum auf Burg Greifenstein: s. Eichler, Handbuch

DGA = Deutscher Glockenatlas – Begr. v. Günther Grundmann, fortgef. v. Franz Dambeck, hg. v. Bernhard Bischoff u. Tilmann Breuer: DGA, Bd. 1 = Württemberg und Hohenzollern, bearb. v. Sigrid Thurm, München/Berlin 1959 (Rez. v. Adam Horn, in: Das Münster, 13. Jg. H. 3/4, München 1960, S. 135)

DGA, Bd. 2 = Bayerisch-Schwaben, bearb. v. S. Thurm, München/Berlin 1967

DGA, Bd. 3 = Mittelfranken, bearb. v. S. Thurm, Berlin 1973

DGA, Bd. 4 = Baden, unter Mitwirkung v. Frank T. Leusch bearb. v. S. Thurm, Berlin 1985

DGL = Die deutschen Glockenlandschaften, hg. v. Kurt Kramer:

DGL Westfalen, bearb. v. Claus Peter (1 Kompaktkassette & Textheft) München 1989

DGL Baden – Hohenzollern, bearb. v. K. Kramer unter Mitarb. v. Rudi Kramer u. Gerhard D. Wagner (1 Kompaktkass. & Texth.) München 1990

Ehrenamtliche Glockendenkmalpflege in Baden-Württemberg, in: DpfBW, 42. Jg. H. 3/2013 (= Mitteilungen) S. 188 f.; S. 189 f. = Glockenkundliche Veröffentlichungen (Auswahl)

Eichler, Hans-Georg: Glockengießer in Städten des ehem. Regierungsbezirkes und heutigen Bezirkes Frankfurt/Oder. Ein Beitrag zur Denkmalspflege, in: Jahrbuch für brandenburgische Landesgeschichte. Hg. im Auftrage der Landesgeschichtlichen Vereinigung für die Mark Brandenburg (…) v. Eckart Henning u. Werner Vogel, 31. Bd. Berlin 1980, S. 108–134[541]

Eichler, Handbuch = Deutsches Glockenmuseum auf Burg Greifenstein: Handbuch der Stück- und Glockengießer auf der Grundlage der im mittleren und östlichen Deutschland überlieferten Glocken von Hans-Georg Eichler†[542] eingerichtet v. Barbara Poettgen, Greifenstein 2003 (= Schriften aus dem Deutschen Glockenmuseum, hg. v. Konrad Bund u. Jörg Poettgen, Heft 2)

Ellerhorst, Winfred: Handbuch der Glockenkunde. Die akustischen, technischen und künstlerischen Grundlagen sowie die Geschichte und Pflege der Glocken. Bearb. u. hg. v. Gregor Klaus, Weingarten 1957

Fehn, Theo: Die Glocken der Gedächtniskirche, in: Hundert Jahre Bauverein der Gedächtniskirche in Speyer. Festschrift zur Indienststellung des neuen Geläutes am 18. Oktober 1959 und einer Ausstellung »Hundert Jahre Bauverein der Gedächtniskirche« in der Zeit vom 18. bis 25. Oktober 1959. Hg. v. Bauverein der Gedächtniskirche, Speyer/Rh.; Speyer (1959), S. 21–31

Frankfurth, Hermann: Berlin und Potsdam in der Sprache ihrer Kirchen und Friedhöfe, Berlin 1924

Friske, Matthias: Bienenkorb und Zuckerhut. Zur Geschichte der mittelalterlichen Kirchenglocken, in: Offene Kirchen 2006. Brandenburgische Dorfkirchen laden ein (Hg.: Förderkreis Alte Kirchen Berlin-Brandenburg e.V., Berlin), S. 8–10

Friske, M.: Überlegungen zur Datierung früher Glocken des Wachsausschmelzverfahrens und zum Zeitpunkt der Entstehung des Mantelabhebeverfahrens, in: JbGk, 23./24. Bd. 2011/2012, S. 383–393

Glade, Heinz: Erdentiefe – Turmeshöhe. Von Glocken und Glockengießern, Berlin 1965[543]

Glocken in Geschichte und Gegenwart. Beiträge zur Glockenkunde – (Hg.) Beratungsausschuß für das Deutsche Glockenwesen. Bearb. v. Kurt Kramer, (Bd. 1) Karlsruhe 1986 (Rezension: Alois Döring, in: JbGk, 1./2. Bd. 1989/90, S. 158 f.); Bd. 2, Karlsruhe 1997 (Rez.: Heinz-Walter Schmitz m. Nachtr. v. K. Bund, in: JbGk, 9./10. Bd. 1997/98, S. 237–241)

Glockenmuseum Apolda. Heike Schlichting: Eine kleine Kulturgeschichte der Glocke, Apolda o. J. (1991/92)

Glossarium Artis (Comité International d'Histoire de l'Art) Bd. 2: Kirchengeräte, Kreuze und Reliquiare der christlichen Kirchen / Objets liturgiques, Croix et Reliquaires des églises chretiennes / Ecclesiastical Utensils, Crosses and Reliquaries of the Christian Churches 3., vollständig neu bearb. u. erweit. Aufl., München/London/New York/Paris 1992; S. 40–52 (= Glocke: Kirchenglocke)

Gottschalk, Wolfgang: Altberliner Kirchen in historischen Ansichten, (Leipzig) Lizenz-Ausg. Würzburg 1985

Grundmann, Günther: Alte und neue Glockenzier, in: DtKuDpf, 10. Jg. 1952/Heft 1, S. 36–49[544]

Gurlitt, Cornelius: Kirchen, Denkmäler und Bestattungsanlagen = Handbuch der Architektur IV.8.1, Stuttgart 1906 (S. 471–500: Türme, S. 500–505: Glocken)

Hach, Arno: Alt-Berlin im Spiegel seiner Kirchen. Rückblicke in die versunkene Altstadt, Berlin 1933

Hach, Theodor: Lübecker Glockenkunde, Lübeck 1913

Haesler, Friedrich: Über das Schweißen gesprungener Glocken, in: Zeitschrift für Denkmalpflege, Wien – Berlin, 1. Jg. 1926/27, S. 165–170

Heer, Friedrich: Das Experiment Europa – Tausend Jahre Christenheit. Mit e. Vorwort v. Werner Kaegi, Einsiedeln 1952 (= Christ heute – Zweite Reihe, 6. Bändchen)

Hoffmann, Florian: Christhard Mahrenholz und der »Ausschuss für die Rückführung der Glocken« (ARG), in: AUSGEPACKT – Mitteilungen aus dem Landeskirchlichen Archiv Hannover, Ausgabe 10/ November 2011, S. 16–25

Hübner, Kurt[545]: Die mittelalterlichen Glockenritzungen, Berlin 1968 (= Deutsche Akademie der Wissenschaften zu Berlin, Arbeitsstelle Kunstgeschichte: Schriften zur Kunstgeschichte. Begr. v. Richard Hamann. Weitergef. v. Edgar Lehmann, Heft 12)

(Ilg:) Theophilus Presbyter: Schedula diversarum artium. I. Bd. Revidirter Text, Übersetzung und Appendix v. Albert Ilg; Neudr. d. Ausg. 1874, Osnabrück 1970

Irsch, Nikolaus: Der Dom zu Trier (Die Kunstdenkmäler der Rheinprovinz: 13. Bd. I. Abt. = Die Kunstdenkmäler der Stadt Trier, 1. Bd. I. Abt.) Düsseldorf 1931 Jahrbuch für Glockenkunde. Im Auftrag des Deutschen Glockenmuseums auf Burg Greifenstein hg. v. Konrad Bund u. Jörg Poettgen. Wetzlar: Bde. 1–2, 1989/1990 bis 25/26, 2013/2014

Jerchel, Heinrich: Glockenkarte der nördlichen Provinz Brandenburg, in: JbBrKg. 33. Jg. Berlin 1938, S. 123 f.

Kalb, Friedrich: Grundriss der Liturgik. Eine Einführung in die Geschichte, Grundsätze und Ordnungen des lutherischen Gottesdienstes; München 1965 (S. 307/308, 310/311 = Glockenweihe; S. 322 = Begriffs-Definition)

Kapr, Albert: Schriftkunst. Geschichte, Anatomie und Schönheit der lateinischen Buchstaben (Dresden 1971); 3., unveränd. Aufl. München/New York/London/Paris 1983 (= Lizenz-Ausg.)

KDA I/II = Beseler, Hartwig/Gutschow, Niels: Kriegsschicksale Deutscher Architektur. Verluste – Schäden – Wiederaufbau. Eine Dokumentation für das Gebiet der Bundesrepublik Deutschland – Bde. I (Nord) u. II (Süd), Neumünster 1988

KdProvBrandenbg – Bd. I, Teil 1: Die Kunstdenkmäler des Kreises Westprignitz. Unter der Schriftleitung des Provinzialkonservators Theodor Goecke bearb. v. Paul Eichholz, Friedrich Solger, Willy Spatz; Berlin 1909

KdProvBrandenbg – Bd. II, Teil 3: Die Kunstdenkmäler von Stadt und Dom Brandenburg (…) bearb. v. Paul Eichholz, m. Einleitungen v. Willy Spatz u. Friedrich Solger, Berlin 1912

KdProvBrandenbg – Bd. V, Teil 6: Die Kunstdenkmäler des Kreises Sorau und der Stadt Forst. Bearb. v.

Hans Erich Kubach u. Joachim Seeger, Vorarbeiten v. Wilhelm Jung, Mitarb.: Joachim Juppe, Richard Moderhack u. Lothar F. Zotz; Berlin 1939

KdProvBrandenbg – Bd. VI, Teil 2: Die Kunstdenkmäler der Stadt Frankfurt a. O. (…) bearb. v. (…) Wilhelm Jung, m. Einleitungen v. (…) Willy Spatz u. (…) Friedrich Solger; Berlin 1912

KdProvBrandenbg – Bd. VI, Teil 6: Die Kunstdenkmäler des Kreises Crossen (…) bearb. v. Wilhelm Jung, Friedrich Solger, Willy Spatz u. Melle Klinkenberg; Berlin 1921

Kitschke, Andreas: Kirchen in Potsdam. Aus der Geschichte der Gotteshäuser und Gemeinden, Berlin (Ev. Verlagsanstalt) 1983

Klingenburg, Karl-Heinz: Der Berliner Dom. Bauten, Ideen und Projekte vom 15. Jahrhundert bis zur Gegenwart (Berlin 1987) Berlin/Leipzig 1992

Köpcke: Glockenstühle, in: Handbuch der Architektur III.6, Darmstadt 1884; S. 46–65

Körner, Hilmar: Über die Glocken von Crossen an der Oder. Was Nachforschungen an den Tag brachten, Teile I – III, Berlin 2009; vgl. EZA, 506/601: Sammlung »Historische Ostgebiete«

Köster, Kurt: Alphabet-Inschriften auf Glocken. Mit einem Katalog europäischer ABC-Glocken vom 12. bis zum 18. Jahrhundert (Mit 20 Abbildungen im Text und 17 Abbildungen im Anhang) in: Studien zur deutschen Literatur des Mittelalters (…) hg. v. Rudolf Schützeichel, Bonn 1979; S. 371–422

Kohte, Julius: Die ehemalige Kirche der Dominikaner in Berlin, in: Die Denkmalpflege, 24 Jg. (Berlin) 1922, S. 59–61

Kramer, Kurt: Glocken und Geläute in Europa, München 1988 m. 1 CD

Kramer, K.: Die Herkunft der Glocke und die Geschichte ihrer Zier, in: Das Münster, 42. Jg. 1989/H. 4, S. 312–318

Kramer, K.: Die Glocke. Eine Kulturgeschichte, Kevelaer 2007 (= Topos plus Taschenbücher, Bd. 597)

Kühne, Günther u. Elisabeth Stephani: Evangelische Kirchen in Berlin. Mit einer Einführung v. Oskar Söhngen, Berlin 1978, unveränd. Nachdr. 1986

Kühnlein, Max: Die Kirchenglocken von Gross-Berlin und seiner Umgebend. Berlin 1905

(Küster = Hg.) *Johann Christoph Müllers (…) und Georg Gottfried Küsters (…) Altes und neues Berlin. Das ist: Vollständige Nachricht von der Stadt Berlin, derselben Erbauern, Lage, Kirchen, Gymnasiis; inglei-chen von den Königlichen, und andern öffentlichen Gebäuden; dem Rath-Hause, dessen, und der Bür-gerschafft Gütern, Vorrechten, Privilegiis und andern das Policey- und Stadt-Wesen betreffenden Sa-chen. (…) In fünff Theilen verfasset (…) Erster Theil, Berlin 1737. – (2. Teil:) Fortgesetztes Altes und neues Berlin. Darinnen die Historie der Kirchen (…) wie auch der Hospitäler, Waysenhäuser und Gym-nasiorum in Berlin von ihrem Anfang biß auf izige Zeiten aus zuverlässigen Nachrichten erzehlet wird,* hg. von Georg Gottfried Küster (…), Berlin 1752 (= S. 437–1029)

Ledebur, Leopold Frh. v.: Beitrag zur Glockenkunde der Mittelmark, in: Märkische Forschungen – VI. Bd., Berlin 1858, S. 122–146

Lehr, André/Gimm, Martin/Hickmann, Ellen/Kubik, Gerhard: s. v. Glocken und Glockenspiele, in: MGG – 2., neu bearb. Ausg.; Sachteil 3 (Eng–Hamb), Kassel/Basel/London/New York/Prag/Stuttgart/Weimar 1995, Sp. 1420–1481 (m. Lit.)

Lexikon der Kunst – Architektur, Bildende Kunst, Angewandte Kunst, Industrieformgestaltung, Kunst-theorie. Neubearb. Bände 1–7, 1. Aufl. Leipzig: E. A. Seemann Verlag 1987, 1989, 1991–1994

(Lütkemann:) Deutsche Kirchen, Bd. 1: Die evangelischen Kirchen in Berlin (Alte Stadt). Gesammelt u. hg. v. (Dr.) Wilhelm Lütkemann, Berlin 1926

Lusus campanularum – Beiträge zur Glockenkunde. Sigrid Thurm zum 80. Geburtstag, hg. v. Tilman Breuer (= Arbeitshefte des Bayerischen Landesamtes für Denkmalpflege, 30) München 1986

Märkisches Museum – Bericht über die Erwerbungen des Jahres 1929 (Walter Stengel), Berlin 1930

Mahrenholz, Christhard: Glockenkunde, Kassel/Basel 1948

Mahrenholz, Chr.: s. v. *Glocken*, B. Abendland: Mittelalter und Neuzeit, in: MGG – Bd. 5, Kassel/Basel 1956, Sp. 276–291

Mahrenholz, Chr.: s. v. *Glocken*, in: RGG – 3., völlig neu bearb. Aufl., 2. Bd. (D-G), Tübingen 1958, Sp. 1621–1626

Marperger, Paul Jacob: *Horologiographia, Oder Beschreibung der Eintheilung und Abmeßung der Zeit, sonderlich des Tages und der Nacht-Stunden (...) Wobey zugleich ein wohlgementer Vorschlag gethan wird, wie in allen Städten (...) die Zeiger- und Schlag-Uhren, das nöthige Glocken-Läuten, die anmuthige Glocken-Spiele, und die Stadt- und Nacht-Wächter, oder Stunden-Ruffer ordentlich könten eingerichtet und bestellet seyn (...)* Dreßden und Leipzig, 1723. Fotomechan. Nachdr. d. Originalausg. 1723 nach d. Exemplar d. Universitätsbibliothek Leipzig, Leipzig 1977; Ausg. f. d. Verlag Georg D. W. Callwey, München 1977

Meyer, H(ermann) J(ulius) (Hg.): Meyer's Neues Konversations-Lexikon Für alle Stände. Original-Ausgabe; s. v. *Stahl*, in: 14. Bd. (Schminke – Tscherkassy), Hildburghausen/New-York 1860; S. 649–652.

Mirbach, E(rnst) Freiherr von: Die drei ersten Kirchen der Kaiserin für Berlin – Erlöserkirche. Himmelfahrtkirche. Gnadenkirche. (Als Ms. gedr.) Berlin 1902

Niemann, Hartwig A. W.: s. v. *Glocken*, in: TRE, Bd. XIII, Berlin/New York 1984, S. 446–452

Niemann, H.: Glockenfragen in Geschichte und Gegenwart. Zur Eröffnung einer neuen Rubrik in der Zeitschrift »Das Münster«, in: Das Münster, 42. Jg. 1989/H. 3, S. 217–222

Nündel, Beate: Die Geschichte des Friedhofs der Evangelischen St. Laurentius-Stadtkirchengemeinde Berlin-Köpenick, in: Die St. Laurentius-Stadtkirche in Berlin-Köpenick. Geschichte und Gemeindeleben. Festschrift zum 175. Kirchweihjubiläum der heutigen Kirche. Hg. v. Verein zur Förderung der Ev. St. Laurentius-Stadtkirchengemeinde Berlin-Köpenick e. V. (Einführung v. Barbara Schwantes, Vorsitzende) Berlin 2016 = Hausgeschichte(n) aus Treptow-Köpenick, Band 6, S. 49–65

Otte, Heinrich: Handbuch der kirchlichen Kunst-Archäologie des deutschen Mittelalters, 5. Aufl. In Verbindung mit dem Verfasser bearb. v. Ernst Wernicke – 1. Bd., Leipzig 1883; S. 68/69 (Nr. 22.a), S. 352–359 (Nr. 54.), S. 442–447 (Glockeninschriften) u. passim

Otte, H.: Glockenkunde; 2., verbess. u. verm. Aufl. Leipzig 1884

Poettgen, Jörg: Fadenreliefs und Ritzzeichnungen – der weite Weg von Walter Kühne und Richard Heinzel zu Ingrid Schulze und Kurt Hübner, in: JbGk, 15./16. Bd. 2003/2004, S. 441–443

Poettgen, J.: 700 Jahre Glockenguß in Köln – Meister und Werkstätten zwischen 1100 und 1800, Worms 2005 (= Landschaftsverband Rheinland. Arbeitshefte der rheinischen Denkmalpflege, 61)

Poettgen, J.: Heinzel-Kartei und Schuster-Manuskript – zwei nahezu unbekannte Materialsammlungen zur mitteldeutschen Glockenkunde, in: JbGk, 19./20. Bd. 2007/2008, S. 539–541

Pomplun, Kurt: Berlins alte Dorfkirchen, Berlin (1962) ²1963, ⁴1973 (= Berlinische Reminiszenzen, 38) ⁵1976 (= Berliner Kaleisdoskop. Schriften zur Berliner Kunst- und Kulturgeschichte, Bd. 3) ⁶1984

Reindell, Walter: Die Glocken der Kirche, in: Leiturgia. Handbuch des evangelischen Gottesdienstes, Bd. IV: Die Musik des evangelischen Gottesdienstes, Kassel 1961; S. 857–887

Riedel CDB = Riedel, Adolph Friedrich (Hg.): Codex Diplomaticus Brandenburgensis. Sammlung der Urkunden, Chroniken und sonstigen Quellenschriften für die Geschichte der Mark Brandenburg und ihrer Regenten. I. Haupttheil, 2. Band: Geschichte der geistlichen Stiftungen, der adlichen Familien, so wie der Städte und Burgen der Mark Brandenburg; Berlin 1842

Ronig, Franz J. (Red.): Der Trierer Dom – m. Beiträgen v. G. Bereths, (…) F. Ronig (…) u. a. = Rheinischer Verein für Denkmalpflege und Landschaftsschutz (Hg.): Jahrbuch 1978/79, Neuss 1980

Sartori, Paul: Das Buch von deutschen Glocken. Im Auftrage des Verbandes deutscher Vereine für Volkskunde geschrieben (…) Berlin u. Leipzig 1932

Sauer, Joseph: Symbolik des Kirchengebäudes und seiner Ausstattung in der Auffassung des Mittelalters. Mit Berücksichtigung von Honorius Augustodunensis, Sicardus und Durandus. 2., vermehrte Aufl. (Freiburg im Breisgau 1924), unveränd. fotomechan. Nachdr. Münster/Westf. 1964; S. 140–155 (Turm und Glocke) u. S. 395–399 (Nachträge)

Sauermann, Ernst: Die deutsche Glocke und ihr Schicksal im Krieg, in: DtKuDpf, 10. Jg. 1952/H. 1, S. 14–32; 30 ff.: Glockenliteratur[546]

Schad, Carl Rainer: Wörterbuch der Glockenkunde, Bern (u. a.) 1996

Schaeben, J(akob): s. v. *Glocke*, I. Kirchenmusikalisch, in: LThK – 2., völlig neu bearb. Aufl., Bd. 4 (Faith and Order – Hannibaldis), Freiburg 1960, Sp. 962 ff.

SchdtBd 1 = Schicksale deutscher Baudenkmale im zweiten Weltkrieg. Eine Dokumentation der Schäden und Totalverluste auf dem Gebiet der Deutschen Demokratischen Republik. Hg. u. red. bearb. v. Götz Eckardt. Geleitw. v. Ludwig Deiters. Bearb. v. Horst Drescher et alii. Bd. 1, Berlin/München (Lizenz-Ausg.) 1978

Schiller, Friedrich: Das Lied von der Glocke (1799), in: Schillers Werke – Nationalausgabe. Begr. v. Julius Petersen. Fortgef. v. Liselotte Blumenthal u. Benno von Wiese. Hg. im Auftrag der Nationalen Forschungs- und Gedenkstätten der klassischen deutschen Literatur in Weimar (Goethe- und Schiller-Archiv) u. des Schiller-Nationalmuseums in Marbach v. Norbert Oellers u. Siegfried Seidel. Zweiter Band, Teil I: Gedichte in der Reihenfolge ihres Erscheinens 1799–1805 (…) Weimar 1983, S. 227–239

Schilling, Margarete: Glocken und Glockenspiele. Mit Fotos v. Klaus G. Beyer, (Rudolstadt) Gütersloh 1982

Schilling, M.: Glocken – Gestalt, Klang und Zier. Bilder v. Klaus G. Beyer u. Constantin Beyer, Dresden 1988 (Rez. v. Jörg Poettgen, in: JbGk, 1./2. Bd. 1989/90, S. 164–166)

Schilling, M.: Das Lauchaer Glockenmuseum – Die Gießer und ihre Glocken. Hg.: Stadt Laucha a. d. Unstrut (m. e. Vorwort v. Bürgermeister Ebbinghaus); Apolda (1991)

Schmidt, Rudolf: Märkische Glockengießer bis zum Jahre 1600. Ein Beitrag zur Glockenkunde der Mark Brandenburg, in: JbBrKg, 14. Jg. 1916, S. 67–88

Schmidt, R.: Märkische Glockengießer im 17. und 18. Jahrhundert. Ein Beitrag zur Glockenkunde der Mark Brandenburg, in: JbBrKg, 15. Jg. 1917, S. 110–155

Schmidt, R.: Märkische Glockengießer im 19. Jahrhundert. Ein Beitrag zur Glockenkunde der Mark Brandenburg, in: JbBrKg, 16. Jg. 1918, S. 68–76; Nachträge: S. 77–93

Schmitz, Heinz-Walter: Vom Glockenideal zur Glocken-Ideologie. Überlegungen zu den Grundlagen des Glockenwesens, in: JbGk, 11./12. Bd. 1999/2000, S. 345–358

Schritt, Sebastian: Das Trierer Domgeläute in Geschichte und Gegenwart/Teil II: Geschichte – Das alte Domgeläute bis zu seinem Untergang am 14. August 1944, in: JbGk, 15./16. Bd. 2003/2004, S. 237–275

Schulze, Ingrid: Norddeutsche Glockenritzzeichnungen des späten 14. und 15. Jahrhunderts in ihren Beziehungen zur gleichzeitigen Malerei und Plastik, in: Wissenschaftliche Zeitschrift der Martin-Luther-Universität Halle – Gesellschafts- und Sprachwissenschaftliche Reihe, Jg. XI/7 (1962), S. 851–872

Schwanke, Jo: Gesprungene Glocken werden geheilt, in: Das Münster, 3. Jg. Heft 9/10, München 1950, S. 308 f.

Spatz, Willy: Der Teltow – 3. Teil: Geschichte der Ortschaften des Kreises Teltow. Im Auftrage des Kreisausschusses des Kreises Teltow auf Grund von Fidicins »Teltow« und von amtlichen Materialien, mit Berücksichtigung von Bau- und Kunstdenkmälern, neubearbeitet (…) Berlin 1912

Stache, Christa: Das Evangelische Zentralarchiv in Berlin und seine Bestände, Berlin 1992 (= Veröffentlichungen des Evangelischen Zentralarchivs in Berlin – Hg. v. Hartmut Sander, Bd. 5)

Stens, Jan Hendrik: Totgeglaubte leben länger – Zum Denkmalwert von Glocken aus Ersatzwerkstoffen, in: JbGk, 23./24. Bd. 2011/2012, S. 455–463

Stichler, Karl: Alt-Berlinische Glocken- und Geschützerinnerungen. Historische Skizzen und Stimmungsbilder, in: Der Bär, XXI. Jg. Berlin 1895 (Nr. 11) S. 125–127, (Nr. 12) S. 138–140

Theobald, Wilhelm: Technik des Kunsthandwerks im Zehnten Jahrhundert: Des Theophilus Presbyter Diversarum artium schedula. In Auswahl neu hg., übers. u. erläutert; Berlin 1933 (Drittes Buch: S. 152–160 = LXXXIV. De campanis fundendis / Vom Glockenguß, S. 400–434 = Erläuterungen zum Dritten Buch: LXXXIV)

Thiele, Eugen: Das Glockenspiel der Parochialkirche zu Berlin. Gedenkschrift zum zweihundertjährigen Jubiläum des Glockenspieles, nebst einem Anhange über das Glockengeläut. Im Auftrage des Gemeindekirchenrates verfasst (…) Berlin 1915. Neuaufl. u. d. Titel: Neue Töne für das alte Berlin. Die Parochialkirche und ihr Glockenspiel. Hg.: Hans Wall für Denk mal an Berlin e. V., Berlin 2012

(Thieme-Becker:) Allgemeines Lexikon der bildenden Künstler von der Antike bis zur Gegenwart. Begr. v. Ulrich Thieme u. Felix Becker. Hg. v. Hans Vollmer, 37 Bde. Leipzig 1907–1950

Thurm, Sigrid: Die Glocken im Krieg und in der ersten Nachkriegszeit, in: Das Münster, 43. Jg. 1990/H. 1, S. 37–42

Thurm, S.: Der Nürnberger Geschützgießer Sebald Beheim und seine Tätigkeit als Glockengießer, in: Das Münster, 43. Jg. 1990/H. 2, S. 159–164

Tosetti, Marianne: St. Marien zu Berlin. Aus 700 Jahren Kirchen-Geschichte. Fotos v. Volkmar Herre, Berlin (Ev. Verlagsanstalt) 1973

Türck, Walter C.: Die Dorfkirchen von Berlin, Berlin 1950 (Glocken S. 18 f.)

Veigel, Renate: Dulce melos tango … Die Kirchen- und Rathausglocken im Stadtmuseum Berlin, in: Jahrbuch Stiftung Stadtmuseum Berlin – Bd. VI, 2000; S. 84–127

Voß, Gotthard: Die Glocke als Gegenstand der Denkmalpflege, in: JbGk, 11.–12. Bd. 1999/2000, S. 15–17; S. 18 = Literaturauswahl (…) zum Thema Glockendenkmalpflege v. Konrad Bund

Walter, Karl: Glockenkunde, Regensburg u. Rom 1913

Wille, Klaus-Dieter: Die Kirchenglocken von Berlin (West). Zwischenbilanz aus einer zweijährigen Inventarisationsarbeit, in: Mitteilungen des Vereins für die Geschichte Berlins – gegründet 1865. 75. Jg. Heft 1, Januar 1979, S. 33–43

Wille, K.-D.: Die Glocken von Berlin (West) – Geschichte und Inventar. Unter Mitarbeit v. Lothar Fender u. Heinz Kroll; Berlin 1987 (= Die Bauwerke und Kunstdenkmäler von Berlin, Beih. 16) – Rez. v. K. Bund, in: JbGk, Bd. 1/2 (1989/90), S. 161–164

Wolff, F(elix): Die Glocken der Provinz Brandenburg und ihre Gießer, Berlin 1920 (= Denkmalarchiv der Provinz Brandenburg)

Wolff, Heinz: Glocken, Geläute, Türme; in: Das Münster, 35. Jg. 1982, S. 127–140 (S. 135 f. = Glockenraub; S. 137 f. = Gefährdungen)

Zimmermann, Walther: Glocken und Kunstlandschaft, in: DtKuDpf, 10. Jg. 1952/H. 1, S. 33–35[547]

Abbildungsnachweis

Teil 1

S. 12: Trier, »Greiffenklauturm« des Domes und Liebfrauenkirche von Westen nach den Luftangriffen im Dezember 1944;[548] Amt für kirchliche Denkmalpflege Trier (= «dom_Greiffenklauturm_1944.jpg«)

Abb. 1: "Germany Luebeck St Mary melted bells« von Arnoldius – Eigenes Werk (24. Mai 2006). Lizenziert unter CC BY – SA 3.0 über Wikimedia Commons –

Abb. 2: Landeskirchliches Archiv Hannover, S2 Nr. 18067; Foto: Th. Scheerer, Lübeck.[549]

Abb. 3: Amt für kirchliche Denkmalpflege Trier (= «dom_sued_1944.jpg«)

Abb. 4: Amt für kirchliche Denkmalpflege Trier (= «dom_W_1944.jpg«)

Abb. 5: Museum am Dom Trier, Fotoarchiv: Nr. 44.15.05; Foto: Theodor K. Kempf

Abb. 6: Museum am Dom Trier, Fotoarchiv: Nr. 44.12.16; Foto: T. K. Kempf

Abb. 7: Mirbach 1902, Taf. zw. S. 300 u. S. 301 (Repr.: Dr. Wolfgang Beyrodt, FUB, KHI)

Abb. 8: LDA Berlin, Fotoarchiv: FI-01-4487 (1953 als Aufnahmejahr handschriftlich hinzugefügt)

Teil 2

Alle Abbildungen, wenn nicht anders angegeben, mit freundlicher Genehmigung des LDA Berlin, Fotoarchiv: (Abb.) S. 48, Abb. 1 bis 13, 15, 17 bis 22, 25, 27 bis 32

Abb. 14: Mirbach 1902, Tafel zw. S. 300 u. S. 301 (Repr.: Dr. Wolfgang Beyrodt, FUB, KHI)

Abb. 16: Verfasser

Abb. 23–24: Wolfgang Bittner, LDA Berlin

Abb. 26: Michael Hofmann, Berlin

Anmerkungen zu Teil 1

1. Vgl. hierzu ihren Beitrag in: Das Münster, 43/1990, S. 37 ff. (s. u. Literatur) Sigrid Thurm sieht sich als »die einzige noch Lebende (…) die das Schicksal der Glocken von Beginn des Krieges bis in die erste Nachkriegszeit miterlebt hat«; ibidem, S. 42.
2. Adam Horn, Rez. in: Das Münster, 13/1960, S. 135.
3. Grundmann, Vorwort zu DGA 1959, Bd. 1.
4. Horn 1960, S. 135.
5. Kurt Kramer war langjähriger Glockensachverständiger der Erzdiözese Freiburg.
6. Niemann 1989, S. 217. – Der »Beratungsausschuß für das deutsche Glockenwesen« wurde im Jahre 1927 auf der Internationalen Ausstellung »Musik im Leben der Völker« in Frankfurt a. M. durch die dort auf Einladung des Domkapellmeisters Peter Griesbacher, Regensburg, versammelten »amtlichen Glockensachverständigen und Glockengießer aus allen deutschen Ländern« gebildet. 1945 wurde er erneut »im Auftrage des Vorsitzenden der Fuldaer Bischofskonferenz und des Vorsitzenden des Rates der Ev. Kirche in Deutschland bestätigt«. EZA, 2/4628: (Text) o. Titel o. Datum (1950) = S. 1–5, hier S. 1. Vgl. im Einzelnen auch Niemann 1989, S. 217 ff.
7. Hubert Feichtlbauer: Sein Leben – Zum 20. Todestag Friedrich Heers (18. September 2003), http://www.friedrichheer.com/biographie/feichtlbauer.html; letzter Zugriff am 22.6.2016.
8. Niemann 1989, S. 222; vgl. hierzu Das Münster, Jge. 42/1989 ff. (passim).
9. Zit. n. Niemann 1989, S. 222. – Bereits 1952 hatte F. Heer in Bezug auf das Reich Kaiser Karls des Großen geschrieben: »Die Glocken verkünden den Sieg des himmlischen und irdischen Herrn, die Ausweitung seiner Herrschaft, seines Friedensraums, in den der böse Feind nun nicht mehr eindringen kann.« (Heer 1952, S. 27)
10. Kramer 2007, S. 103; vgl. im Folgenden S. 103–109 (Angaben und Zitate ohne Belege).
11. Thurm, Beheim 1990, S. 159 ff.
12. Vgl. hierzu Sartori 1932, S. 131 (S. 131 ff. = Die Glocke als Kriegsopfer).
13. Die Büchse war gleichsam eine Vorläuferin der Kanone.
14. Caemmerer 1915, Nr. 3 = Letzter Wille Kurfürst Friedrichs I. (Cadolzburg 1440 September 18), S. 22–26; hier S. 25: »Item wir schaffen, das virhundert hungerisch (ungarische) guldein ausgericht werden zu einer ewigen messe zum heiligen plute (… = Anm. 1: »Zu Wilsnack« …) und etwevil kupfers zu unser liben frauen zu Berlin an glocken, daraus wir püchsen lißen machen, das das unser sune marggraf Fridrich ausrichten sol«.
15. E(rnst) Neubauer: Magdeburger Glocken, in: Geschichts-Blätter für Stadt und Land Magdeburg, 51/52. Jg. 1916/17, S. 47–154; Kloster U. L. Frauen: S. 67–69, hier S. 67. Hinweis: Karl Weidel (in Verbindung m. Hans Kunze): Das Kloster Unser Lieben Frauen in Magdeburg, Augsburg 1925; S. 8 f. u. S. 95 Anm. 58 (= S. 120 u. S. 121, Nr. 17).
16. Neubauer (wie Anm. 15), S. 67.
17. Die drei Glocken dieser Kirche wurden 1631 von Johann Reuter, Mainz (»JOHAN REVTTER VÖ MEINTZ«) gegossen; Die Kunstdenkmäler der Rheinprovinz, 7. Bd. I. Abt(eilung) = Die Kunstdenkmäler der Stadt Köln: 2. Bd. I. Abt. = Die kirchlichen Denkmäler der Stadt Köln (St. Gereon – St. Johann Baptist – Die Marienkirchen – Groß St. Martin) Düsseldorf 1911, S. 155 f. – Nach Verlusten im Zweiten Weltkrieg ist allein die größte Glocke (»Maria«) erhalten geblieben. Die »berühmte Tilly-Glocke Kölns« konnte trotz schwerer Kriegsschäden in der Schweiß-Lehrwerkstatt der Farbenfabriken Bayer zu Leverkusen vollständig wieder hergestellt werden; Schwanke, S. 308 f.
18. Vgl. https://de.wikipedia.org/wiki/Pummerin#Alte_Pummerin, letzter Zugriff am 22.6.2016.
19. Gewicht: 5.680 kg; Schilling 1991, S. 32 u. Abb. S. 28. (Die Glocke erwähnt – jedoch ohne Angabe von Gussjahr und Gießer – in: Beschreibende Darstellung der älteren Bau- und Kunstdenkmäler der Provinz Sachsen, Bd. XXIV: Stadt Naumburg. Bearb. v. Heinrich Bergner, Halle a. d. S. 1903, S. 321.)
20. Mitteilung: Henry Mill, Vereinigte Domstifter zu Merseburg und Naumburg und des Kollegiatstifts Zeitz (Domstiftsarchiv Naumburg).
21. Gurlitt 1906, S. 505.
22. Peter, in: DGL Westfalen 1989, S. 6 u. S. 24.
23. Ibidem, S. 10.

24 Vgl. Hach 1913, S. 7 ff. – »Läuteglocken« = die zu den gottesdienstlichen Handlungen, in der Regel schwingend geläuteten Glocken. Die »Zeichen«- oder »Signier«-Glocken, in Norddeutschland auch »Schellen«, in diversen Regionen oft »Silber«- oder »Zimbelglocken« genannt, dienten insbesondere zum Vorläuten, d. h. vor den größeren Läuteglocken zu den sonn- und festtäglichen Gottesdiensten.
25 Hach 1913, S. 7 Anm. 2. Gegenwärtig ist nur noch die größte Glocke von 1591 (»Pulsglocke«) erhalten.
26 Zum Schicksal der Glocken in Frankreich nach 1789 vgl. Corbin 1995, passim; hier S. 79.
27 Christian Morgenstern: Palmström, Korf und Palma Kunkel – Sämtliche Dichtungen I (Neu hg. u. m. Nachw. v. H. O. Proskauer) Bd. 8, Basel 1973, S. 96.
28 Sauermann 1952, S. 14.
29 ARG Denkschrift 1952; vgl. hierzu auch Chr. Mahrenholz: Zur Frage der Glockenabgabe – Aussage vor der Wiedergutmachungskammer des Landgerichts Hamburg am 18.II.1952, in: ELAB, 1.1/982.
30 http://de.wikipedia.org/wiki/Christhard_Mahrenholz, letzter Zugriff am 22.6.2016.
31 Zum ARG vgl. jüngst auch Hoffmann 2011, S. 16 ff.
32 ARG Denkschrift 1952, S. 3. – Vgl. hierzu auch Thurm, Glocken 1990, S. 37 ff.
33 EZA, 1/1946: (Reichs-)Kriegsministerium – Kriegsamt am 19.5.1917 an die Oberpräsidenten (der Provinzen) und den Regierungspräsidenten in Sigmaringen (Reg.-Bez. Hohenzollern) = S. 1–8, hier S. 5.
34 Richtlinien für die geschichtliche und künstlerische Bewertung der durch die Verordnung vom 15. März 1940 in Anspruch genommenen Bronzeglocken. Im Einvernehmen mit der Reichsstelle für Metalle aufgestellt vom Konservator der Kunstdenkmäler im Reichsministerium für Wissenschaft, Erziehung und Volksbildung.
35 Richtlinien für die geschichtliche und künstlerische Bewertung der durch die Verordnung vom 15. März 1940 in Anspruch genommenen Bronzeglocken. Im Einvernehmen mit der Reichsstelle für Metalle aufgestellt vom Konservator der Kunstdenkmäler im Reichsministerium für Wissenschaft, Erziehung und Volksbildung. Hier zit. n. Exemplar in: EZA, 2/707 (= Bl. 1–6); hier Bl. 3, präzisiert auf Bl. 4 f. (Ein weiteres Exemplar in: BArch, R 5101/23870, fol. 23 ff.) – Vgl. Sauermann 1952, S. 15.
36 ARG Denkschrift 1952, S. 3 f.
37 EZA, 7/2803: Mahrenholz – Landeskirchenamt – in einem Schreiben am 9. Mai 1940 an »sämtliche Kirchenvorstände durch die Herren Superintendenten und den Herrn Konventual-Studiendirektor in Loccum«.
38 Zur D-Gruppe s. im Einzelnen EZA, 7/2803; das »Verzeichnis« in: EZA, 7/2804; BArch, R 5101/24151.
39 ARG Denkschrift 1952, S. 4.
40 Vgl. auch Thurm, Glocken 1990, S. 37.
41 EZA, 7/2803: EOK am 26. März 1940 an die »Evangelischen Konsistorien unseres Aufsichtsbezirkes« (gez. Dr. Werner).
42 EZA, 7/2803: Ev. Konsistorium der Mark Brandenburg am 21. Mai 1940 an den EOK. Es handelt sich um folgende Berliner Geläute: Berliner Dom, Apostel-Paulus-Kirche (Schöneberg), Neue Kirche (»Deutscher Dom« auf dem Gendarmenmarkt), Kaiser-Friedrich-Gedächtniskirche, Kaiser-Wilhelm-Gedächtniskirche, Thomaskirche, Kirche am Hohenzollernplatz, Gustav-Adolf-Kirche (Charlottenburg), Erlöserkirche (Moabit), Hochmeisterkirche (Halensee). Die Auswahl mutet eher willkürlich an, liegen ihr doch keine denkmalspezifischen Kriterien zugrunde. Dennoch verdient sie gleichsam als ein früher technischer Schritt zur klanglichen Wiedergabe von Glocken Beachtung. Bemerkenswert ist, dass hier auch stählerne Geläute – Erlöserkirche, Hochmeisterkirche – aufgezählt sind: Stahlgussglocken unterlagen in beiden Weltkriegen *nicht* der Abgabepflicht zur Verhüttung.
43 ARG Denkschrift 1952, S. 5.
44 ARG Denkschrift 1952, hier u. im Folgenden S. 5 f.
45 Dr. Robert Hiecke (1876–1952) wurde 1934 Ministerialdirigent im Reichsministerium für Wissenschaft, Erziehung und Volksbildung; vgl. Werner Bornheim gen. Schilling, s. v. Hiecke, Robert, in: Neue Deutsche Biographie 9 (1972), S. 106 f.
46 ARG Denkschrift 1952, S. 4. – Nachdrückliche Erwähnung verdient an dieser Stelle, dass namentlich »in denjenigen Gebieten, in denen die Partei Staat und Kirche völlig beherrschte, (…) auf die kirchlichen Belange und oftmals auch auf die Interessen der Denkmalpflege überhaupt keine Rücksicht mehr genommen« wurde. Dadurch erkläre sich, dass »einige Länder einen besonders hohen Glockenverlust erlitten haben. So waren z. B. in Mecklenburg (…) selbst Glocken aus dem frühen 13. Jahrhundert, die sonst als D-Glocken im heimatlichen Turm verbleiben durften, zur sofortigen Verhüttung freigege-

ben. Der Versuch, auf den Hamburger Lagern einige der wertvollsten Glocken durch Umstufung noch zu retten, hatte leider wegen der schwierigen Kriegsverhältnisse nur geringeren Erfolg« (ibidem, S. 4 f.).
47 Vgl. Thurm, Glocken 1990, S. 37. Auf die Einzelheiten hierzu wird später noch einzugehen sein.
48 Es handelt sich um das erwähnte Lager im Hamburger Freihafen am Reiherstieg sowie um den »Glockenfriedhof« in Hamburg-Veddel.
49 BArch, R 4901/12279: H(iecke) an das Amt W (V 2 Nr. 348/44II) Berlin, 2. Juni 1944.
50 BArch, R 4901/12288: Rundschreiben, Nr. 4/Berlin, 23. Oktober 1944.
51 BArch, R 121/1958: Bericht der Rüstungs-Kontor G.m.b.H., Außenstelle Brüssel (Rörig) v. 19. April 1943, betrifft: »Glockenaktion«.
52 BArch, R 121/1958: ibidem.
53 KDA I, S. X.
54 »Pulsglocke« (1745), »Maria« (1390), »Katharina« (1481), 1. Hälfte 14. Jahrhundert; zwei Uhrschlagglocken (1452, 1782). Die Bau- und Kunstdenkmäler der Freien und Hansestadt Lübeck: Bd. III (Kirche zu Alt-Lübeck. Dom. Jakobikirche. Aegidienkirche) Bearb. v. J. Baltzer u. F. Bruns, Lübeck 1920, S. 298–302; Hach 1913, S. 15–27.
55 Ursprünglich hingen elf Läuteglocken im Südturm: Da 1912 die »Rats- oder Kinderglocke« von 1650 in die Heilanstalt Strecknitz gelangte, hat sie als einzige Glocke des alten Geläuts von St. Marien dessen Zerstörung überdauert; vgl. hierzu Hach 1913, S. 65 Anm. 1 sowie jüngst https://de.wikipedia.org/wiki/Marienkirche_(Lübeck)#Glocken, letzter Zugriff am 22.6.2016. Vernichtet wurden: »Pulsglocke« (1669), »Bet- oder Bürgerglocke« (1713), »Sonntagsglocke« von 1508 (Gießer: Hinrich van Kampen), »Abendglocke« (1317?), »Beierglocke« (1430), drei »Beierglocken« (16. Jahrhundert), zwei »Zeichenglocken« (16. Jahrhundert? 1647?); sieben Glocken im Dachreiter: Stundenglocke (1510), Glockenspiel (1508-1510). Die Bau- und Kunstdenkmäler der Freien und Hansestadt Lübeck: Bd. II (Petrikirche. Marienkirche. Heil.-Geist-Hospital) Bearb. v. F. Hirsch, G. Schaumann u. F. Bruns, Lübeck 1906, S. 431–440; Hach 1913, S. 47–73.
56 Jörg Traeger: Ruine und Rekonstruktion in der Denkmalpflege – Grundsätzliches zum Fall der Dresdner Frauenkirche, in: Das Münster, 49. Jg. 1996, S. 218-226; hier S. 220 m. Abb. 7 = Blick in das zerstörte Südschiff der Marienkirche mit den herabgestürzten Glocken im Vordergrund. – Vgl. auch KDA I, S. 18; Hansestadt Lübeck (M. e. Geleitw. v. Stadtpräsident Gaul u. Bürgermeister Wartemann) = Die Schönen Bücher, Reihe D: Deutsche Städte (Hg.: Dr. Wolf Strache) Bd. 27, Stuttgart 2. Aufl. 1963, Abb. S. 31 (= »Die zerborstenen Glocken in St. Marien«/Foto: W. Strache).
57 Fünf Glocken im Westturm, am 28.3.1945 beim Brand des Domes zerstört: (I./II.) 1270, (III.) 1251, (IV./V.) 1306; vier mittelalterliche – undatierte und deshalb verkannte - Glocken im 1945 vernichteten Dachreiter über der Vierung waren bereits gegen Ende des Ersten Weltkrieges eingeschmolzen worden. Vgl. Bau- und Kunstdenkmäler von Westfalen: 50. Bd./Teil II = Stadt Minden - Bearb. v. Fred Kaspar u. Ulf-Dietrich Korn. Altstadt 1 – Der Dombezirk, Teilbd. 1. Bearb. v. Roland Pieper u. Anna Beatriz Chadour-Sampson (unter Mitarb. v. Elke Treude), Essen 1998, S. 845-852 (= VII.12.1). – Bis zur Beschlagnahme der Dachreiterglocken 1917 besaß der Mindener Dom »das umfangreichste Geläute des 13./14. Jahrhunderts im damaligen deutschen Reich« (DGL Westfalen, S. 29).
58 Vier Glocken aus dem ersten und zweiten Drittel des 14. Jahrhunderts – die »Chorglocke« datiert 1324 –, zwei Glocken von 1408 (»Betglocke«) u. 1418 sowie die beiden Uhrschlagglocken von 1482 u. 1494; DGA, Bd. 3: Mittelfranken, S. 311 f. = Kat.-Nrn. 880-888.
59 Bei dem Brand der Marienkirche Ende April 1945 zugrunde gingen eine dem späten 13. und zwei dem 14. Jahrhundert zugeschriebene Glocken sowie die 1371 gegossene große Glocke »Osanna«. Zwei weitere Glocken waren bereits 1942 zur Verhüttung abgeliefert worden. Nach Kriegsende zurückgekehrt ist lediglich die 1426 gegossene sogenannte Maria oder Mittelglocke: 2007 restauriert, erfolgte schließlich am Pfingstsonnabend 2014 ihre erneute Aufhängung im Nordturm der Marienkirche; https://de.wikipedia.org/wiki Marienkirche_Frankfurt_(Oder)#Glocken, letzter Zugriff am 22.6.2016. – Zu den Glocken von St. Marien vgl. Christian Wilhelm Spieker: Beschreibung und Geschichte der Marien- oder Oberkirche zu Frankfurt a. d. O., Frankfurt a. d. O. 1835, S. 7-9; Die Kunstdenkmäler der Provinz Brandenburg: Bd. VI, Teil 2 = Die Kunstdenkmäler der Stadt Frankfurt a. O., Berlin 1912, S. 79; F. Wolff, S. 139 = F St 3, Nr. 1-6; zuletzt Claus Peter: Die alten Glocken der Marienkirche zu Frankfurt an der Oder – ein untergegangenes Denkmal brandenburgischer Glockengeschichte, in: JbGk 25./26. Bd. 2013/2014, S. 337-348.

60 Thiele (passim); s. im Einzelnen Teil 2, u. a. Anm. 189 sowie S. 69.
61 ARG Denkschrift 1952, S. 6 f.
62 ARG Denkschrift 1952, S. 11. Zur Rückführung der Glocken s. auch EZA, 2/707, Bl. 1–3: »Besprechung« am 29.1.1946 in Hamburg.
63 ARG Denkschrift 1952, S. 6.
64 Malente, 26.1.1944: Sauermann an Ministerialdirigent Dr. Hiecke; vgl. im Einzelnen BArch, R 4901/12288.
65 Besonderes Interesse verdienen hier zwei Notizen über die Ausstellung »Glocken läuten über Deutschland« vom 15. Juni bis 31. August 1950 im Altonaer Museum zu Hamburg, die auf das Glockenarchiv aufmerksam macht (Lothar Schreyer, in: Das Münster, 3/1950, S. 311) sowie über das im Hamburger Jenischhaus befindliche »einzigartige() Glockenatlas-Archiv«, auf dessen Basis ein »großer deutscher Glockenatlas vorbereitet« werde (Das Münster, 13/1960, S. 353).
66 EZA, 2/4635: Kirchenkanzlei der EKD, Hannover-Herrenhausen, am 27. April 1966 an die Kirchenleitungen der evangelischen Landeskirchen in Deutschland.
67 L. Veit: Das Deutsche Glockenarchiv im Germanischen Nationalmuseum 1965–1985, in: Lusus campanularum, S. 91-98 (vgl. Breuer, S. 145).
68 ARG Denkschrift 1952, S. 11.
69 EZA, 7/2804: Der Provinzialkonservator von Schleswig-Holstein – gez. Dr. Sauermann – an die obersten Behörden der deutschen evangelischen Landeskirchen, Malente(?) August 1945 (Abschrift: Deutsche Evangelische Kirchenkanzlei, Göttingen, 11.8.1945).
70 ARG Denkschrift 1952, S. 11.
71 Vgl. EZA, 7/2804: Evangelischer Pressedienst, 18. März 1947 (»Die Kirchenglocken kehren zurück«).
72 ARG Denkschrift 1952, S. 11; vgl. EZA, 7/2804: Mitteilung des ARG-Vorsitzenden Mahrenholz v. 18. Nov. 1947 an die »Obersten Kirchenbehörden im Bereich der russischen Besatzungszone«, dass »die Aufnahme und Entschlüsselung der aus der Ostzone stammenden Glocken« in absehbarer Zeit zum Abschluss kommen werde. – Zur Rückführung der Glocken s. auch EZA, 7/2805.
73 Siehe im Einzelnen ARG Denkschrift 1952, S. 11 ff., hier S. 12. – Beachtung verdient in diesem Zusammenhang auch ein »Reisebericht über die am 4. September in Apolda mit dem Inhaber der Firma Franz Schilling Söhne erfolgte Besprechung über das Schicksal der inzwischen aus Oranienburg nach Apolda abtransportierten Brandenburgischen Kirchenglocken« (gez. Dr. Dobert); EZA, 7/2804.
74 ARG Denkschrift 1952, S. 19 f.
75 ARG Denkschrift 1952, S. 20; im Einzelnen S. 20–26.
76 ARG Denkschrift 1952, S. 20 f.
77 Mahrenholz beendete seine Tätigkeit für den ARG am 26.3.1973; EZA, 108/506.
78 Hoffmann, S. 24.
79 Peter, in: DGL Westfalen, S. 31.
80 EZA, 7/2804: O(ber-)L(andes-)Kirch(en-)R(at) Prof. Dr. Mahrenholz am 25.2.1948 an die »Obersten Kirchenbehörden«.
81 EZA, 4/1118: Hannover, 9. Juli 1951, an die »obersten deutschen Kirchenbehörden«.
82 A. Ludorff: Die Bau- und Kunstdenkmäler des Kreises Hattingen (= Die Bau- und Kunstdenkmäler von Westfalen, Bd. 29) Münster i. W. 1909, S. 46, gibt als Gussjahr 1468 an.
83 DGL Westfalen, S. 10.
84 Irsch 1931, S. 309–312; Schritt 2003/04, S. 237 ff.
85 Schritt 2003/2004, S. 246.
86 Vgl. Schritt 2003/2004, S. 275.
87 Schritt 2003/2004, S. 275. Paul Schuh erwähnt den Nachkriegsabgang dieser beiden Domglocken erstaunlicherweise nicht, vermutet sie vielmehr »irgendwo auf einem Schrotthaufen in Norddeutschland vergessen und verschollen« (Trierer Domglocken einst und jetzt – Eine geschichtliche und klangkritische Studie, in: Ronig 1980, S. 422–432; hier S. 431 Anm. 29). – Zum neuen Domgeläut vgl. S. Schritt: Das Trierer Domgeläute (…)/Teil I: Gegenwart – Das heutige Domgeläute von 1951, in: JbGk, 13/14 (2001/02), S. 357 ff. Auch dieses zehnstimmige, für seine Zeit beachtliche Geläut verdient heute als eines der ersten – von der Gießerei Otto in Bremen-Hemelingen – aus Bronze gegossenen Großgeläute der Nachkriegszeit durchaus wiederum Denkmalschutz; vgl. Schritt 2003/2004, S. 381.
88 BArch, R 5101/23064: Schreiben v. 3. April 1922.

89 H(ans) Rolli: Geläuteergänzung zu alten Glocken; Referat, gehalten am 7.6.1956 auf dem Deutschen Glockentag in Nürnberg, in: EZA, 7/2806 (= S. 1–4); hier S. 2.
90 Ibidem, S. 2.
91 Ibidem, S. 4.
92 F(ranz) Dambeck: Schutz der Glocke als Klanginstrument – Forderungen der Denkmalpflege, Korreferat auf dem Dt. Glockentag Nürnberg, 7.6.1956; in: EZA, 7/2806 (= S. 1-4) hier u. im Folgenden S. 1.
93 Ibidem, S. 1.
94 Ibidem, S. 2 f. – Erwähnung verdienen an dieser Stelle zwei Beispiele der Zeit nach dem Ersten Weltkrieg aus dem Raum Berlin für die Anschaffung eines neuen Gusseisen- oder -stahlgeläuts ohne ergänzende Verwendung historischer Bronzeglocken, die von der Ablieferung verschont geblieben waren. Im einen Fall verkaufte die Gemeinde die erhaltene Bronzeglocke, im anderen dagegen verblieb die alte Glocke in der Kirche und erhielt später eine neue Funktion. – Die ev. Kirchengemeinde Berlin-Dahlem veräußerte die einzige von der Verhüttung verschont gebliebene historische (Bronze-)Glocke der St.-Annen-Kirche, die »durch Anschaffen eines Gusstahlgeläuts entbehrlich geworden war«, für die Kapelle des Friedhofs an der Heerstraße (EZA, 7/2957: Ev. Konsistorium der Mark Brandenburg am 30.7.1923 an den EOK, Bln.-Charlottenburg. Zum einst dreistimmigen, mittelalterlichen Geläut der Kirche vgl. Wolff 1920, S. 76 = P 10, Nr. 108–110). – Von den drei historischen Bronzeglocken der Dorfkirche in Hönow an der Stadtgrenze zu Berlin (heute Landkreis Märkisch-Oderland) mussten 1917 zwei abgeliefert werden; lediglich die 1473 gegossene Glocke blieb verschont. 1923 erhielt die Kirche ein dreistimmiges Geläut (Schlagtöne: g^1-b^1-c^2) aus »Klangstahl« (www.dorfkirche-hoenow.de/glocken-2, letzter Zugriff am 22.6.2016), laut einer anderen Angabe dagegen aus »Eisenhartguss«; vgl. (Hönow-Dorfkirche: Vollgeläut) https://www.youtube.com/watch?v=hpKEIPq_NBA, letzter Zugriff am 22.6.2016. Die erhaltene Bronzeglocke wurde ebenfalls nicht in das neue Geläut integriert, verblieb jedoch in der Kirche und diente seit 1934 als Taufe (Kd-ProvBrandenbg – Bd. III.4: Die Kunstdenkmäler des Kreises Niederbarnim, Berlin 1939, S. 127). Gegen Ende des Zweiten Weltkriegs schließlich ist sie abgegangen (www.dorfkirche-hoenow.de/(…), letzter Zugriff am 22.6.2016).
95 Ibidem, S. 3.
96 Ibidem, S. 4.
97 Bund 1999/2000, S. 9.
98 DGA 3: Mittelfranken, S. 307 (858).
99 Matthias Walter in: JbGk, 21/22 (2009/10), S. 483/484 (= Rez. zu Jörg Poettgen: Aachener Domglocken – Das barocke Geläut des Aachener Marienstifts …, Aachen 2009).
100 Die Kunstdenkmäler der Provinz Hannover, II.4. = Stadt Hildesheim – Kirchliche Bauten, bearb. v. Adolf Zeller, Hannover 1911, S. 67 ff.
101 Bund 1999/2000, S. 9; vgl. jüngst www.dom-hildesheim.de/de/content/gewicht-der-domglocken, letzter Zugriff am 22.6.2016.
102 Laut 1942 erstelltem »Verzeichnis der Bronzeglocken im Reich, deren dauernde Erhaltung wegen ihres geschichtlichen oder künstlerischen Wertes befürwortet wird (Gruppe D)«. – Siehe auch BArch, R 5101/24151, S. 6: (»Meldebogen«-)Nr. 1 (= «Hosanna« von 1258) u. Nrn. 2–5; vgl. DGA 4: Baden, S. 122 (18).
103 Bund 1999/2000, S. 10. – Siehe auch DGL Baden – Hohenzollern, S. 38 u. S. 73, Nr. 51. Es sei hier allerdings erwähnt, dass dem Geläut von 1842 ebenfalls historische Glocken – mit Ausnahme der 1258 gegossenen »Hosanna« – zum Opfer gefallen waren: die »Predigtglocke« von 1281, die »Betzetglocke« von 1300, die Stunden- oder Uhrenglocke von 1363, eine Glocke von 1481, die »Vigil«- oder »Bruderschaftsglocke« von 1570, die »Scheid- oder Totenglocke« von 1735 sowie die »Zinsglocke« von 1773; vgl. J. Sauer: Geschichte und Schicksale der Glocken Badens, in: Freiburger Diözesan-Archiv, Neue Folge, Bd. 37, 1936, S. 77–132, hier S. 105 (Hinweis: DGA 4, wie Anm. 102).
104 Andreas Philipp: Die Glocken, www.freiburgermuenster.info/html/content/die_glocken (…), letzter Zugriff am 22.6.2016. – Zum Rosenlächer-Geläut vgl. https://de.wikipedia.org/wiki/Glockengießerei_Rosenlächer, letzter Zugriff am 22.6.2016.
105 Vgl. K. Kramer: Die Hosanna und das Geläute des Freiburger Münsters, Kevelaer 2008; Rund um die Glocke Hosanna, http://www.glocken-online.de/glockenaktuell/hosanna/geschichte.php, letzter Zugriff am 22.6.2016.

106 Bund 1999/2000, S. 10. Eine weitere erhaltene Glocke – die viertgrößte, ebenfalls von 1862 – war beschädigt und hat als Sockel für die Taufe im Altarraum Verwendung gefunden; https://de.wikipedia.org/wiki/Marktkirche_(Wiesbaden)#Glocken, letzter Zugriff am 22.6.2016.
107 Fehn 1959, S. 21.
108 Ibidem.
109 Fehn 1959, S. 22.
110 Fehn 1959, S. 22 f.
111 Fehn 1959, S. 24. Später nannte sich die Firma »Karlsruher Glocken- und Kunstgießerei«.
112 Vgl. Bund 1999/2000, S. 10. – Das neue, achtstimmige Geläut der Speyrer Gedächtniskirche (vgl. Fehn, S. 24 ff.) ist nichtsdestoweniger eines der bedeutendsten Bronzegeläute der Nachkriegszeit in Deutschland; vgl. das erwähnte, ebenfalls 1959 gegossene Schilling-Geläut des Freiburger Münsters.
113 Die Kunst- und Geschichts-Denkmäler des Grossherzogthums Mecklenburg-Schwerin. II. Bd. = Friedrich Schlie: Die Amtsgerichtsbezirke Wismar, Grevesmühlen, Rehna, Gadebusch und Schwerin; Schwerin i. M. 1898, S. 99.
114 Ibidem, S. 165.
115 C. Peter: Die Glocken der Wismarer Hauptkirchen – Bestand und Quellen, in: JbGk 5/6 (1993/94), S. 69–94; (Hinweis:) https://de.wikipedia.org/wiki/Nikolai-kirche_(Wismar)#Glocken, letzter Zugriff am 22.6.2016.
116 In: MONUMENTE 23. Jg. Nr. 1/Februar 2013, hier u. im Folgenden S. 19 f.
117 Knut Henkel (Hamburg): *Wenn im Kirchturm die Glocke fehlt – Kupfer ist in den vergangenen Jahren zu einem beliebten Diebesgut geworden – nicht einmal Friedhöfe sind vor den Langfingern sicher*; Neue Zürcher Zeitung, Nr. 53 v. 5. März 2013. (5.3.2013?)
118 W. Bertram: Jacob Mayer, der Erfinder des Stahlformgusses – Zur 125. Wiederkehr seines Geburtstages am 1. Mai 1938, Berlin 1938; Meyers Enzyklopädisches Lexikon. 9., völlig neu bearb. Aufl. – s. v. *Mayer, Jacob*: Bd. 15, Mannheim 1975, S. 795; Hinweise: https://de.wikipedia.org/wiki/Jacob_Mayer_(Fabrikant), letzter Zugriff am 22.6.2016.
119 Frank T. Leusch: Jakob Meyer – der Gießer der ersten Gußstahlglocke, in: Lusus campanularum, S. 63 f.
120 EZA, 7/2800, Bl. 100–107(V/R): B. V. am 5. Nov. 1857 an den EOK, Berlin. Ein weiteres Exemplar dieser »Denkschrift« in: GStA PK, I. HA Rep. 76 Kultusministerium, III Sekt. 1 Abt. XV, Nr. 12, Vol. II (s. d.).
121 Kitschke 1983, S. 64 u. S. 157.
122 Vgl. Leusch, Jakob Meyer (wie Anm. 119), S. 63.
123 Stens 2011/2012, S. 455.
124 Johannes Biehle: Vergleichende Bewertung von Bronze- und Gussstahl-Glocken, Vortrag vor den Synodalvertretern für Kirchenmusik am 3. Mai 1918 in Halle; in: EZA, 7/2955 (Bautzen, 6. Mai 1918). – Biehle war damals Dozent für Kirchenbau und Raumakustik an der Technischen Hochschule zu Berlin, außerdem Sachverständiger für Glockenwesen und Orgelbau des Konsistoriums der Sächsischen Landeskirche (BArch, R 4901/2287).
125 Ibidem.
126 Sitzung am 26. Februar 1920 im Berliner Reichstagsgebäude betr. Wiederherstellung der Kirchenglocken; BArch, R 3101/4272: fol. 204 ff. (= pag. 1–21). Anwesend waren u. a. die Reichskommissare Bierhoff (als Vorsitzender) und Adler, der (bereits mehrfach genannte) Regierungsrat Dr. Hiecke, Regierungsbaurat Terletziki, Geh. Oberkonsistorialrat Dr. Crisolli, Erzpriester Alesch, ferner – als Gäste – je ein Vertreter des Kultusministeriums (Geheimrat Lecius) und des Reichskommissars für die Abwicklung der Metallmobilmachung (Schneider).
127 BArch, R 3101/4272, fol. 211 (= 6).
128 Schreiben des Reichswirtschaftsministers – Referent Dr. Hertel – an den Reichsschatzminister v. 12. Mai 1920; BArch, R 3101/4272, fol. 258.
129 (»Abschrift«) Geistl. Rat Nienhaus am 10. September 1920 an den »Reichs- und Landtagsabgeordneten, Landesökonomierat« Herold; BArch, R 3101/4273, fol. 14 ff.
130 Ibidem, fol. 14: Die angeführten Berechnungen sind nicht richtig.
131 BArch, R 3101/4273, fol. 14.
132 Artur Neuberg: Glockenrufe, in: Tausend Jahre Meißner Land. Volksfestschrift des Kirchenbezirkes Meißen zur Jahrtausendfeier 1929, Meißen (1929), S. 168–170, hier S. 169: Neuberg lobt einerseits das »herrliche Bochumer Geläute« der Meißner Frauenkirche, begrüßt aber andererseits, dass der Meißner

Dom »in diesem Jahre wieder« sein komplettes Bronzegeläut erhalten werde; s. hierzu F. Schilling (Hg.): Die neuen Glocken des Meißner Doms, Apolda 1929 (Exemplar in: EZA, 7/2802).
133 Vgl. hierzu den noch zu besprechenden Beitrag v. J. H. Stens: JbGk, 23/24. Bd. 2011/12, S. 455 ff.
134 Zur 1762 in Brilon gegründeten Gießerei vgl. Gerhard Best/Theo Halekotte: Die ehemalige Glockengießerei Albert Junker – vormals Heinrich Humpert – in Brilon/Westfalen 1918 bis 1957, in: JbGk 3/4 (1991/92), S. 31–70 (Hinweis: https://de.wikipedia.org/wiki/Glocken-gießerei_Heinrich_Humpert# Geschichte, letzter Zugriff am 22.6.2016).
135 EZA, 7/2804: Ahlhorn/Ev.-luth. Landeskirche Hannover – Landeskirchenamt – am 19.1.1946 an die Landessuperintendenten und Superintendenten, betr. Glockenbeschaffung.
136 EZA, 7/2804: Ahlhorn, ibidem.
137 EZA, 4/1118: Beratungsausschuß für das deutsche Glockenwesen am 17. April 1952 an »die Obersten Kirchenbehörden, die Kultusministerien, die Landesämter für Denkmalpflege«.
138 EZA, 4/1118: »Stellungnahme zu den Stahlglocken des Bochumer Vereins«. Limburg, 15. April 1952 – = 3 S.: 1(V), 2(R), 3(V) – gez. Pabst (Domkapellmeister); hier S. 1.
139 Ibidem, S. 2 f.
140 ELAB, 1.1/985: Bericht über die Sitzung des B.A. in Hildesheim, Goslar, Braunschweig, Hannover; 12.–15. Juni 1961 (Unterz.: Prof. Wolfg. Reimann).
141 Eine frühe Bewertung von Guss-Stahlglocken z. B. b. Otte 1884, S. 74.
142 Lütkemann 1926, S. 30. – Siehe auch Schrey: Die elektrisch geläuteten Glocken der Georgenkirche in Berlin, in: Centralblatt der Bauverwaltung, XVIII. Jg. Nr. 8 (Berlin, 19. Febr. 1898), S. 91 f.
143 (VHZ = »Verwertung & Handelszentrum«) Eldenaer Straße (Friedrichshain); ELAB, 35/4196: Pfr. Moll/ GKR St. Georgen am 15. Okt. 1953 an den Minister für Schwermaschinenbau, Berlin.
144 ELAB, 35/4196, ibidem.
145 Laut Pfarrer Moll hatte die Glocke einen »heutigen Gestehungswert von DM 24.000,–« (ibidem).
146 Vgl. hierzu jüngst Bund 2013/2014, S. 400 m. Abb. 7. – Die Glocken II und III der Georgenkirche sind dagegen erhalten geblieben; ibidem, S. 400.
147 Mirbach 1902, S. 203–312; zu den Glocken: S. 242 u. 246, hier S. 300 f. (m. Taf.)
148 Vgl. https://de.wikipedia.org/wiki/Gnadenkirche_(Berlin-Mitte)#Die_Auguste_Viktoria_Glocke, letzter Zugriff am 22.6.2016. – Siehe hierzu im Einzelnen Teil 2, S. 84 f.
149 Jakob Schaeben: Anmerkungen zum Bericht Paul Schuhs über die Trierer Domglocken, in: Ronig 1980, S. 433 ff., hier S. 433.
150 Schmitz in: JbGk 11/12 (1999/2000), S. 354 f.
151 Schmitz 1999/2000, hier und im Folgenden S. 354.
152 Ibidem.
153 Limburger Richtlinien – Richtlinien für die klangliche Beurteilung neuer Glocken (1951), in: GGG (1)1986, S. 263 ff.; S. 268–270 = Erläuterungen zu den Limburger Richtlinien. (vgl. hierzu Niemann 1989, S. 218.)
154 Gerhard Hoffs: Glocken(musik) katholischer Kirchen Kölns, Köln 1985, S. 606 ff. (S. 619 u. S. 623); zit. n. www.glockenbuecherebk.de/pdf/glockenbuch_koeln.pdf, letzter Zugriff am 22.6.2016.
155 J. H. Stens: Totgeglaubte leben länger – Zum Denkmalwert von Glocken aus Ersatzwerkstoffen, in: JbGk 23/24 (2011/12), S. 455–463.
156 JbGk 23/24, S. 455.
157 JbGk 23/24, hier u. im Folgenden S. 455.
158 JbGk 23/24, S. 455/456, im Folgenden S. 456. »Genormte Armut des Geläuteklanges« lautet der Titel eines Beitrags von Gerhard D. Wagner, in: GGG (1) 1986, S. 261 ff.
159 JbGk 23/24 (2011/12), S. 456.
160 JbGk 23/24, S. 456 ff., 459 f. u. S. 460.
161 JbGk 23/24 (2011/12), S. 457, 456 u. 458.
162 JbGk 23/24, S. 459.
163 JbGk 23/24, S. 458 f.
164 JbGk 23/24 (2011/12), S. 463.
165 Am 15.10.2011 wurden die neuen Glocken durch den Berliner Weihbischof Dr. Matthias Heinrich geweiht; www.erzbistumberlin.de/medien/pressestelle/aktuellepressemeldungen/pressemeldung/datum/ 2011/10/11/erhaltet-den-dreiklangspanglockensegnung-am-15102011-um-10-uhrspan, letzter Zugriff

am 9.12.2016. – Die Stahlglocken wurden laut internen Informationen aus der Kirchengemeinde jedoch nicht zerstört, sondern an private Interessenten verkauft.
166 Zu den einschlägigen Debatten vgl. im Einzelnen bes. Schmitz 1999/2000, S. 354 f.; Stens, in: JbGk, 23/24 (2011/12), S. 455–463.
167 Wolff 1982, S. 136.
168 DpfBW, 43. Jg. 4/2014, S. 249.
169 Rolf-Dieter Blume/Ute Fahrbach-Dreher/Joachim Kinder/Lisa Masen/Michael Plitzner/Andreas Rupp: Die Stahlgussglocken der evangelischen Auferstehungskirche in Karlsruhe-Rüppurr – Ersatz für Bronzeglocken? In: DpfBW, 43. Jg. H. 4/2014, S. 248–252.
170 DpfBW 4/2014, hier u. im Folgenden S. 248.
171 DpfBW, 4/2014, S. 252 u.
172 DpfBW 4/2014, S. 248.
173 DpfBW 4/2014, S. 248 ff.
174 DpfBW, 4/2014, S. 252.
175 Veranstaltung des BA für das dt. Glockenwesen v. 9–11. Oktober 1967 in Köln, in: Das Münster, 20/1967, S. 494.
176 Zu den Glocken s. im Einzelnen http://de.wikipedia.org/wiki/Notre_Dame_de_Paris#Glocken, letzter Zugriff am 23.6.2016; vgl. hierzu auch: Projet de nouvelle sonnerie pour les tours de la cathédrale (Notre-Dame de Paris); http://www.notredamedeparis.fr/spip.php?article1211, letzter Zugriff am 23.6.2016.
177 www.wamsiedler.de/neue-glocken-für-die-kathedrale-notre-dame-de-paris, 20.10.2011 (letzter Zugriff am 23.6.2016).
178 www.wamsiedler.de/neues-vom-glockenprojekt-der-kathedrale-notre-dame-de-paris, 22.2.2012 (letzter Zugriff am 23.6.2016).
179 de.wikipedia.org/wiki/Kathedrale_Notre-Dame_de_Paris#Gel.C3.A4ut_bis_2012, letzter Zugriff am 23.6.2016.
180 Vgl. im Einzelnen www.wamsiedler.de/der-kampf-um-die-erhaltung-der-historischen-Glocken-von-notre-dame-de-paris, letzter Zugriff am 23.6.2016.
181 www.wamsiedler.de/historische-glocken-von-notre-dame-zurueck-in-paris, 24.2.2014 (letzter Zugriff am 23.6.2016).

Anmerkungen zu Teil 2

1. Schmidt 1916, S. 67.
2. Gemeindekirchenrat von St. Nikolai und St. Marien (Hg. u. Geleitw.): Die Berliner Marienkirche und ihre Kunstwerke. Bearb. v. Sibylle u. Ernst Badstübner, Dankwart Rahnenführer, Heinz-Georg Oertel (Kirchenmusiker!); Berlin (Evangelische Verlagsanstalt) 1975.
3. Helmut Engel (Landeskonservator Berlin (West)): Geleitwort zu Wille 1987, S. 3.
4. Siehe Literaturverzeichnis. Bereits 1976 hatte der Autor im Rahmen einer »auf privater Basis« entstandenen »Forschergruppe« mit der Erfassung der Kirchenglocken im Westteil Berlins begonnen: Wille 1979, S. 33 ff.
5. Wille 1987, S. 5.
6. Bund 1989/90, S. 161–164. – Der Rezensent erachtet diese Publikation unter anderem als »im Endergebnis leider mißlungen«; hier u. im Folgenden: JbGk 1/2, S. 161 ff. Eben weil nicht von Sachkundigen verfasst, erweise sich bereits der einleitende Teil mit seinen allgemeinen Darstellungen als »fehlerhafter Verschnitt aus Handbüchern«. – Kernaussagen der Kritik des Rezensenten sind unter anderem, dass Autor und Mitarbeiter offensichtlich »alleingelassen« worden seien. Es habe weder eine fachkundige Anleitung noch Begleitung dieser »eigentlich rühmens- und unterstützenswerten ›Bürgerinitiative‹ gegeben, noch hat der Landeskonservator (damals Helmut Engel, K. S.) als verantwortliche Fachbehörde den ehrenamtlichen Helfern gesagt, welche Daten, noch wie sie zu erheben waren, noch wurden die Ergebnisse in irgend einer Weise kritisch geprüft«. – Wie der Rezensent »ausdrücklich« betont, gilt der »Schimpf« nicht den Verfassern, die »im Rahmen ihrer Kenntnisse und Möglichkeiten mit großem Idealismus« ihr Bestes zu geben versuchten, sondern den verantwortlichen Fachleuten, die »Unwissende« hätten »ins Messer laufen lassen« und »aus welchen Gründen auch immer, bei der Arbeit alleingelassen«, schließlich aber »statt den Mantel des Schweigens« verantwortungsbewusst »über das ›Ergebnis‹ zu breiten, dieses noch an exponierter Stelle zum Druck befördert« haben (ibidem, S. 164). Bund kommt zu folgendem Resultat: Eine »Detailkritik des Buches würde den Rahmen einer Rezension sprengen«, man müsste es »zum großen Teil gleich neu schreiben« (ibidem, S. 161). – Nichtsdestotrotz ist der Band m. E. trotz ersichtlich fehlerhafter Angaben, namentlich der Schlagtöne etlicher Glocken, als quasi auflistendes Verzeichnis des West-Berliner Glockenbestandes durchaus nützlich.
7. Matthias Hoffmann-Tauschwitz (Text)/Harry C. Suchland (Fotos): Alte Kirchen in Berlin – 33 Besuche bei den ältesten Kirchen im Westteil der Stadt, Berlin 1986; 2., überarb. Aufl. 1991.
8. Die Carillons von Berlin und Potsdam, Berlin 1991 (s. Literatur); zur »Kunst des Carillonspiels« generell S. 62 ff., 85 ff., 99 ff.
9. Bossin 1991, passim; zuletzt Bossin 2013/14, S. 83 ff.
10. 1985 begann der VEB Apoldaer Glockengießerei mit dem Guss der Glocken; Bossin 1991, S. 108 ff.
11. Bossin 1991, S. 105 ff. – Zur Geschichte des Carillons: Bossin 1991, S. 115 ff. (= Viertes Kapitel)
12. https://de.wikipedia.org/wiki/Parochialkirche_(Berlin)#Wiederaufbau_von_Kirchturm_und_Glocken-spiel; letzter Zugriff am 22.11.2017; zum Wiederaufbau der Kirchturmspitze: Neue Töne für das alte Berlin (…) S. 104 ff.
13. Zum Museumsbestand der Alt-Berliner Kirchen- und Rathausglocken s. Veigel 2000, hier S. 117–127 = Bestandsverzeichnis (im Folgenden: BV).
14. Natürlich sofern aus Holz; vgl. hierzu die interdisziplinären Beiträge in: GGG, 2 Bde. Karlsruhe 1986 u. 1997.
15. Siehe hierzu u. a. Glockenmuseum Apolda (im Folgenden zit. als: GlMusApolda), S. 10 ff.
16. Kalb 1965, S. 322.
17. Schilling 1988, S. 7.
18. Eichler 2003, S. 5.
19. Kalb 1965, S. 322.
20. Zit. n. Boeckh 1, S. 10 (leider keine Quellenangabe).
21. Boeckh 1986, Bd. 1, S. 9 f. = Die Glocken der Vergangenheit.
22. Vgl. MGG 2.3, Sp. 1422 ff.
23. Theobald 1933, S. 401.

24 Zur Provenienz der Glocke und ihren Anfängen in Europa s. u. a. GlMusApolda, S. 10 ff.; MGG 2.3, Sp. 1454 ff.
25 Poettgen 2005, S. 47. – Der »Saufang« ist dem 7. bis 10. Jahrhundert zugeschrieben worden. Nach H. Rahtgens soll Bischof Kunibert (623–663) die Legenden zufolge von Schweinen aus einem Sumpf nahe der Cäcilienkirche gewühlte Glocke »geweiht« haben (Die Kunstdenkmäler der Rheinprovinz 6.IV.: Die kirchlichen Denkmäler der Stadt Köln, Düsseldorf 1916, S. 193, Nr. 5); s. auch Otte, Handb. 1883, S. 353 f. u. Fig. 141; vgl. ferner Theobald 1933, S. 401: 7. Jahrhundert; Kramer 1988, S. 34: 8/9. Jahrhundert; Franz Brill: Das Kölnische Stadtmuseum, Hamburg 1965, S. 33 u. S. 60, Abb. 24: »Vermutlich« 10. Jahrhundert.
26 Brepohl 1999, S. 263.
27 Mahrenholz 1956, Sp. 276 ff.; hier Sp. 278.
28 Die infolge einer grundlegenden einschlägigen Revision durch die Forschung der jüngeren Zeit konstatierte Identität des Theophilus mit dem bedeutenden Kunsthandwerker Roger von Helmarshausen (*um 1070, †15.2. nach 1125) ist hier nicht näher zu erörtern; s. hierzu beispielhaft: Lexikon der Kunst, s. v. Roger von Helmarshausen, Bd. VI (1994) S. 189 ff.; Poettgen 2005, S. 48 f.
29 Ilg 1874, I. Bd., S. 318–331; Theobald 1933, 3. Buch, S. 152–160 (Text) u. S. 400–434 (Erläuterungen); Brepohl, S. 256 ff. = LXXXV/85. Vom Glockenguß.
30 Siehe u. a. Mahrenholz 1956, Sp. 278; Schilling 1988, S. 110, 112 f., Abb. 101 ff.; MGG 2.3, Sp. 1456 f.
31 Mahrenholz 1956, Sp. 280/281; https: //de.wikipedia.org/wiki/Bienenkorbglocke; letzter Zugriff am 31.1.2017.
32 Brepohl 1999, S. 263; vgl. hierzu auch das einschlägige Kapitel b. Schilling 1988, S. 14 ff. (Formverfahren à cire perdue) sowie zuletzt Friske 2011/12, S. 383 ff.
33 Siehe im Einzelnen Brepohl 1999, S. 264–268. Als typisches Beispiel einer »Theophilusglocke« führt B. die Glocke aus Aschara bei Bad Langensalza an (jetzt im Glockenmuseum Apolda); diese wurde laut eingeschnittener Inschrift im 11. Jahrhundert von dem Glockengießer Wolfgerus gegossen (Brepohl, S. 263 u. 274, Abb. 85.1). – Eine der bedeutendsten erhaltenen Glocken in Bienenkorbform ist die Lullus-Glocke der ehemaligen Stiftskirche zu Bad Hersfeld. Gegossen wurde sie zur Zeit des Abtes Meginharius (1036–1059), in der jüngsten Literatur ist 1038 als Gussjahr angegeben: Friske 2006, S. 9: »1038 gegossen«. Bereits W. Theobald datiert die Glocke »um 1038«, vgl. Theobald 1933, S. 402 m. Abb. 120 u. S. 407 f. m. Abb. 125–128. Somit handelt es sich um die früheste datierte Glocke in Deutschland.
34 Theobald 1933, S. 403.
35 Brepohl 1999, S. 263.
36 Schilling 1988, S. 5.
37 GlMusApolda, S. 13.
38 Wille 1987, S. 53, S. 201 u. Abb. 108.
39 Schmidt 1916, S. 69: »*O rex glori(a)e – xpe* (Christe) *veni cum pace Anno Domini MCCCXXII in die Johannis ante postum* (= portam!) *latirum* (= Latinam!) *erat campana ista consummata in nomine Domini Amen*« (»O König der Ehre komme mit Frieden im Jahr des Herrn 1322 am Tage des (Hl.) Johannes vor der Lateinischen Pforte« = am 6. Mai). – Vgl. auch Wille 1987, S. 53, S. 201 u. Abb. S. 202.
40 Bergau 1885, S. 260; KdProvBrandenbg II.3: Stadt u. Dom Brandenburg, S. 81; Schmidt 1916, S. 69 f.
41 Siehe hierzu u. S. 69.
42 Vgl. im Einzelnen Schmidt 1916, S. 68 ff.
43 Siehe u. Abschnitt »Glockengießer(-Familien) und Gießereien in Brandenburg und Berlin«.
44 Schmidt 1916, S. 75.
45 Stichler 1895, S. 140.
46 Jerchel 1938, S. 123 f.
47 Schilling 1988, S. 232 f.; Edgar Schwer: Der Stückgießer Johann Jacobi, in: JbGk, 15/16, S. 448 f.
48 Siehe Verzeichnis Nr. 4.1. – Erwähnenswert ist außerdem die 1702 von Jacobi neugegossene große Glocke des Magdeburger Domes, die sogenannte Maxima oder Dicke Susanne (Schlagton e°).
49 Eichler 2003, S. 14.
50 Frank T. Leusch: Jakob Meyer – der Gießer der ersten Gußstahlglocke, in: Lusus campanularum, S. 63 f.
51 Vgl. Teil 1 dieses Buches (im Folgenden: Schulte Teil 1), S. 35.

52 Schilling 1988, S. 28 f.
53 Die Glocken von Zürich, in: »Kölnische Volkszeitung«, ohne Datum (fortan: o. Dat.); EZA, 7/2801: EOK, Eingang 23.8.1912.
54 Vgl. GlMusApolda, S. 68 f.; http://de.wikipedia.org/wiki/St_Petersglocke, letzter Zugriff am 8.12.2016.
55 Siehe u. Abschnitt »Güsse aus Ersatzwerkstoffen«.
56 Hubert Feichtlbauer: Sein Leben – Zum 20. Todestag Friedrich Heers (18. September 2003), http://www.friedrichheer.com/biographie.html; letzter Zugriff am 12.12.2016. – Adolf Gaisbauer: Friedrich Heer (1916–1983). Eine Bibliographie (= Veröffentlichungen der Kommission für Neuere Geschichte Österreichs, Bd. 79), Wien/Köln 1990.
57 Zit. n. Niemann 1989, S. 222 (leider keine exakte Zitatangabe zum »Aufsatz aus dem Jahre 1961«).
58 ELAB, 1.1/985: Bericht über die Sitzung des B.A. in Hildesheim, Goslar, Braunschweig, Hannover; 12.–15. Juni 1961.
59 EZA, 107/286: Domkapellmeister Pabst, Limburg, am 6. Januar 1962 an die Evangelischen Kirchenleitungen und Bischöflichen Ordinariate in Deutschland.
60 EZA, 2/440: Reichskirchenausschuß (gez. Mahrenholz), Berlin-Charlottenburg, am 19.8.1936 an die obersten Behörden der deutschen evangelischen Landeskirchen.
61 Albrecht 1983, S. 81.
62 Kalb 1965, S. 307 f.; ein Formular findet sich in Bd. IV der lutherischen Agende, S. 311.
63 ELAB, 29/73: Die »Forst- und Oeconomie-Deputation des Magistrats« (von Berlin) bittet unter dem 10. Febr. 1843 den Superintendenten »zu Charlottenburg« um eine Abschrift der Verordnung; ibidem: Verweis auf die »Geläute-Ordnung der Landdiöcese Berlin – Cöln« von 1840.
64 ELAB, 29/349: *Königliches Konsistorium der Mark Brandenburg* am 15 Febr. 1914 an die *Superintendenten im Geschäftsbereich der Abteilung Berlin*.
65 Albrecht 1983, S. 82.
66 Vgl. hierzu bes. Otte 1884, S. 27 ff. (III. Vom Gebrauche der Glocke.)
67 Albrecht 1983, S. 81.
68 Albrecht 1983, S. 82.
69 Zu den Glockengießern, Gießerfamilien und Gießereien in Brandenburg und Berlin: Schmidt 1916, 1917 u. 1918 (passim); Wolff 1920, S. 141 ff.; Eichler 2003 (passim). Zur Wirtschafts- und Sozialgeschichte dieses Berufsstandes s. im Einzelnen Eichler 2003, S. 5 ff.
70 Vgl. hierzu u. a. Schulte Teil 1, S. 14 f.
71 Eichler 2003, S. 9.
72 Eichler 1980, S. 109.
73 Eine Glocke in Sternebeck (Kr. Oberbarnim, gegenwärtig Lkr. Märkisch-Oderland), datiert um 1320, goss inschriftlich Veit Vogel (»der Sohn«): Schmidt 1916, S. 68 (1320 als Gussjahr angegeben); BuKd Bezirk Frankfurt/Oder, S. 74. Die zweite Glocke in Mörz (Kr. Zauch-Belzig, gegenwärtig Lkr. Potsdam-Mittelmark), gegossen von »O. Czirf« (Schmidt, S. 68) wird bereits dem 13. Jahrhundert zugeschrieben (BuKd Bezirk Potsdam, S. 26).
74 Schilling 1988, S. 21.
75 Veigel 2000, S. 101.
76 Hübner 1968, S. 6.
77 Edgar Lehmann, Vorwort zu: Hübner 1968, S. VII. Eine Eigenart der Glockenritzungen besteht laut Lehmann darin, dass diese gewissermaßen »nicht für Sicht gearbeitet« sind: »Wer sieht schon eine in einem Turm oder gar in einem Dachreiter aufgehängte Glocke! In ganz eigener Weise haben damit die Glockenritzungen den magischen Ursinn des Bildes bewahrt« (ibidem, S. VIII).
78 Veigel 2000, S. 101 u. S. 117/118 = BV 2.
79 Bergau 1885, S. 249; KdProvBrandenbg II.3: Stadt u. Dom Brandenburg, S. 30; Schmidt 1916, S. 70.
80 Veigel 2000, S. 93–101.
81 Siehe Verzeichnis Nr. 12.
82 Bund 1997, S. 70.
83 Schilling 1988, S. 27 ff.
84 Schilling 1988, S. 28 f.
85 Vgl. Das Münster, 48. Jg. 1/1995, S. 75.
86 Auf die von Wou gegossenen altmärkischen Glocken soll hier nicht näher eingegangen werden, da die

Altmark 1815 der Provinz Sachsen zugeordnet wurde und seitdem folglich nicht mehr zu Brandenburg gehört.

87 Bergau 1885, S. 99: »die ehemalige Klosterglocke (Dominikanerklosterkirche?) jetzt (1885) im Dom zu Berlin«.
88 Vgl. Schmidt 1916, S. 71; Wolff 1920, S. 187 (bereits b. Borrmann nicht erwähnt).
89 Eichler 1980, S. 108 f.
90 Zum Glockenguss in Frankfurt/Oder im Einzelnen: Eichler 1980, S. 108–114.
91 Jerchel 1938, S. 123.
92 Eichler 2003, S. 10.
93 Eichler 2003, S. 9.
94 Schmidt 1916, hier u. im Folgenden S. 75 f.
95 Eichler 2003, S. 199. Andreas II Moldenhauer goss in Brandenburg u. a. 1557 die noch erhaltene »Apostelglocke« für die St.-Gotthardt-Kirche (Bergau, S. 249; KdProvBrandenbg II.3: Stadt u. Dom Brandenburg, S. 30; Marcus Cante: Stadt Brandenburg an der Havel, Teil 1: Dominsel – Altstadt – Neustadt, m. Beiträgen zum Stadtgrün v. Torsten Volkmann u. Aufn. v. Dieter Möller = Denkmaltopographie Bundesrepublik Deutschland – Denkmale in Brandenburg, Bd. 1.1. Worms a. Rh. 1994, S. 126).
96 BuKd Berlin II, S. 310; Hans-Jürgen Mende: Lexikon Berliner Grabstätten, Berlin 2006, S. 388; Dehio Berlin ³2006, S. 552; zuletzt Nündel 2016, S. 62.
97 Laut Nündel 2016 war, da »der Kirchengemeinde noch eine alte Glocke zur Verfügung stand«, seit 1936 der Bau eines Glockenturms auf dem Kirchhof geplant; ein »endgültiger Bautermin« ist jedoch nicht nachweisbar.
98 Schmidt 1916, S. 79; Schmidt 1918, S. 85; Wolff 1920, S. 163; Eichler 2003, S. 151 f.
99 Siehe Verzeichnis Nr. 17.1.
100 Wolfgang Ribbe (Hg.): Geschichte der Berliner Verwaltungsbezirke, Bd. 15 = Anke Huschner: Hohenschönhausen, Berlin 1995, S. 40 (Betong. im zit. Text); zu M. Kesler: Eichler 2003, S. 152.
101 Kühnlein, S. 42 (erwähnt nur die Glocke von 1552); s. auch Schmidt 1916, S. 79 f.; Türck 1950, S. 19.
102 SchdtBd 1, S. 56.
103 Eichler 2003, S. 77; s. auch Schmidt 1916, S. 79.
104 Vgl. Stichler 1895, S. 140; Jerchel, S. 123 f. – Erwähnung an dieser Stelle verdient eine wichtige Quelle der *Übergangszeit von der Renaissance zum Barock*, ein Traktat über den Glockenguss zu Breslau im Jahre 1633 (Schilling 1988, S. 34–39 m. Abb. 50–55). Auch wenn kein direkter regionaler Bezugspunkt zu Brandenburg und damit Berlin besteht, verdient es dennoch generelle Beachtung als Zeitdokument für den Werkprozess der Herstellung einer Glocke.
105 Schmidt 1917, S. 131 ff.; Eichler 2003, S. 203 f.
106 Wolff 1920, S. 164; Eichler 2003, S. 153.
107 Siehe Verzeichnis Nr. 8.3.
108 Schmidt 1917, S. 118 f.; Eichler 2003, S. 121.
109 Schmidt 1917, S. 119; Schilling 1988, S. 111, 240, Abb. 425 u. S. 341; s. Verzeichnis Nr. 2.1.
110 Eichler 2003, S. 11.
111 Stichler 1895, in: Der Bär, Jg. 21 (1895), S. 140.
112 Schmidt 1917, S. 127 ff.; Franz Weinitz, s. v. *Jacobi* (…) in: Thieme-Becker, 18. Bd. Leipzig 1925, S. 245 f.; Eichler 2003, S. 142 f.; Schwer, in: JbGk, 15/16 (2003/04), S. 448 f.
113 Vgl. Boeck/Richartz 1937, S. 11.
114 Siehe Verzeichnis Nr. 4.1.
115 Borrmann, S. 255; Veigel 2000, S. 121 = BV 7.
116 Eichler 2003, S. 103 f.
117 Zum Glockenspiel von 1717 vgl. Thiele 1915; Bossin (1991 u. 2013/14), passim; s. Verzeichnis Nr. 7.1–2.
118 Borrmann, S. 244 f.; Thiele 1915 (passim). – Zu den »Läuteglocken« s. Schulte Teil 1, Anm. 24.
119 Borrmann, S. 245 f. Thiele 1915 (passim) bes. S. 91/92 = Tabelle I zum Glockenspiel u. S. 102 = Tabelle II zum Geläut; vgl. Bossin 2013/14, S. 106 f.; Boeck/Richartz 1937, S. 54. – Zum Glockenspiel der Parochialkirche sowie der »Kunst des Carillonspiels« generell vgl. Bossin 1991, bes. S. 62–73, 85–96, 99–104.
120 BuKd Berlin I, S. 67; Bossin 2013/14, S. 98, Abb. 11 u. S. 99, Abb. 12.

121 Eichler 2003, S. 243 f.
122 Schmidt 1917, S. 134 u. S. 136.
123 Schmidt 1917, S. 142 ff.; Eichler 2003, S. 192.
124 SchdtBd 1, S. 2 f.; BuKd Berlin I, S. 231.
125 Wille 1987, S. 212/213 m. Abb. 115.
126 Zit. n. Boeckh 1986, Bd. 2, S. 99 f.
127 Borrmann, S. 154; die Inschriften auch b. Kühnlein, S. 23; Wille 1987, S. 212. – Ps. 95.6: Kommt, laßt uns anbeten und knieen (sic!) und niederfallen vor dem Herrn, der uns gemacht hat«; Die (…) ganze Heilige Schrift nach der deutschen Übersetzung Martin Luthers, Ausg. Evangelische Haupt-Bibelgesellschaft zu Berlin (1949) S. 675.
128 Wille 1987, S. 202 f. u. 206, Abb. 110.
129 Schmidt 1917, S. 143.
130 Eichler 2003, S. 263.
131 Veigel 2000, S. 122 = BV 8.
132 Eichler 2003, S. 17.
133 Schmidt 1918, S. 71, im Folgenden S. 72 f.; s. hierzu auch Eichler 2003, S. 112.
134 Zu der im Ersten Weltkrieg verschonten Glocke (Schlagton: f¹) wurden – als Ersatz für die beiden abgelieferten Glocken – 1925 zwei neue Bronzeglocken (d¹ und h⁰) angeschafft, gegossen von der Firma Linke-Hofmann in Lauchhammer; ELAB, 14/4587: Schreiben des GKR von St. Petri an das Ev. Konsistorium der Mark Brandenburg – Abt. Berlin – v. 11.8.1925 (Anl.: »Ordnung des Festgottesdienstes mit Glockenweihe in der St. Petri-Kirche am Sonntag, den 6. September 1925 vormittags 10 Uhr). – Das Geläut fiel offenbar dem Zweiten Weltkrieg zum Opfer.
135 Schmidt 1918, S. 73. – Erwähnung verdient an dieser Stelle auch gleichsam ein Frühwerk Hackenschmidts, das sich im Westteil Berlins erhalten hat: eine 1823 gegossene Glocke der Luisenkirche in Charlottenburg. Schmidt 1918, S. 71; Hoffmann-Tauschwitz/Suchland, Alte Kirchen in Berlin (1986, ²1991) S. 214 u. Abb. S. 219 (rechts).
136 Schmidt 1918, S. 68 m. Anm. 2; Wolff 1920, S. 141; Eichler 2003, S. 35.
137 Eine 1853 gegossene Glocke der »alten Kirche« in Wannsee (= Stölpchensee) – Durchmesser 60 cm – existiert nicht mehr.
138 LAB, A Rep. 004 Nr. 38, Bl. 156.
139 Meyers Enzyklopädisches Lexikon. 9., völlig neu bearb. Aufl. – s. v. *Mayer*, Jacob: Bd. 15, Mannheim 1975, S. 795; Hinweis: de.wikipedia.org/wiki/Jacob_Mayer_(Fabrikant), letzter Zugriff am 8.12.2016.
140 Frank T. Leusch: Jakob Meyer – der Gießer der ersten Gußstahlglocke, in: Lusus campanularum, S. 63 f.
141 Vgl. u. a. Otte 1884, S. 74.
142 Kühnlein, passim; Wolff 1920, S. 144 f.; Eichler 2003, S. 55.
143 Schulte Teil 1, S. 35.
144 *Gußstahl-Glocken des Bochumer Vereins für Bergbau- und Gußstahlfabrikation zu Bochum in Westfalen.* EZA, 7/2800, Bl. 100–107(V/R): B. V. am 5. Nov. 1857 an den EOK, Berlin. – Ein weiteres Exemplar dieser »Denkschrift« in: GStA PK, I. HA Rep. 76 Kultusministerium, III Sekt. 1 Abt. XV, Nr. 12, Vol. II.
145 Kitschke 1983, S. 64 u. S. 157: Durchmesser 94 cm, 75 cm u. 68 cm. – Kühnlein, S. 43, u. Wolff 1920, S. 78 (= P 10: Kr. Teltow, Nr. 207–209) u. S. 144 geben dagegen bereits 1853 als Gussjahr an.
146 Staatsarchiv Potsdam, Pr. Br. Rep. 2 A Reg. Pdm. II Teltow, Nr. 234; hier zit. n. Kitschke 1983, S. 64.
147 Boeck/Richartz 1937, S. 100. Den heutigen Dachreiter erhielt die Kirche im Jahr 1910 (BuKd Berlin II, S. 351).
148 Vgl. z. B. Otte 1884, S. 74; s. hierzu im Einzelnen Schulte Teil 1, S. 34 ff.
149 Kühnlein, S. 17–19; hier S. 19.
150 Siehe u. S. 100 ff.
151 Glocken der St.-Markus-Kirche: Durchmesser 1) 125 cm, 2) 108 cm, 3) 91 cm; Gewicht 1) ca. 850 kg, 2) 530 kg 3) 340 kg; die »Töne konnten nur ohne Anschlag ermittelt werden, sie liegen etwa bei gis' – h' (-) cis«»; zit. n. ELAB, 35/6938: Erich Heyl (Vertreter der Firma Schilling & Lattermann/Apolda) am 29.10.(19)58 an das Ev. Konsistorium.
152 https://de.wikipedia.org/wiki/Glockengießer_in_Apolda; letzter Zugriff am 7.6.2018.
153 Siehe im Einzelnen https://de.wikipedia.org/wiki/St._Mauritius_Berlin; letzter Zugriff am 7.6.2018. 2007 begann eine Spendeninitiative zur »Wiederbeschaffung« einer dritten Glocke.

154 Eichler 2003, S. 235.
155 EZA, 2/708: Ev. Konsistorium der Mark Brandenburg (v. Arnim) am 9.3.1948 an die Kanzlei der EKiD, Schw(äbisch)-Gmünd.
156 Eichler 2003, S. 234.
157 (Nekrolog) Franz Peter Schilling – Glockengießer (1930–2001), in: JbGk, 13/14 (2001/02), S. 571 f.
158 Vgl. Eichler 2003, S. 175 f.
159 Vgl. hier u. im Folgenden Schulte Teil 1, passim.
160 Vgl. Kramer 2007, S. 103.
161 Vgl. auch Sartori 1932, S. 131.
162 Als »Büchsen« galten damals generell Handfeuerwaffen; die Büchse war gleichsam eine Vorläuferin der Kanone.
163 Caemmerer 1915, Nr. 3 = S. 22 ff., hier S. 25.
164 Sauermann 1952, S. 14.
165 ARG Denkschrift 1952; vgl. hierzu auch Chr. Mahrenholz: Zur Frage der Glockenabgabe – Aussage vor der Wiedergutmachungskammer des Landgerichts Hamburg am 18.II.1952, in: ELAB, 1.1/982.
166 http://de.wikipedia.org/wiki/Christhard_Mahrenholz, letzter Zugriff am 9.12.2016.
167 ARG Denkschrift 1952, S. 3.
168 EZA, 1/1946: (Reichs-)Kriegsministerium – Kriegsamt am 19.5.1917 an die Oberpräsidenten (der Provinzen) und den Regierungspräsidenten in Sigmaringen (Hohenzollern) = S. 1–8, hier S. 5.
169 EZA, 2/707: Richtlinien für die geschichtliche und künstlerische Bewertung der durch die Verordnung vom 15. März 1940 in Anspruch genommenen Bronzeglocken. Im Einvernehmen mit der Reichsstelle für Metalle aufgestellt vom Konservator der Kunstdenkmäler im Reichsministerium für Wissenschaft, Erziehung und Volksbildung = Bl. 1–6; hier Bl. 3, präzisiert auf Bl. 4 f.
170 ARG Denkschrift 1952, S. 3 f.
171 Zur D-Gruppe s. im Einzelnen: EZA, 7/2803; das »Verzeichnis« (= S. 1–135) in: EZA, 7/2804; BArch, R 5101/24150 u. R 5101/24151.
172 Laut Verzeichnis der Gruppe D (s. vor. Anm.), S. 52.
173 Zu Robert Hiecke (1876–1952) s. Schulte Teil 1, Anm. 45.
174 ARG Denkschrift 1952, S. 4.
175 BArch, R 4901/12279: H(iecke) an das Amt W (V 2 Nr. 348/44II) Berlin, 2. Juni 1944. (2.6.1944?)
176 BArch, R 4901/12288: *Rundschreiben,* Nr. 4/Berlin, 23. Oktober 1944. (23.10.1944?)
177 KDA I, S. X.
178 Zu den Glocken von St. Marien vgl. Christian Wilhelm Spieker: Beschreibung und Geschichte der Marien- oder Oberkirche zu Frankfurt an der Oder, Frankfurt a. d. O. 1835, S. 7 ff.; KdProvBrandenbg VI.2: Stadt Frankfurt a. O., S. 79; Wolff 1920, S. 139 = F St 3 (Frankfurt a. O.), Nr. 1–6; zuletzt Claus Peter: Die alten Glocken der Marienkirche zu Frankfurt an der Oder – ein untergegangenes Denkmal brandenburgischer Glockengeschichte, in: JbGk 25./26. Bd. 2013/2014, S. 337–348.
179 Ibidem, S. 338; in der älteren Literatur (s. vor. Anm.) ins frühe 14. Jahrhundert datiert.
180 Zur kunstgeschichtlichen Bedeutung der »Osanna« s. Schulze 1962, S. 851 ff.
181 de.wikipedia.org/wiki/Marienkirche_Frankfurt_(Oder)#Glocken, letzter Zugriff am 8.12.2016.
182 Vgl. Schulte Teil 1, S. 27.
183 »Die Mittelglocke wartet auf ihre Reparatur – Eine von sechs Glocken von St. Marien ist erhalten«, in: Die Marienfenster – Eine Sonderbeilage der Märkischen Oderzeitung v. 17. April 2003, S. 10. – Im Jahre 2007 wurde die Glocke in Nördlingen restauriert und geschweißt. Von dort erst 2009 nach Frankfurt zurückgeführt, fand sie zunächst ihren Platz vor dem Westportal der Marienkirche; am Pfingstsonnabend 2014 schließlich wurde die Glocke wieder im Nordturm der Kirche aufgehängt. Vgl. hierzu Ulrich-Christian Dinse: Eine Stimme für St. Marien – von der restaurierten Mittelglocke zum Geläut, in: ZENTRUM – Zeitschrift für das Sanierungsgebiet – Ehemalige Altstadt Frankfurt (Oder), H. 6/2013 – Hg.: Stadt Frankfurt (Oder), Büro für Stadtplanung, -forschung und -erneuerung (PFE), S. 11; dankenswerte Mitteilung: Dr. habil. Rudolf Thomas, Frankfurt/O.
184 ELAB, 1.1/980-II: Das Schicksal der Berliner Kirchenglocken (-) 1100 wurden zerstört/Hamburg hält 200 Berliner Glocken zurück, in: National-Zeitung, Berlin, Nr. 165 v. 26. Okt. (19)48.
185 EZA, 7/2803: EOK am 26. März 1940 an die »Evangelischen Konsistorien unseres Aufsichtsbezirkes« (gez. Dr. Werner).

186 Hier u. im Folgenden EZA, 7/2803: Ev. Konsistorium der Mark Brandenburg am 21. Mai 1940 an den EOK.
187 *Das Schicksal der Berliner Kirchenglocken* (…), in: National-Zeitung (Berlin), Nr. 165 v. 26.10.1948 (ELAB, 1.1/980-II). – Namentlich erwähnt wird hier übrigens auch die kath. St. Augustinus-Kirche in der Dänenstraße (Prenzlauer Berg).
188 ELAB, 1.1/980-II: s. vor. Anm.
189 Eine detaillierte »Statistik über abgelieferte Bronzeglocken« aus der Provinz Brandenburg sowie Berlin s. ELAB, 1.1/984: Erich Heyl, Berlin (Vertreter der Firma Schilling Söhne, Apolda) an das Ev. Konsistorium Berlin-Brandenburg am 16.4.(19)49 = Statistik Provinz Brandenburg; 15.3.(1949) = Statistik Berlin.
190 Thiele 1915, (passim) bes. S. 91/92 = Tabelle I zum Glockenspiel u. S. 102 = Tabelle II zum Geläut. – Vom 1944 untergegangenen Glockenspiel blieben zwei Glocken erhalten; Bossin 2013/14, S. 98, Abb. 11, S. 99, Abb. 12 u. S. 107.
191 Kühnlein, S. 29 (Angabe des Gewichts mit nur 3.100 kg zweifelhaft); Borrmann, S. 227; LDA Berlin, LKB (?) Aufn. vor 1945. Hier u. im Folgenden ist stets der untere Durchmesser angegeben.
192 Dankenswerte Mitteilung: Kirchwart Bernd Sawallisch, Berlin; vgl. ferner Kühnlein, S. 28, sowie LDA Berlin, Fotoarchiv: LKB F 29 D/30 D. (Borrmann erwähnt die Glocke erstaunlicherweise nicht.)
193 LDA Berlin, Fotoarchiv: LKB F 78 E u. LKB F 1228 D.
194 LDA Berlin, Fotoarchiv: LKB F 2515 D.
195 ARG Denkschrift 1952, hier u. im Folgenden S. 11. Zur Rückführung der Glocken s. auch EZA, 2/707, Bl. 1–3: »Besprechung« am 29.1.1946 in Hamburg.
196 EZA, 2/4635: Kirchenkanzlei der EKiD, Hannover-Herrenhausen, am 27. April 1966 an die Kirchenleitungen der evangelischen Landeskirchen in Deutschland.
197 Vgl. Breuer 1981, S. 145.
198 EZA, 7/2804: Der Provinzialkonservator von Schleswig-Holstein – gez. Dr. Sauermann – an die obersten Behörden der deutschen evangelischen Landeskirchen, Malente (?)August 1945 (Abschrift: Deutsche Evangelische Kirchenkanzlei, Göttingen, 11.8.1945).
199 Ibidem.
200 ARG Denkschrift 1952, S. 11.
201 EZA, 7/2804: Mitteilung des ARG-Vorsitzenden Mahrenholz v. 18. Nov. 1947 an die »Obersten Kirchenbehörden im Bereich der russischen Besatzungszone«.
202 ARG Denkschrift 1952, S. 11. Zur Rückführung der Glocken s. auch EZA, 7/2805.
203 Mahrenholz beendete seine Tätigkeit für den ARG am 26. März 1973 (vgl. EZA, 108/506).
204 ARG Denkschrift 1952, S. 11.
205 ARG Denkschrift 1952, S. 21.
206 ARG Denkschrift 1952, S. 20.
207 ELAB, 1.1/980-II: Das Schicksal der Berliner Kirchenglocken (…), in: National-Zeitung (Berlin), Nr. 165 v. 26.10.1948.
208 Siehe auch Schulte Teil 1, S. 25 ff.
209 Peter: DGL Westfalen 1989, S. 31.
210 Peter Lemburg u. Klaus Schulte: Kirchenbauten zwischen 1861 und 1918, in: Berlin und seine Bauten – Teil VI: Sakralbauten, Berlin 1997, S. 69.
211 Vgl. hierzu im Einzelnen Kühnlein, S. 25. Siehe ferner Schrey: Die elektrisch geläuteten Glocken der Georgenkirche in Berlin, in: Centralblatt der Bauverwaltung, XVIII. Jg. Nr. 8 (Berlin, 19. Febr. 1898) S. 91 f.; vgl. online, abgerufen am 13. März 2012: opus.kobv.de/zlb/volltexte/2008/3105/pdf/ ZBBauverw_1898_08.pdf, letzter Zugriff am 8.12.2016.
212 ELAB, 35/4196: Pfr. Moll/GKR St. Georgen am 15. Okt. 1953 an den Minister für Schwermaschinenbau, Berlin. – VHZ = «Verwertung & Handelszentrum«. – Vgl. hierzu auch eine Aufnahme (Juni 1950) mit dem aufschlussreichen Titel: »Enttrümmerung Berlins! Vor der Sprengung der Georgenkirche im Juni 1950 wurden die Glocken geborgen«; BArch, Bild 183-R90268A.
213 ELAB, 35/4201: (»Entwurf«) Ev. Konsistorium am 17. Oktober 1950 an den Generalsuperintendenten Dr. Krummacher, Berlin-Weissensee.
214 ELAB, 35/4196: Pfr. Moll GKR St. Georgen am 15.10.1953 an den Minister für Schwermaschinenbau, Berlin.

ANHANG

215 Laut Pfarrer Moll hatte die Glocke einen »heutigen Gestehungswert von DM 24.000,–« (ibidem).
216 Vgl. zuletzt Bund 2013/14, S. 400 m. Abb. 7.
217 Schilling 1988, S. 327 u. Abb. 136.
218 ELAB, 35/4196: 16. April 1958.
219 ELAB, 35/4196: Gießerei Schilling, Apolda, am 17. Aug. 1955 an den Superintendenten des Kirchenkreises Lübben(!); hier auch die Angabe des Schlagtons: »ungefähr G« (= g°).
220 Bund 1989/90, S. 161 f.
221 Bund 2013/14, S. 400 f. – Durchmesser der Glocke etwa 235 cm, Höhe 189 cm ohne Krone, Höhe der Krone 16 cm, Gewicht rund 5.620 kg, Schlagton g°; Schilling 1988, S. 327. (Werner) Richter gibt als Gewicht 5.618 kg an; ELAB, 35/3825: Richter/Kirchl. Bauamt, Berlin (Ost) am 14. Febr. 1973 an VEB Apoldaer Glockengießerei – betr. eingelagerte Glocken (Anlage, Nr. 5).
222 Schlagton a°; Bund 2013/14, S. 400 f.
223 Vgl. Schulte Teil 1, S. 29 ff.
224 Hier u. im Folgenden EZA, 7/2804: Ahlhorn/Ev.-luth. Landeskirche Hannover – Landeskirchenamt – am 19.1.1946 an die Landessuperintendenten und Superintendenten, betr. Glockenbeschaffung.
225 Ibidem.
226 H.-W. Schmitz: Der Kampf um die Stahlglocke, in: JbGk, 11/12 (1999/2000), S. 354 f.; im Folgenden S. 355. – Schmitz war damals Domkapellmeister in Würzburg, später Domkapellmeister und Diözesan-Glockensachverständiger in Passau.
227 Der »Beratungsausschuß für das deutsche Glockenwesen« wurde 1927 auf der Internationalen Ausstellung »Musik im Leben der Völker« in Frankfurt a. M. gegründet und rekrutierte sich aus den dort tagenden amtlichen Glockensachverständigen und Glockengießern aus allen deutschen Ländern; 1945 wurde er erneut »im Auftrage des Vorsitzenden der Fuldaer Bischofskonferenz und des Vorsitzenden des Rates der Ev. Kirche in Deutschland bestätigt«; EZA, 2/4628: (Text) o. Angaben o. Dat. (1950) = S. 1–5, hier S. 1.
228 Schmitz 1999/2000, S. 354 f.
229 Vgl. Eichler 2003, S. 14 f.
230 Schmitz 1999/2000, S. 354 f.
231 Stens 2011/12, S. 456 ff., 459 f. u. S. 460.
232 BuKd Berlin II, S. 257.
233 Siehe Anm. 165 zu Teil 1.
234 Vgl. auch Stens 2011/12, S. 455.
235 Drei Datierungen b. Wille 1987: S. 163 (»2. Hälfte 13. Jahrhundert«), S. 164 (»um 1280«) u. Abb. 91 (»Ende 13. Jahrhundert«).
236 Hübner 1968, S. 39, Kat.-Nr. 121.
237 Wolff 1920, S. 80 = P 10 (Kr. Teltow), Nr. 284: datiert »um 1270«.
238 Gegenwärtig wird sie als Schlagglocke genutzt.
239 Pomplun ²1963, S. 45, ⁴1973 u. ⁵1976, S. 58: 13. Jahrhundert; Badstübner 1987, S. 208: 2. Hälfte 13. Jahrhundert (Vorschlag KN: umschreiben in »zweite Hälfte des 13. Jahrhunderts«); laut Kühnlein, S. 41, lässt »die lange Zuckerhutform« der Glocke »auf ein hohes Alter schließen«; vgl. dagegen BuKd Berlin II, S. 170: 14./15. Jahrhundert.
240 EZA, 525/Heinzel-Kartei, lfd. Nr. 375.
241 Zur Wilsnacker Glocke: Gottschalk 1985, S. 170 u. 183; Veigel 2000, S. 93–101 u. 118 f. = BV 3 (m. Lit.); R. Pfeiffer-Rupp, in: JbGk, 13/14 (2001/02), S. 562 f.
242 Riedel CDB I.2, S. 168 f. XXX: *Churfürstliche Bewilligung der Erhebung eines Bürgerannahmsgeldes und einer Erstattung für die nach Berlin gebrachte große Glocke* (o. Dat.).
243 Riedel CDB I.2, S. 169 (»vor zweyen Jharen«); KdProvBrandenbg I.1: Kr. Westprignitz, S. 333; Wolff 1920, S. 89 = P 13 (Westprignitz), Nr. 234; die beiden zuletzt genannten Autoren geben irrtümlich 1421 als Gussjahr an.
244 Lütkemann 1926, S. 10. Zur Schweißung der Glocke s. im Einzelnen Haesler, in: Zeitschrift für Denkmalpflege (Wien) 1. Jg. 1926/27, S. 168 f.
245 Brozat 1985, S. 53.
246 Märkisches Museum 1930, S. 3 u. 5, Abb. 2.
247 Vgl. im Einzelnen Veigel 2000, S. 100 f.
248 LAB, C Rep. 104 Nr. 646: Schreiben v. 8.5.(19)59.

249 LAB, C Rep. 104 Nr. 646: Schr. v. 22.7.59 (Dr. Hühns/Märk. Museum) u. 5.8.59 (Koll(egi)n. Flöricke); vgl. hierzu Märk. Museum 1930, s. Anm. 246.
250 Denkmalliste Berlin (Stand: 24.9.2008), Nr. 09046385/09010214, s. Verzeichnis Nr. 281.
251 Veigel 2000, S. 120 f. = BV 6.
252 Siehe Verzeichnis Nr. 36.1.
253 BuKd Berlin II, S. 104; Dehio Berlin ³2006, S. 367.
254 F. Wolff nennt »Zacharias Rabe«: Wolff 1920, S. 52 = P 4 (Kr. Niederbarnim), Nr. 103.
255 (Dipl.-Ing.) Alexandra Handrack: Barocke Schlosskirche in Berlin-Buch. Bestandssicherungskonzept unter Berücksichtigung denkmalpflegerischer Aspekte. Unveröffentl. Ms. Berlin 1998, S. 14. Dank gebührt Frau Pfarrerin Cornelia Reuter, ev. Kirchengemeinde Berlin-Buch, für die Bereitstellung dieser Abhandlung sowie diverse einschlägige Informationen.
256 Handrack, a.a.O., S. 14.
257 BuKd Berlin I, S. 136.
258 Wille 1987, S. 23 (ohne konkrete Angaben).
259 Vgl. R. Pfeiffer-Rupp: JbGk, 13/14 (2001/02), S. 562.
260 Ingrid Bartmann-Kompa: Das Berliner Rathaus, Berlin 1991, S. 51 u. Abb. S. 56; zum Zustand der Turmbekrönung nach 1945 s. Abb. S. 94.
261 Mirbach 1902, S. 203 ff.; zu den Glocken: S. 242 u. 246, bes. S. 300/301 m. Taf.
262 Vgl. http://de.wikipedia.org/wiki/Gnadenkirche_(Berlin-Mitte)#Die_Auguste-Viktoria-Glocke, letzter Zugriff am 8.12.2016.
263 Zu dieser Gießerei s. Eichler 2003, S. 206.
264 Die Gießerei F. Otto (Bremen-)Hemelingen, gründete Anfang des 20. Jahrhunderts eine Filiale im damaligen Breslau (Wrocław); s. https://de.wikipedia.org/wiki/Glockengießerei_Otto, letzter Zugriff am 25.7.2018.
265 Siehe im Einzelnen Verzeichnis Nr. 24.4.
266 Vgl. im Einzelnen: herz-jesu-kirche.Berlin/locations/st-adalbert-kirche; letzter Zugriff am 22.5.2018.
267 Siehe im Einzelnen Verzeichnis Nr. 39.
268 »Hl. Maria«, Gewicht 2.950 kg, Schlagton e¹; vgl. (St. Marien, Berlin-Karlshorst:) https://www.youtube.com/watch?v=cH-hedWDUsc; letzter Zugriff am 7.6.2018.
269 Borrmann, S. 213 (»*Neuwart*«).
270 Siehe Verzeichnis Nr. 4.3.
271 Frankfurth 1924, S. 32. (Nach Abgängen im Zweiten Weltkrieg blieb der Marienkirche nur eine Glocke erhalten.)
272 ELAB, 35/4201: Der Propst zu Berlin/Ev. Kirchengemeinde von St. Nikolai und St. Marien am 12. Febr. 1948 an das Ev. Konsistorium der Mark Brandenburg u. den Superintendenten Berlin Stadt I (gez. Dr. Brauer. – Es handelt sich hier vermutlich um die kleinste Glocke des gegenwärtigen Geläuts von St. Marien, die noch bis vor wenigen Jahren in der Turmhalle abgestellt war.
273 Ibidem.
274 ELAB, 35/4201: Ev. Konsistorium am 10.8.1948 (»Entwurf«) an die Deutsche Treuhandstelle zur Verwaltung des sequestrierten und beschlagnahmten Vermögens im sowjetischen Besatzungssektor der Stadt Berlin (Bln. W.8, Französische Str. 47).
275 Es handelt sich um die größte der *erhaltenen* Glocken von St. Nikolai, die bereits erwähnte »Katharinenglocke«.
276 ELAB, 35/4201: Der Propst zu Berlin (i. V. Prof. Heinicke) am 27.1.1950 an das Ev. Konsistorium (Berlin-Charlottenburg).
277 Vgl. LDA Berlin, Fotoarchiv: LKB 1328D, laut Bildunterschr. 16. Jahrhundert.
278 ELAB, 35/4201.
279 ELAB, 35/4201: E(v). K(onsistorium). »Entwurf« v. 3. April 1950 an den Propst zu Berlin/Sup. Berlin Stadt I. – Die beiden Glocken mit den Schlagtönen g⁰ und h⁰ sind die größten des heutigen Marien-Geläuts. (Die in situ erhaltene Glocke von St. Marien ist hier nicht erwähnt.)
280 (Anonym.:) 363 Glocken läuten in Berlin das neue Jahr ein – Die Marienkirche erhält im Januar das größte und schönste Geläut Berlins, in: Neue Zeit v. 31.12.1950 (Exemplar in: LGV).
281 EZA, 525/Heinzel-Kartei, lfd. Nr. 375.
282 Siehe Verzeichnis Nr. 4.5.

283 EZA, 525/Heinzel-Kartei, lfd. Nr. 672; Tosetti, S. 38; BuKd Berlin I, S. 52.
284 KdProvBrandenbg V.6: Kr. Sorau, S. 23 u. S. 214.
285 Siehe Verzeichnis Nr. 4.2.
286 Borrmann, S. 163; BuKd Berlin I, S. 52; Boeckh 1, S. 77; EZA, 525/Heinzel-Kartei, lfd. Nr. 1011.
287 GStA PK, I. HA Geh. Rat Rep. 2 Berliner Dom, Nr. 28 (Hinweis: Borrmann, S. 163 Anm. 2); laut Borrmann handelt es sich um die »dritte« Glocke der alten Domkirche (ibidem).
288 Körner 2009 , Teil I.
289 Borrmann, S. 163; Brozat 1985, S. 53.
290 KdProvBrandenbg VI.6: Kr. Crossen, S. 59/60. Die Glocke auch b. Wolff 1920, S. 105 = F 4 (Kr. Crossen), Nr. 15; zu den Inschriften s. Verzeichnis Nr. 4.1.
291 Körner 2009, Teil I.
292 Körner 2009, Teil III.
293 EZA, 525/Heinzel-Kartei, lfd. Nrn. 375, 470, 672, 1011.
294 Boeck/Richartz 1937, S. 44. – Laut Borrmann bestand das alte Domgeläute aus »sechs grossen und vier kleinen Glocken« (S. 159). Die größte Glocke »von 3 m Durchmesser wurde eingeschmolzen, um vier neue daraus herzustellen. Die zweite, nicht viel kleinere mit den Bildnissen Joachims II. und seiner Gemahlin Hedwig von Polen, gegossen von Andreas Köppfel aus Lothringen, wurde ihres übergrossen Gewichts wegen 1754 verkauft. Die dritte stammte aus Bernau«; sie zersprang 1705 und wurde »dann von Jacobi umgegossen« (S. 163).
295 Borrmann, S. 159 f.; vgl. dagegen Kohte, S. 61 (Hinweis: Klingenburg 1992, S. 20 f.).
296 Borrmann, S. 160.
297 Hach 1933, S. 19.
298 Klingenburg 1992, S. 17 ff., Abb. 2–4 u. S. 23.
299 Klingenburg 1992, S. 41.
300 Borrmann, S. 163; B. nennt die aus Wilsnack stammende Glocke, ferner die »fünfte Glocke« aus Osterburg sowie die »sechste Glocke« von 1685.
301 Vgl. zuletzt Veigel 2000, S. 97; Verzeichnis Nr. 1.1-3.
302 Siehe Verzeichnis Nr. 1.1.
303 Brozat 1985, S. 53 f. – Ein schwedischer Vorfahre der Familie Ohlsson hatte übrigens bereits Anfang des 19. Jahrhunderts ein Verfahren zur Restaurierung gesprungener Glocken entwickelt und »mit einer Garantie auf zehn Jahre viele Glocken« restauriert; Schilling 1988, S. 47 f.
304 Brozat 1985, S. 102.
305 Kühnlein, S. 48; Wolff 1920, S. 51 = P 4 (Kr. Niederbarnim), Nr. 60/61.
306 Kühnlein, S. 48.
307 Vgl. Stephanus-Stiftung – geschenkt, geborgt und fast vergessen. Ein Rundgang (…) Hg. v. Bernd Michael aus Anlass des 130. Jubiläums der Stephanus-Stiftung Am Weißen See im Juni 2008, Berlin 2008; Bild 1/2, Vorder- u. Rücks.
308 Kühnlein, S. 48.
309 Denkmalliste Berlin, Nr. 09046385/09010214.
310 Zu den Glocken der Dorotheenstädtischen Kirche vor 1945: Borrmann, S. 168 f.; Kühnlein, S. 24; ELAB, 35/4245: Schreiben des GKR der Dorotheenstädtischen Kirche v. 30. August 1949 an das Ev. Konsistorium (Berlin-Charlottenburg, Jebensstr. 3).
311 BuKd Berlin I, S. 136.
312 Vgl. auch Boeck/Richartz 1937, S. 50.
313 ELAB, 35/4245: GKR am 30.8.1949 an Ev. Konsistorium.
314 Borrmann, S. 169 (erwähnt nicht den Namen des Gießers); ELAB, 35/4245: 3. Dezember 1949 (Ev. Kons., »Entwurf«).
315 ELAB, 35/4245: GKR am 30.8.1949 an Ev. Konsistorium.
316 Müller/Küster (2. Teil) 1752, S. 704 (Hinweis: Boeck/Richartz 1937, S. 74).
317 Borrmann, S. 255.
318 ELAB, 10311/1064: GKR von Sophien/Pfr. Kehr am 9. Jan. 1958 an Ev. Konsistorium »d. d. Superintendentur Berlin Stadt III«.
319 ELAB, 10311/1064: GKR von Sophien am 10.10.1957 an Ev. Konsistorium Bln.-Brandenbg.
320 ELAB, 10311/1064: s. vor. Anm.

321 Veigel 2000, S. 121 = BV 7.
322 Borrmann, S. 255; Schmidt 1918, S. 73; s. u. Verzeichnis Nr. 8.2.
323 KdProvBrandenbg VI.6: Kr. Crossen, S. 42 f., siehe Verzeichnis Nr. 83.
324 ELAB, 10311/1064: (V/51a) Abschrift = Franz Schilling Söhne/Apolda am 4.5.1948 an die Superintendentur Berlin N. 58 (Griebenowstr. 15 (Zionskirche, B.-Mitte; K.Sch.)). Siehe dazu Körner 2009, Teil III. – Interesse verdient an dieser Stelle folgende Notiz: Schilling erwähnt in o. a. Schreiben v. 4.5.1948 eine weitere Glocke aus dem 17. Jahrhundert, die 1948 der Paul-Gerhardt-Kirche im Bezirk Prenzlauer Berg zugewiesen worden sei (Gewicht 382 kg; Provenienz unbekannt). Der Verbleib dieser Glocke ist gegenwärtig jedoch nicht mehr feststellbar. (Die Paul-Gerhardt-Kirche besitzt seit 1960 ein dreistimmiges Bronzegeläut – das dritte nach jeweiligen Ablieferungen in den beiden Weltkriegen.)
325 ELAB, 10311/23: (passim, u. a.) Vertrag v. 12. April 1924 (Berlin) zw. »Hofglockengießerei Franz Schilling Söhne, Apolda« u. GKR von Sophien (= Auftraggeber) »über Lieferung von zwei Bronce-Kirchenglocken für die Sophien-Kirche zu Berlin«.
326 (Pfr. Dr.) Johannes Krätschell: Chronik von Berlin-Heinersdorf (...) Berlin 1996, S. 255; s. hierzu Jan Feustel: Die Evangelische Dorfkirche in Heinersdorf, in: Ders., Zwischen Bethanien und St. Joseph – Die Kirchen in Weißensee von Berlin (Hg. v. Bezirksamt Weißensee von Berlin, Kulturamt u. a.) Berlin 1997, S. 55 ff., hier S. 61 m. Anm. 44; freundl. Hinweis v. Herrn Roland Formum, ev. Kirchengemeinde Berlin-Heinersdorf, dem ich außerdem diverse einschlägige Informationen verdanke.
327 LDA Berlin, Fotoarchiv: LKB 103F u. 272E, (Bildunterschr.) «um 1300«. 14. Jahrhundert: EZA 525/ Heinzel-Kartei, lfd. Nr. 205; EZA, 7/2804 sowie BArch, R 5101/24151 = Verzeichnis Gruppe D, S. 52. (Dagegen schreiben Badstübner 1987, S. 213, sowie Pomplun ⁶1984, S. 48, alle drei Glocken dem 15. u. 16. Jahrhundert zu; vgl. auch BuKd Berlin II, S. 93.)
328 Siehe o. S. 68 u. Anm. 171 f.
329 Feustel (s. Anm. 326), S. 61.
330 Vgl. BuKd Berlin II, S. 93.
331 Siehe Verzeichnis Nr. 22.4. Die »Märkische Glockengießerei« von Erich Voss (1881–1950) in »Hennickendorf bei Berlin« goss Glocken zwischen 1934 und 1939 sowie in den Jahren 1946 bis 1950; s. Wille 1987, S. 76 f.
332 BuKd Berlin II, S. 256 m. Abb.; Badstübner 1987, S. 210; vgl. zuletzt https:de.wikipedia.org/wiki/Dorfkirche_Kaulsdorf#Glocken, letzter Zugriff am 8.2.2017. Siehe Verzeichnis Nr. 34, 1–3.
333 LDA Berlin, Fotoarchiv: LKB 321 E, (Bildunterschr.) um 1300; zuletzt https:de.wikipedia.org/wiki/ Dorfkirche_Kaulsdorf#Glocken, s. vor. Anm.
334 https:de.wikipedia.org/wiki/Dorfkirche_Kaulsdorf#Glocken, s. Anm. 332.
335 BuKd Berlin II, S. 256 m. Abb.
336 Kühnlein, S. 37; Wolff 1920, S. 52 = P 4 (Kr. Niederbarnim), Nr. 99–101. Zur Gießerfamilie Voß s. Eichler 2003, S. 277.
337 Handrack, Schlosskirche Berlin-Buch, Bestandssicherungskonzept (...), s. Anm. 255, S. 15.
338 www.schlosskirche-berlin-buch.de/geschichte/geschichte-der-schlosskirche, letzter Zugriff am 8.12.2016.
339 www.schlosskirche-berlin-buch.de/galerie/?album=011/(...)=018, letzter Zugriff am 8.12.2016.
340 Mitteilung: Pfrn. C. Reuter. – Stahlglocken sind, wie bereits erwähnt, schwerer als Bronzglocken.
341 Kühnlein, passim; Lütkemann 1926, passim.
342 Mirbach 1902, S. 92; Kühnlein, S. 25; s. Verzeichnis Nr. 42.1–3.
343 Kühnlein, S. 25; s. Verzeichnis Nr. 25.1–3.
344 Kühnlein, S. 31; ELAB, 3/93: Nr. 8 (= Glockenstuhl).
345 www.berlinerglocken.de/text/Versoehnungskapelle_Glocken.pdf, letzter Zugriff am 13.2.2017; s. Verzeichnis Nr. 10.1–3.
346 Siehe Verzeichnis Nr. 18.1–3.
347 Wolff 1920, S.95 = P St 1 (Stadtkr. Lichtenberg) Nr. 4–6; s. Verzeichnis Nr. 41.1–3.
348 Dehio Berlin ³2006, S. 568; zu den Glocken vgl. ELAB, 3/36: bes. Nr. 21, 22/23.
349 S. Bey u. R. Bünger, in: Der Tagesspiegel v. 24./25./26. Dezember 2001.
350 BuKd Berlin II, S. 96; s. Verzeichnis Nr. 19.1–3.
351 BuKd Berlin II, S. 100. Verzeichnis Nr. 23.1–3.

352 ELAB, 2.06/63: Herforder Elektricitäts-Werke Botelmann & Kuhlo, Schr. u. Liste v. 28. März 1949 an den Berliner Stadtsynodalverband.
353 Zur Firma Schilling & Lattermann: Eichler 2003, S. 135 f.
354 ELAB, 1.1/979: Ev. Kirchengemeinde Altglienicke am 5. Nov. 1946 an Landeskirchenarchivar Dr. Lerche/Ev. Konsistorium Bln.-Brandenburg.
355 ELAB, 1.1/979: s. vor. Anm.
356 ELAB, 35/8755: »Kirchl. Bauamt b. ev. Konsistorium Berlin-Brandenburg«/Kairies am 23.7.1982 an die Ev. Kirchengemeinde »Zur frohen Botschaft«, Berlin-Karlshorst. – Siehe Verzeichnis Nr. 38.1–3.
357 Lütkemann 1926, S. 93; s. Verzeichnis Nr. 11.1–3.
358 Wolff 1920, S.95 = P St 1 (Stadtkr. Lichtenberg), Nr. 1 von 1571 u. Nr. 2 von 1753; s. Verzeichnis Nr. 40.1–2.
359 Vgl. Verzeichnis Nr. 26.1–3. Die vierte und kleinste, ebenfalls 1927 gegossene Glocke »St. Maria« oder »Aveglocke« musste als einzige Bronzeglocke des Geläuts 1942 abgeliefert werden. – Zahlreiche Informationen und Hinweise zu Kirche und Glocken verdanke ich Herrn Bernd Krenz, Küster an St. Augustinus, Berlin - Prenzlauer Berg.
360 Siehe Verzeichnis Nr. 27.1–4.
361 ELAB, 35/8754: Kirchl. Bauamt, Kairies (»Glockentechniker«) am 13.2.1956 an Pfr. Bormeister, Ev. Kirchengemeinde Bln.-Friedrichsfelde (keine exakte Angabe der Gießerfirma); vgl. hierzu jüngst Berlin-Friedrichsfelde – Paul-Gerhardt-Kirche: Vollgeläut: https://www.youtube.com/watch?v=iuZ2ZCE8hyk, letzter Zugriff am 6.3.2017; s. Verzeichnis Nr. 37.1–3.
362 Siehe im Einzelnen Verzeichnis Nr. 24.1–3.
363 Siehe Verzeichnis Nr. 35.2–3.
364 ELAB, 35/4759: laut Protokollbuch des GKR Berlin-Marzahn (Auszug) wurden in der GKR-Sitzung am 29. Nov. 1954 »(b)ei der Firma Schilling und Lattermann in Apolda (…) zwei Hartguß-Kirchenglocken (…) bestellt«, hier auch die Maßangaben sowie die Inschriften; vgl. ferner GKR Berlin-Marzahn am 21. Mai 1956 an Ev. Konsistorium Bln.-Brbg. – Vgl. Verzeichnis Nr. 36.2–3.
365 St.-Hedwigs-Blatt, Nr. 43 v. 27. Oktober 1963; dankenswerte Mitteilung: Dr. Gotthard Klein, DAB. – Siehe Verzeichnis Nr. 3.1–4.
366 Zur Vorgeschichte s. den Schriftwechsel zw. Pfr. Hildebrandt u. VEB Apoldaer Glockengießerei (Schilling), Apolda; ELAB, 10311/23: passim, Nov./Dez. 1972.
367 ELAB, 10311/23: Pfr. Hildebrandt am 3.1.1975 an das Ev. Konsistorium Berlin-Brandenburg; vgl. auch Boeckh 2, S. 94.
368 Die Angabe der gegenwärtigen Verwaltungsbezirke ist im Folgenden in der Regel auf deren Nummerierung beschränkt: 1 = Mitte; 2 = Friedrichshain-Kreuzberg; 3 = Pankow; 9 = Treptow-Köpenick; 10 = Marzahn-Hellersdorf; 11 = Lichtenberg. (Die Alt-Bezirke sind gegebenenfalls in Klammern hinzugefügt.)
369 Brozat 1985, S. 53.
370 Brozat 1985, S. 54; vgl. dagegen Eichler 2003, S. 206: »Ø ca. 150 cm«.
371 Brozat 1985, S. 54 (gibt den Schlagton irrtümlich mit »g« an); Eichler 2003, S. 206.
372 Kühnlein, S. 24.
373 Vgl. Kühnlein, S. 24; Brozat 1985, S. 54; zu J. Wentzel: Eichler 2003, S. 285.
374 Brozat 1985, S. 54.
375 Brozat 1985, S. 55.
376 Kühnlein, S. 24; Brozat 1985, S. 54 f.
377 Kühnlein, S. 24.
378 (= Dorotheenstadt) Borrmann, S. 168 f.
379 BuKd Berlin I, S. 136.
380 Glockenweihe erst am 16. Oktober 1963, hier u. im Folgenden St.-Hedwigs-Blatt, Nr. 43 v. 27. Oktober 1963.
381 https://de.wikipedia.rog/wiki/St.-Hedwigs-Kathedrale#Glocken, letzter Zugriff am 8.12.2016; vgl. auch https://www.youtube.com/watch?=12XRBFNzNC8, letzter Zugriff am 13.12.2016.
382 Borrmann, S. 163; Wolff 1920, S. 105 = F 4 (Kr. Crossen), Nr. 15; BuKd Berlin I, S. 52; zuletzt Körner 2009, Teil III.
383 Neue Zeit v. 31.12.1950 (s. Anm. 458).

384 KdProvBrandenbg VI.6: Kr. Crossen, S. 59; Wolff 1920, S. 105 = F 4 (Kr. Crossen), Nr. 15.
385 Mitteilung: B. Sawallisch, Berlin.
386 Zu den Schlagtönen der fünf Glocken von St. Marien (hier u. im Folgenden): https://de.wikipedia.org/wiki/Marienkirche_(Berlin-Mitte)#Glocken, letzter Zugriff am 8.12.2016.
387 KdProvBrandenbg VI.6: Kr. Crossen, S. 59 f.; vgl. EZA, 525/Heinzel-Kartei, lfd. Nr. 1011.
388 KdProvBrandenbg V.6: Kr. Sorau, S. 214.
389 Neue Zeit v. 31.12.1950 (s. Anm. 458).
390 EZA, 525/Heinzel-Kartei, lfd. Nr. 672.
391 KdProvBrandenbg V.6: Kr. Sorau, S. 214.
392 Mitteilung: B. Sawallisch, Berlin.
393 Siehe Anm. 565.
394 EZA, 525/Heinzel-Kartei, lfd. Nr. 672.
395 Borrmann, S. 213.
396 Kühnlein, S. 28; Schmidt 1917, S. 132 f.; Verzeichnis Nr. 4.3.
397 https://de.wikipedia.org/wiki/Marienkirche_(Berlin-Mitte)#Glocken, letzter Zugriff am 8.12.2016.
398 Borrmann, S. 213.
399 Borrmann, S. 227 (gibt 1410 als Gussjahr an); Lütkemann 1926, S. 24; BuKd Berlin I, S. 52; Boeckh 1986, Bd.1, S. 77.
400 EZA, 525/Heinzel-Kartei, lfd. Nr. 470.
401 Kühnlein, S. 29.
402 Siehe Anm. 576.
403 EZA, 525/Heinzel-Kartei, lfd. Nr. 470.
404 EZA, 525/Heinzel-Kartei, lfd. Nr. 375.
405 LDA Berlin, Fotoarchiv: LKB F 2262 D, Bildunterschr.
406 Kühnlein, S. 29.
407 Mitteilung B. Sawallisch, Berlin.
408 https://de.wikipedia.org/wiki/Marienkirche_(Berlin-Mitte)#Glocken, letzter Zugriff am 8.12.2016.
409 LDA Berlin, Fotoarchiv: LKB F 5 D, Bildunterschr. – Zwei weitere historische Glocken s. o. Nr. 4.4./4.5.
410 LDA Berlin, Fotoarchiv: LKB 18/107, (Bildunterschr.) Datum d. Aufn.
411 Borrmann, S. 242 u. 244–246; Thiele 1915 (passim); BuKd Berlin I, S. 67; zuletzt Bossin 2013/14, passim.
412 Thiele 1915, Tabelle I = S. 92; Bossin 2013/14, S. 99, Abb. 12 u. S. 107.
413 Thiele 1915, s. vor. Anm.; Bossin 2013/14, S. 98, Abb. 11 u. S. 107.
414 ELAB, 10311/23: Pfr. Hildebrandt am 3.1.1975 an Ev. Konsistorium Berlin-Brandenburg (Durchmesser nicht angegeben).
415 Borrmann, S. 255; Schmidt 1918, S. 73.
416 Kühnlein 1905, S. 30.
417 ELAB, 10311/23: (Pfr.) Johannes Hildebrandt am 15.2.1975 an Firma Philipp Hörz, Ulm (betr. »neue gelieferte Läutemaschinen«).
418 10311/1064: GKR Sophien/Pfr. Kehr am 20.1.(19)49 an Fa. Schilling. (Kühnlein, S. 30, gibt als Ton »es« an.)
419 Kühnlein, S. 30.
420 KdProvBrandenbg VI.6: Kr. Crossen, S. 42/43; Wolff 1920, S. 105 = F 4 (Kr. Crossen), Nr. 20.
421 Körner 2009, Teil III.
422 KdProvBrandenbg VI.6: Kr. Crossen, S. 42.
423 ELAB, 10311/1064: Schilling Söhne/Apolda am 4.5.1948 an die Superintendentur Berlin N. 58; GKR Sophien/Pfr. Kehr am 20. Jan. (19)49 an Fa. Schilling. Laut (Pfr.) J. Hildebrandt wiegt die Glocke 550 kg (ELAB, 10311/23: am 15.2.1975 an Firma Philipp Hörz, Ulm).
424 KdProvBrandenbg VI.6: Kr. Crossen, S. 42 f.
425 http://de.wikipedia.org/wiki/Gnadenkirche_(Berlin-Mitte), letzter Zugriff am 8.12.2016.
426 Mirbach 1902, S. 300.
427 Mirbach 1902, S. 300 f. Röm. 12.12 war der Lieblingsspruch der Kaiserin Augusta; die Bibelstelle Ps. 93.4 lautet: »Die Wasserwogen im Meere sind groß, und brausen mächtiglich; der Herr aber ist noch größer in der Höhe.« (Mirbach 1902, ibidem.)

428 www.berlinerglocken.de/text/Versoehnungskapelle_Glocken.pdf, letzter Zugriff am 13.2.2017; vgl. dagegen Kühnlein, S. 31: Gewicht der Glocken 1.350 kg, 1.000 kg u. 616 kg; Durchmesser 149 cm, 133,5 cm u. 112,5 cm; Schlagtöne $cis^{(1)}$-$e^{(1)}$-$g^{(1)}$.
429 Sonderläuten der ev. Zionskirche Berlin-Prenzlauerberg (= Berlin-Mitte; K. S.) Tur(m)aufnahme, https://www.youtube.com/watch?v=jxLI2ba4IL0, letzter Zugriff am 6.3.2017.
430 Soweit nicht anders vermerkt sind alle im Folgenden aufgeführten Glocken zurzeit magaziniert (Mitteilung Renate Veigel).
431 Veigel 2000, S. 118: »Eingang: 2.7.1929«.
432 Veigel 2000, S. 118 f. = BV 3.
433 R. Pfeiffer-Rupp: Alte Wilsnacker Glocke h°(!) des Berliner Doms im Märkischen Museum wieder zugänglich, in: JbGk 13/14 (2001/02), S. 562.
434 Veigel 2000 (wie Anm. 432); vgl. auch Borrmann, S. 163; Brozat 1985, S. 53; BuKd Berlin I, S. 99.
435 Borrmann, S. 255; Veigel 2000, S. 121 = BV 7.
436 Veigel 2000, S. 122 = BV 8.
437 Veigel 2000, S. 124 = BV 12.
438 Eichler 2003, S. 43 u. S. 299; detaillierte Beschreibung: Veigel 2000, S. 120 f. = BV 6.
439 Veigel 2000, S. 125 = BV 13.
440 Veigel 2000, S. 125 = BV 14.
441 Kühnlein, S. 31; Lütkemann 1926, S. 37; BuKd Berlin I, S. 471; Badstübner 1987, S. 198.
442 Kühnlein, S. 31.
443 Anstelle der beiden im letzten Krieg abgelieferten Glocken konnten zu der erhaltenen Glocke aus Apolda zwei weitere »Bronzeglocken beschafft« werden, sodass die Stralauer Kirche »wieder ein Geläute von 3 Glocken« hat. ELAB, 35/7003: Bericht über die Instandsetzung der alten Dorfkirche in Berlin-Stralau 1945–1951 (= 1–7) Berlin, 20. April 1951 (Dr. v. Bahrfeldt).
444 ELAB, 2.06/63: Herforder Elektricitäts-Werke Botelmann & Kuhlo, 28. März 1949 (s. Anm. 352).
445 BuKd Berlin II, S. 96: um 1920; s. hier u. im Folgenden: Berlin-Blankenburg – Dorfkirche: Vollgeläut, https://www.youtube.com/watch?v=sCinWNsQ6w, letzter Zugriff am 13.2.2017.
446 Wolff 1920, S. 52 = P 4 (Kr. Niederbarnim), Nr. 89; BuKd Berlin II, S. 88; Badstübner 1987, S. 212.
447 Kühnlein, S. 36.
448 Handrack, Schlosskirche Berlin-Buch, Bestandssicherungskonzept (…), s. Anm. 255, S. 14; zum Gießernamen vgl. auch Wolff 1920, S. 52, Nr. 103.
449 Handrack, s. Anm. 255, S. 14.
450 Handrack, a.a.O.
451 Ibidem.
452 Kühnlein, S. 37; die Angaben zu Gewicht u. Durchmesser auch b. Wolff 1920, S. 52 = P 4 (Kr. Niederbarnim), Nr. 99; s. auch Handrack, S. 14 f.
453 www.schlosskirche-berlin-buch.de/geschichte/geschichte-der-schlosskirche, letzter Zugriff am 8.12.2016; Handrack, a.a.O., S. 15. – Wie bereits erwähnt, erfolgte 2016 der Guss von zwei neuen Bronzeglocken; die Stahlglocken wurden bereits abgehängt.
454 EZA, 525/Heinzel-Kartei, hier u. im Folgenden lfd. Nr. 723.
455 (Schlagton:) Kühnlein, S. 40.
456 EZA, 525/Heinzel-Kartei, lfd. Nr. 723.
457 EZA, 525/Heinzel-Kartei, lfd. Nr. 758; Schlagton: Kühnlein, S. 40.
458 Laut Pfr. Krätschell (Ortschronist), s. Feustel, wie Anm. 326.
459 Vgl. LDA Berlin (Fotoarchiv), EZA 525/Heinzel-Kartei, EZA 7/2804 u. BArch, R 5101/24151; s. o. Anm. 327.
460 EZA, 525/Heinzel-Kartei, lfd. Nr. 205.
461 Kühnlein, S. 40.
462 EZA, 525/Heinzel-Kartei, lfd. Nr. 205.
463 Zu dieser Gießerei: Wille 1987, S. 76 f. (s. Anm. 331).
464 BuKd Berlin II, S. 100.
465 Hier u. im Folgenden: Glockenkartei des Erzbistums Berlin, erstellt am 2. Oktober 2001 (musikalische Angaben und Maße nach einer Klanganalyse der Firma Barthelmes, Zella-Mehlis); Hinweis: https://de.wikipedia.org/wiki/St._Maria_Magdalena_(Berlin-Niederschönhausen)#Glocken; letzter Zugriff am 22.5.2018.

466 Siehe Anm. 465.
467 Zur Gießerei F. Otto s. o. Anm. 264.
468 https://de.wikipedia.org/wiki/File:Kirche_Maria_Magdalena_N'hausen,_glocken,_2017-04-10_ana_fec_(2).Jpg; letzter Zugriff am 10.7.2018.
469 Kühnlein, S. 25.
470 Hier u. im Folgenden: Glockenkartei des Erzbistums Berlin, erstellt am 31.8.2001; musikalische Angaben und Maße nach einer Klanganalyse der Firma Barthelmes, Zella-Mehlis (Kopie: Küster B. Krenz, Berlin – Prenzlauer Berg).
471 Vgl. https://de.wikipedia.org/wiki/Heilige_Familie_(Berlin-Prenzlauer_Berg); https://www.youtube.com/watch?v=QJ59Fmpum0Q; letzte Zugriffe am 22.5.1018.
472 Denkmalliste Berlin, Nr. 09046385/09010214.
473 Stephanus-Stiftung (…) Festschrift zum 130. Jubiläum 2008, s. Anm. 307.
474 Kühnlein, S. 48.
475 Borrmann, S. 179; Kühnlein, S. 48.
476 ELAB, 1.1/979: Ev. Kirchengemeinde Altglienicke am 5. Nov. 1946 an Landeskirchenarchivar Dr. Lerche/Ev. Konsistorium Bln.-Brandenbg.
477 Dehio Berlin³ 2006, S. 568.
478 S. Bey u. R. Bünger, in: Der Tagesspiegel v. 24./25./26. Dezember 2001.
479 Nündel 2016, S. 62; zum Glockenstuhl: LAB, C Rep. 101–04, Nr. 47, Bl. 1–39.
480 BuKd Berlin II, S. 310; Mende, Lexikon Berliner Grabstätten (s. Anm. 96), S. 388; Dehio Berlin ³2006, S. 552; Denkmalliste Berlin, Nr. 09046033; Nündel 2016, S. 62.
481 Wolff 1920, S. 79 = P 10 (Kr. Teltow), Nr. 238; Spatz, Teltow 3, S. 248 (erwähnt außerdem eine gesprungene, 1510 datierte Glocke); Schmidt 1917, S. 136; BuKd Berlin II, S. 355; Badstübner 1987, S. 207.
482 Wolff 1920, s. vor. Anm.
483 ELAB, 2.06/63: Herforder Elektrizitäts-Werke Botelmann & Kuhlo, 28. März 1949.
484 Wolff 1920, S. 53, Nr. 158.
485 Berlin-Kaulsdorf – Jesuskirche: Glocken *Sonderläuten* (Turmaufnahme), https://www.youtube.com/watch?v=2DpGlfFQHi8; https:de.wikipedia.org/wiki/Dorfkirche_Kaulsdorf#Glocken; letzte Zugriffe am 8.2.2017.
486 Siehe vor. Anm.
487 Kühnlein, S. 40.
488 LDA Berlin, Fotoarchiv: LKB 321 E, Bildunterschr.; vgl. zuletzt https://de.wikipedia.org/wiki/Dorfkirche_Kaulsdorf#Glocken, letzter Zugriff am 13.2.2017.
489 Wolff 1920, S. 53 = P 4 (Kr. Niederbarnim), Nr. 160: »sehr alt, Musikwert«.
490 Kühnlein, S. 40; vgl. https:de.wikipedia.org/wiki/Dorfkirche_Kaulsdorf#Glocken, letzter Zugriff am 8.2.2017.
491 BuKd Berlin II, S. 264; Badstübner 1987, S. 211; hier u. im Folgenden: Kühnlein, S. 42.
492 Kühnlein, a.a.O.
493 Berlin-Mahlsdorf, Alte Pfarrkirche: Glocken *Sonderläuten* (Turmaufnahme), https://www.youtube.com/watch?v=K8UKEU218NQ, letzter Zugriff am 14.2.2017.
494 Siehe vor. Anm.
495 LDA Berlin, Archiv: AIII 07313, 10.6.(19)95 = Gutachten Dr. B. Heußner/Petershagen: Fälldaten 1828/1829 (laut dendrochronolog. Untersuchg.) sowie 1./6.12.99 = LDA Berlin, (Chr.) Heese.
496 Kühnlein, S. 42; Schmidt 1917, S. 133; Wolff 1920, S. 54 = P 4 (Kr. Niederbarnim), Nr. 201; BuKd Berlin II, S. 248.
497 Kühnlein, S. 42.
498 Angabe der Schlagtöne hier u. im Folgenden ELAB, 3/57: Nr. 3 (handschr. hinzugefügt: »Glocken eingeweiht 7/4/57«, im Grundriss Disposition der drei Glocken m. Angabe der Schlagtöne).
499 Kühnlein, S. 42.
500 Berlin-Marzahn – Dorfkirche: Plenum, https:// www.youtube.com/watch?v=jpG0EEO7nU, letzter Zugriff am 14.2.2017.
501 ELAB, 35/4759: Protokollbuch GKR Berlin-Marzahn, s. Anm. 364.
502 Berlin-Marzahn – Dorfkirche: Plenum (…), s. Anm. 500.

503 Berlin-Friedrichsfelde – Paul-Gerhardt-Kirche: Vollgeläut: https://www.youtube.com/watch?v=iu Z2Z CE8hyk; letzter Zugriff am 6.3.2017.
504 Siehe https://de.wikipedia.org/wiki/Zur_frohen_Botschaft_(Berlin), letzter Zugriff am 14.2.2017.
505 https://de.wikipedia.org/wiki/St_Marien_(Berlin-Karlshorst); https://www.youtube.com/watch?v=cH-hedWDUsc; letzte Zugriffe am 7.6.2018.
506 Pomplun ^{2}1963, S. 45, ^{4}1973 u. ^{5}1976, S. 58; Badstübner 1987, S. 208.
507 BuKd Berlin II, S. 170.
508 Kühnlein, S. 41; Wolff 1920, S. 95 = P St 1 (Stadtkr. Berlin-Lichtenberg), Nr. 3.
509 Kühnlein, S. 41; Wolff 1920, s. vor. Anm.
510 Kühnlein, S. 41.
511 Berlin-Lichtenberg – Alte Pfarrkirche: Vollgeläut (Turmaufnahme), https://www.youtube.com/watch?v=IK8f9Udb3IV, letzter Zugriff am 14.2.2017; Kühnlein, S. 41, gibt gis$^{(2)}$ an.
512 Hier u. im Folgenden: Berlin-Lichtenberg – Alte Pfarrkirche: Vollgeläut (…), s. vor. Anm.
513 Kühnlein, S. 41; vgl. dagegen ELAB, 2.06/63 = Herforder Elektricitäts-Werke Botelmann & Kuhlo, 28. März 1949: Gewicht der Glocken 2.250 kg, 1.200 kg u. 850 kg, Durchmesser von 41.3. 120 cm.
514 Angaben des Gewichts der Rummelsburger Glocken im Einzelnen b. Kühnlein, hier u. im Folgenden S. 25.
515 Mirbach 1902, hier u. im Folgenden S. 92.
516 Mirbach 1902, S. 92.
517 Vgl. auch EZA, 7/2804.
518 Vgl. auch BArch, R 5101/24151.
519 Zur Glockenkartei des Architekten Richard Heinzel (1891–1963) vgl. EZA, 7/2806: Ev. Kirche der Union, Berlin (gez. D. Dr. Söhngen) am 3. Mai 1952 an die K(irchen)K(anzlei) der EKD = Stelle – betr. Glocken – Glockeninventarisation; EZA, 108/506: EKU Berlin(-West), Jebensstr. 3, am 2. Aug. 1968 an die Ev. Kirchenkanzlei Berlin(-Ost), Auguststr. 80. – Siehe hierzu jüngst Poettgen, in: JbGk 19/20 (2007/08), S. 539 ff.
520 Vermerk LAB: »Schlecht lesbar«, außerdem schlechte (unprofessionelle) Verfilmung; beides betrifft auch die nachstehend aufgeführten Akten der Rep. 004.
521 Auch wenn nicht ausdrücklich in der Bildunterschrift vermerkt, handelt es sich bei den im Folgenden aufgeführten Glocken um Bronzegüsse; Glocken aus anderen Gussmaterialien – Stahl, Eisen – sind entsprechend bezeichnet. Die Datierungen sind Bestandteile der Bild-Untertitel, diejenigen in Klammern v. Verf. hinzugefügt.
522 Gegenwärtig Stiftung Stadtmuseum Berlin, Märkisches Museum.
523 Im Zweiten Weltkrieg abgegangen.
524 Es handelt sich hier um die 1657 von J. Neuwert gegossene Glocke, die einzige erhaltene des Vorkriegsgeläuts.
525 Datierung unrichtig: Bei dieser Glocke handelt es sich offensichtlich um die 1929 neu gegossene Nachfolgerin der »Wilsnacker Glocke« (heute im Märkischen Museum).
526 Angabe nicht korrekt: 1575 gelangte die ursprüngliche Glocke von Brandenburg (Havel) nach Berlin; nach einem Riss erfolgte 1685 ihr Neuguss, die 1907 abermals gesprungene Glocke wurde 1913 als Kopie der barocken Vorgängerin wiederum neu gegossen.
527 Bildunterschr. »um 1929« erkennbar unrichtig (zutreffende Datierung handschr. hinzugefügt).
528 Aufn. kurz nach der letzten Restaurierung (2002); Ausführung: Horst Bittner – Glocken und Turmuhren Meisterbetrieb, Neuenhagen b. Berlin.
529 Siehe vor. Anm.
530 Das Glockenspiel ging bereits am 24. Mai 1944 beim Brand des Turmes zugrunde.
531 Korrekter Name, vgl. Rücks.: »J(ohann) F(riedrich) Thiele(n)«.
532 Datierung falsch; vgl. dagegen Verzeichnis Nr. 21.1.
533 Im Zweiten Weltkrieg abgegangen.
534 Laut Bildunterschr.
535 Laut Bildunterschr. (der Form nach älter).
536 Die Glocke – Schlagton a$^{(1)}$, Durchmesser 99 cm, Gewicht 470 kg – »musste 1942 abgeliefert werden«; ELAB, 35/6510: Ev. Gemeinde Berlin-Rosenthal (Oberpfr. Conrad?) am 23. August 1946 an Ev. Konsistorium d. Mark Brandenburg.

537 Offenbar im Zweiten Weltkrieg abgegangen.
538 Laut Inschrift gegossen v. »vides siebenbaum in Köln«; offenbar im Zweiten Weltkrieg abgegangen.
539 1945 mitsamt der Kirche vernichtet.
540 Zu Biehle s. Eichler 2003, s. v. Biehle, Johannes: S. 50 f. sowie s. v. Lauchhammerwerk, S. 175.
541 Hinweis: Dr. Peter Bahl, LGV.
542 Konrad Bund: Nachruf Hans-Georg Eichler (1924 – 1989), in: JbGk 3/4, 1991/92, S. 111 f.; s. auch Eichler 2003 S. 6* f.
543 Hinweis: BArch, DR 1/3982: S. 1 ff.
544 Vgl. EZA, 4/1118.
545 Als Direktor des Heimatmuseums in Apolda gründete Hübner 1952 mit Glockengießermeister Franz Schilling das dortige Glockenmuseum und war dessen erster Leiter; s. Kurt Kramer: Kurt Hübner zum 90. Geburtstag – Würdigung eines kampanologischen Lebenswerkes, in: Das Münster, 48. Jg. 1995, S. 74 ff. hier S. 77. – Das Apoldaer Glockenmuseum gilt als das erste Spezialmuseum dieser Art überhaupt; vgl. hierzu GlMusApolda, S. 120.
546 Vgl. EZA, 4/1118.
547 Vgl. EZA, 4/1118.
548 Frdl. Mitteilung: Rita Heyen, Amt für kirchliche Denkmalpflege Trier.
549 Landeskirchl. Archiv Hannover, Nachlass Christhard Mahrenholz.

Dank

Ohne die nachstehend aufgeführten Personen wären meine Forschungen und diese beiden Abhandlungen nicht möglich geworden.

Unterstützung und Begleitung des Gesamtprojekts, technische und redaktionelle Hilfe:
Dr. Hubert Staroste, Dipl.-Ethn./Dipl.-Dokumentar Helmut Petersen und
Dr. Bernhard Kohlenbach, alle LDA Berlin;
Dr. Wolfgang Beyrodt, FUB, Bibliothek KHI.
Weitere technische und redaktionelle Hilfe:
Frau Marion Pohl, Frau Heike Thomas und Herr Marc Spieseke, alle FUB, Universitätsbibliothek;
Frau Katrin Endres, be.bra wissenschaft verlag.

Informationen und Hinweise:
Diplomarchivarin Britta Kaden-Pohl, LDA Berlin;
Frau Renate Veigel, Stiftung Stadtmuseum Berlin;
Dr. Gotthard Klein, Diözesanarchiv Berlin;
Konsistorialinspektor Michael Zimmermann, ELAB (Berlin).

Bereitstellung und Genehmigung der Reproduktion von Bildmaterial:
Frau Rita Heyen, Amt für kirchliche Denkmalpflege Trier;
Museumsdirektor Markus Groß-Morgen, Museum am Dom Trier;
Frau Manuela Nordmeyer-Fiege, Landeskirchliches Archiv Hannover;
Dr. Hubert Staroste, Fotograf Wolfgang Bittner und Dipl.-Praehist. Michael Hofmann, alle LDA Berlin.

Zum Autor

Der Autor Klaus Schulte (*1951) ist promovierter Kunsthistoriker. Er arbeitete als Architektur- und Kirchenbauspezialist im Denkmalschutz. *Glocken-Schicksale* fasst seine Forschungs- und Dokumentationsarbeiten zu denkmalwerten Glocken in den letzten Jahren zusammen.